고려
무인
이야기___1

4인의 실력자들

이 승 한 지음

이의방, 정중부,
정대승, 이의민
하급 무인들이
세계를 전복하고
장기집권한
고려 무인집권시대.
세계사적으로도 유례없는
'대사건'의 주역들이
지금 역사의 전면으로
걸어나온다.
1,000년 전의
쿠데타와 암투,
그 승리와 실패의
현장보고서

고려
무인
이야기 —

4인의 실력자들

1

푸른역사

개정판에 부쳐

벌써 20년이 흘렀다. 《고려 무인 이야기》 집필을 시작한 것이 1998, 9년 무렵이었다. 집필을 시작하면서 역사의 대중성을 고심했던 것 같다. 대중성은 고등학생 정도면 누구나 쉽고 재미있게 읽을 수 있도록 쓰고자 하는 것이었다. 이와 더불어 학술성도 겸하여 단순 흥미 위주가 아닌 대중들의 역사에 대한 지적 호기심을 불러일으켜 보고도 싶었다.

　개정판을 내기 위해 원고를 처음부터 다시 읽으며 많은 생각이 스쳤다. 각권을 거듭할수록 고등학생이 읽기에는 너무 어렵게 서술되었다는 것을 새삼 깨달았고, 지적 호기심을 불러일으키는 데도 너무 많은 사건들이 나열되어 오히려 방해라는 생각이 들었다. 잡다한 여러 사실들의 제시는 무인집권시대에 대한 친절한 안내라는 일부 평가도 있었지만 일반 대중들이 접근하기에는 쉽지 않았으리라는 점도 인정할 수밖에 없었다.

또한 초판 집필 당시에 역사학계에서 '미시사'나 '일상사' 혹은 '역사의 문학성' 문제도 거론되었다고 기억된다. 세 가지 모두 서로 상통하는 문제로서 역사의 큰 흐름을 짚어내는 '거시사'에 상대되는 개념인데 당시에는 역사학의 새로운 흐름이었다. 집필을 시작하면서 이 문제에도 공감하면서 미력하지만 이런 역사학의 새로운 사조도 머릿속에 두고 있었다.

그래서 의미가 있다고 생각되면 사소하고 미세한 사건도 서술하여 가능하면 많은 사실을 제시하여 보여주고 싶었다. 그게 역사에 관심을 갖는 독자들에 대한 필자 나름의 배려라고 여겼던 것이다. 하지만 이게 또다시 독자들의 지루함만 가중시키고 인내심만을 시험하지 않았나 하는 미안한 마음이 들었다. 이런 책을 참고 읽어준 독자들에게 다시 한번 감사와 존경의 말씀을 드린다.

그런데 이번 개정판에서 이와 같은 부족한 점을 보완하기 위한 작업을 적극적으로 시도하지 못했다. 그와 같은 작업을 하려면 처음부터 다시 집필하는 수밖에 없다는 난관이 있었지만, 그런 이유보다는 이런 종류의 역사 교양서 하나쯤 그 존재의 의미가 있을 수 있다고 믿었기 때문이다. 쓸데없는 자만심이라 탓할지 모르겠지만 이런 필자 나름의 의미 부여는 처음 집필하는 과정에서 소수의 독자들로부터 받았었다.

1권 이후 연차적으로 상장하면서 필자의 중요한 관심 중의 하나는 이 책에 대한 신간 소개와 인터넷에 올라오는 서평과 소감문을 읽고 확인하는 것이었다. 몇몇 일간지에서 매번 의미 있는 책 소개를 지면에 할애해주었고, 비록 극소수 독자들이었지만 과찬과 호평도 받았다. 이는 집필하는 과정에서 필자에게 크나큰 힘이 되었음은 물론이다. 그런 극소수 독자들의 힘을 믿고 개정판에서도 초판의 전체 내용을 그대로 유지했다.

개정판에서 수정한 것은 각권의 '프롤로그'와 '에필로그'의 약간 정도이다. 조금 감상적으로 서술되었다고 판단되는 부분만 수정을 봤다. 처음 집필 당시에는 이게 대중성을 확보하는 데 유리하다고 생각해서 쓴 것 같았는데 다시 읽어보니 너무 가볍게 느껴져 삭제했다. 이밖에 오탈자도 많아 바로 잡았고 눈에 거슬리는 비문도 수정했다.

개정판을 내면서 한 가지 못내 아쉬운 점이 있다. 최씨 무인정권 마지막(3권) 부분에 한 절을 할애하여 꼭 첨가하고 싶은 내용이 있었는데, 그것은 무인정권하에서 문인들의 생각과 동향에 대한 서술이다. 최씨 정권을 서술하면서 이규보를 비롯한 몇몇 문인들의 이야기를 잠깐씩 언급하긴 했지만 그것으로는 뭔가 부족함을 느꼈었다.

그 시대 문인들에 대한 자료는 충분히 남아 있다. 서간문이나 시문 등도 많이 있고, 널리 알려져 있듯이 이인로의 《파한집》, 최자의 《보한집》 등을 비롯한 개인문집이 꽃 피운 것도 이 시기였다. 이런 자료가 내 손안에 있음에도 이 시대 문인들에 대한 상세한 탐색을 못한 점이 아쉬웠다. 지금도 필자에게 가장 궁금한 것은 왜 하필 무인정권에서 수필문학이 피어났는가 하는 점인데 이번 개정판에서도 시도하지 못했다.

이는 필자의 게으름 탓으로 이들 문인들의 여러 글들을 낱낱이 읽고 분석할 능력과 여유를 갖지 못했기 때문이다. 그들 작품을 통해서 문인들의 내면의식을 자세히 들여다보고 싶었는데 말이다. 그래서 각각의 문인들이 무인정권을 상대하면서 공통으로 고민한 것은 뭐였고, 달리 생각한 것은 무엇이었는지, 그래서 어떻게 함께했고 어떻게 다른 길을 걸었는지 궁금하여 그들의 의식을 분석하고 싶었던 것이다.

실없는 소리라고 생각할지 모르겠지만 《고려 무인 이야기》 시리즈를 마치고 이들 문인에 대한 문학 평전을 써볼까 하는 생각도 했었다. 믿지 않겠지만 그때는 정말 그런 무모하고 용감한 생각을 했었다. 하지만 그 후에 '몽골 제국과 고려' 연작을 다시 시작하면서 그 문제에 손을 댈 여유를 도저히 갖지 못해 결국 포기하고 말았다.

초판에서도 놓치고 개정판에서도 손대지 못한 일을 이제야 핑계대고 쓸데없는 이야기만 늘어놓았다. 그리 못했다고 누구도 필자를 탓할 리는 없겠지만 개정판을 위해 원고를 다시 읽으면서 그런 아쉬움이 새삼 다가온다.

초판 1권을 집필하는 과정에서 남북정상회담 소식을 접했던 일이 새삼 떠오른다. 분단 이후 최초라는 이유로 너나 할 것 없이 텔레비전 앞에 호기심어린 얼굴로 웅성거리는데 필자도 그 역사적 사건을 설레며 지켜봤었다. 필자뿐만 아니라 그 당시 온 국민, 아니 지구촌 전체가 그랬을 것이다.

남북이 합작해서 개성공단과 금강산 관광에 합의했다는 소식을 이어서 들었다. 1권 머리말의 개성에 꼭 가고 싶다는 그때 글을 다시 읽으며 감회가 새로웠다. 개성공단과 금강산, 불과 10년 사이에 그곳이 열렸다가 닫혀버린 우리 현대사의 굴곡이 아리지만 그래도 역사는 진보하리라 믿는다.

2019년 10월
이승한

고려 무인과의 해후를 위하여

이 책은 고려 무인집권시대의 무인들을 다룬 책이다. 고려 무인집권시대는 우리 역사상 가장 독특하고 역동적인 시기였다. 역사에 관심이 많은 사람들, 특히 정치사에 관심이 많은 사람들에게는 더할 수 없이 매력적인 시대인 것이다.

무인집권시대는 국왕이 엄연히 존재함에도 무인 실력자들이 권력의 정상에 올라 100년 동안이나 통치했다. 그런가 하면 천대받고 소외받던 사람들이 활발하게 사회 진출을 한 시기이기도 했다. 서양 중세의 봉건제도와도 다르고, 일본의 막부정권과도 다르다. 왜 그러한 시대가 갑자기 우리 역사에 나타나게 되었을까? 그리고 그러한 무인정권이 어떻게 100년이나 지탱될 수 있었을까? 또한, 권력의 정상에 오른 무인들은 왜 왕이 되지 못했을까?

우리의 호기심을 자극하는 문제들이 이 시대에 수없이 많지만, 학계의 연구 업적은 대중들의 지적 호기심을 만족시키는 데 너무나 멀리 있다. 게다가 무인집권시대를 소재로 한 하찮은 역사소설 한 편도 대중의 관심을 끌어본 적이 없다. 하다못해 그 흔한 사극의 주제가 되어본 적도 없다. 기껏해야 일반 대중들은 현대사의 군사독재 정권과 관련시켜 무인집권시대를 생각하는데 그치고 있다. 무인정권을 소재로 한 역사소설이나 대중적인 글들이 거의 없었던 것은, 과거 군사정권하에서 괜히 위축되었던 심리적 소산이 아닐까 싶다. 무인집권시대를 군사정권과 관련시켜 나쁜 시대로 규정하고 금기시했던 결과이리라.

1

모든 역사는 현대사contemporary history라고 한 크로체의 말처럼, 역사를 현재의 입장에서 보려는 것은 당연한 것이다. 그러나 천년 가까이 지난 옛날의 역사에서 그 시대가 좋은 시대인지 나쁜 시대인지를 분간하는 것은 무의미하다. 아니, 역사에서 좋은 시대 나쁜 시대가 따로 있는 것도 아니다. 역사에서 도덕적 판단이나 선악의 잣대를 들이대는 것은 극히 제한적으로 조심스럽게 사용해야 한다.

연구 대상이 되는 과거의 인간이나, 이 책에 등장하는 무인집권시대의 무인들도 마찬가지다. 역사를 공부하는 사람은 과거의 인물들과 우정을 가지고 끊임없는 해후를 할 뿐이다. 그 사람들이 선인인지 악인인지는 중요하지 않다. 늑대는 악한 동물이고 개는 선한 동물이라고 규정하여 연구의 기준으로 삼는 동물학자를 보았는가.

역사학은 인간학이다. 인간은 복잡성의 존재이고 다양성의 개체이다. 역사학은 그런 인간의 활동을 탐구하는 것으로 광대한 인간학의 경험이다. 과거의 인간 활동을 탐구한다는 것은 어떤 학문과도 다른 고유한 지적인 즐거움이 있다. 역사 속의 인간 활동은 누구도 직접 참여할 수 없는 까닭에 우리의 상상력을 자극하는 매혹적인 요소가 있기 때문이다.

세상에서 가장 재미없는 역사책이 국사 교과서와 대학 교재용의 국사 개설서이다. 이러한 책들이 재미없는 가장 큰 이유는 사람의 냄새가 전혀 나지 않기 때문이다. 반만년의 역사를 한 권으로 압축 서술하다 보니 그 뼈대만 앙상하게 남게 된 것이다. 과일로 말하자면 과육은 하나도 없고 딱딱한 씨앗만 남아 있는 것과 같다. 사람들에게 진정으로 영양분을 주는 것은 과육임에도 불구하고.

어떤 사건이나 제도·사상의 뒤에는 반드시 살아 숨 쉬는 인간이 도사리고 있다. 그 역사 속의 인간들은 현재를 살고 있는 우리들과 전혀 다르지 않다. 치부를 일삼고 명예욕과 권력욕에 휩싸이며, 때로는 극단적인 감정에 사로잡혀 스스로를 패망의 길로 몰고 가기도 한다. 그것이 인간의 보편적인 모습이다. 사람들은 역사 속에서 그런 인간의 모습을 보고 싶어 할 것이다.

역사소설이나 사극을 사람들이 재미있어 하는 이유 중의 하나는 역사 속의 그러한 인간들을 만날 수 있기 때문이다. 역사 속에 묻혀 있는 인간들을 우리 주변의 친근한 인물로 드러내려면 사소하고 일상적인 일들이 부각되어야만 한다. 미시사나 일상사가 그래서 나왔는지도 모르겠다. 이런 경향은 역사의 대중화를 위해서도 결코 나쁘지 않다고 본다.

역사는 문학이고 이야기이다. 역사학은 과학적 방법만이 최선은 아니다. 이야기는 인간의 삶과 세상을 들여다보는 가장 좋은 창이다. 역사 연구에서 뻣뻣한 과학의 잣대보다는 느슨한 이야기식의 풀이가 더 효과적일 때가 있고, 객관성의 검증보다는 주관성의 진술이 더 적합할 때가 많다. 진술되는 이야기 속에도 논리적 전개가 필요하고 인과관계의 구조가 있으며, 현재의 시각에서 과거를 재해석하는 경험의 해석장치가 있다.

요즘 논의되고 있는 역사의 문학성 회복이나 이야기식의 역사, 혹은 문화사 중심의 연구, 나아가서 아래로부터의 역사 등은 역사학의 대중화나 저변 확대를 위해서도 의미 있는 작업이라 생각된다. 다만 그러한 경향의 역사 서술이 재미에만 치우쳐 사실을 그르친다면 문제가 있다. 사실에 어긋난, 재미있는 역사보다는 사실을 기초로 한 재미없는 역사가 그래도 폐해가 적다. 이 책을 쓰면서 양자를 겸해보려고 나름대로 애를 썼지만 결국 한쪽에만 치우친 감이 없지 않다.

막상 책을 쓰면서 정밀한 묘사를 하려고 할 때 엉성한 사서의 기록은 가장 큰 벽이었다. 그 빈약한 사료의 공백을 메우기 위해 상상력이 필요할 것이다. 하지만 모든 사료의 공백을 상상력으로 채울 수도 없는 노릇이었다. 이름하여 구성적 상상력이 절실히 요구되는 것이다. 결국 상상력의 빈곤이 문제였다. 하지만 상상력을 마음대로 남발하지 않았다는 것도 한편의 위안으로 삼겠다.

이 책 속에 나오는 인물이나 사건, 연대 등은 사서의 기록을 그대로 따랐다. 이런 부분은《고려사》나《고려사절요》등 관찬 사서의 기록만 가지고도 크게 부족함이 없었다. 어쩌면 사료의 빈곤이라는 것은 핑계에 불과한 것이었는지도 모르겠다.

세부적인 설명도 대부분 기존의 연구 성과에서 얻어온 것이다. 그중에서 김당택 교수의 《고려의 무인정권》(1999)을 주 대본으로 삼았다. 그 밖에 다른 필요한 논문도 참고로 했지만 기존의 연구 성과를 빠짐없이 참고하지는 못했다. 아니 그럴 필요도 없었다. 이 책이 전문적인 학술 연구를 목적으로 한 것도 아니고, 이 시대를 전공하는 연구자를 대상으로 쓴 것도 아니기 때문이다.

3

이 책을 쓰면서 《로마인이야기》를 쓴 시오노 나나미가 너무나 부러웠다. 2천여 년 전의 로마는 지금의 로마에 대부분 그대로 살아 있다. 그녀가 로마에 살면서 마음껏 살펴보고 느껴볼 수 있다는 것이 부러운 것이다. 이 책의 무대가 되고 있는 고려왕조의 수도 개경, 지금의 개성직할시는 고려시대의 모습을 얼마나 간직하고 있을까.

개성시 일원에 2,000만 평의 공단 조성을 합의하고, 경의선 복원공사가 시작되었다는 소식을 이 글을 쓰면서 들었다. 나 혼자 힘으로는 도저히 갈 수 없다고 생각된 개성이 그렇게 쉽게 열릴 줄은 미처 몰랐다. 이런 사실 또한 이 책을 완성하는 데 조그만 위안이 되었다면 지나친 감상이라고 탓할지 모르겠다.

백두산이나 금강산 관광을 다녀온 많은 사람들의 재미있는 이야기를 들었지만 가고 싶은 생각은 별로 없었다. 하지만 이 글을 쓰면서 개성은 정말 가보고 싶었다. 정변이 맨 처음 일어나 무인정권을 탄생시킨 보현원은 그 흔적이나 남아 있는지 모르겠다. 무인들의 정권 교체 때마다 현장을 묵묵히 지켜보았을 당시의 대궐은 지금 어떤 모습일지, 궁금한 문제가 한두 가지가 아니었다. 역사는 현장에서 느끼는 영감이 중요하다고 하는데 그것을 채우지 못한 것이 안타까웠다.

2001년 5월
이승한

1173년 10월 1일, 경주

거인은 객사에 감금되어 있던 노인을 끌어냈다. 거인의 눈에도 노인은 왕위에서 쫓겨난 그 3년 사이에 몰라보게 늙어 있었다. 한때 이 사람이 국왕이었다는 모습은 어디에도 남아 있지 않았다. 거인의 우람한 체구 앞에 초라한 중늙은이에 불과했다.

거인은 노인을 모시고 객사에서 멀지 않은 곤원사坤元寺로 향했다. 따르던 군사는 모두 객사에 머물게 하고 부장 박존위朴存威와 호위병 10여 명만이 먼발치에서 두 사람의 뒤를 말없이 따랐다. 하늘은 잔뜩 흐렸지만 바람 한 점 없이 고요했다.

곤원사 북쪽에는 큰 연못이 하나 있었다. 그 연못가 버드나무 곁에 돗자리를 펼치고 그 위에 요를 깔았다. 요 위에 좌정한 노인에게 거인은 두어 잔의 술을 올렸다. 잔을 내려놓은 노인은 불안한 시선을 한 곳에 고정시켰다. 그리고 눈을 감았다. 노인의 시선이 날아간 곳에 황룡사 9층탑이 우뚝 솟아 있었다.

거인은 어릴 적 아버지로부터 들은 꿈 이야기가 갑자기 생각났다. 자신이 푸른 옷을 입고 황룡사 9층탑에 오르더라는 꿈이었다. 어릴 적부터 수없이 보아온 친숙한 탑이었지만 오늘은 처음 보는 것처럼 낯설게 느껴졌다. 지그시 눈을 감고 미동도 없이 좌정하고 있는 노인 앞에서 거인은 갑자기 불안해졌다. 허리에 찬 칼자루에는 손이 가지를 않았다. 사방천지는 숨이 막힐 듯 적막했다. 거인은 갑자기 허둥대며 어찌할 바를 몰랐다. 짐승 같은 괴성을 지르며 미쳐 날뛰었다.

얼마나 시간이 흘렀을까. 노인은 요 위에 널브러져 있었다. 거인의 입에서는 거품과 함께 기괴한 폭소가 쏟아졌다. 웃음인지 울음인지 분간할 수 없었다. 뒤에 서 있던 박존위가 달려가 재빨리 요를 덮었다. 큰 가마솥 두 개를 합하여 그 속에 넣고 연못 속에 던져버렸다.

하늘에서 검은 구름이 일더니 갑자기 광풍이 몰아쳤다. 버드나무가지는 산발한 듯 춤을 추고 먼지와 모래가 날아올랐다. 주변에 있던 사람들이 울부짖으며 흩어졌다. 그렇게 노인은 생을 마감한 것이다.

죽은 노인은 고려 18대 왕 의종毅宗이고, 죽인 거인은 이의민李義旼이다. 한때 국왕이었던 사람이 이렇게 무참하게 시해당한 것은 3년 전에 일어났던 무신들의 쿠데타가 그 원인이었다.

권력투쟁에
승리한 독불장군
─이의방

3

은인자중의
보수적인 노장
—정중부

무신정변을
부정한 청년장군
─경대승

5

황룡사의
꿈을 품고 산 천민장군
—이의민

■ 무인집권시대의 집권자

시기 구분	집권자	집권 기간	국왕
성립기 (26년)	이의방	1170년(명종 즉위년)~ 1174년(명종 4) 12월	명종 재위 기간 1170년 9월~ 1197년 9월
	정중부	1174년 12월~ 1179년(명종 9) 9월	
	경대승	1179년 9월~ 1183년(명종 13) 7월	
	이의민	1183년 7월~ 1196년(명종 26) 4월	
안정기 (62년)	최충헌	1196년 4월~ 1219년(고종 6) 9월	신종, 희종, 강종
	최이	1219년 9월~ 1249년(고종 36) 11월	고종 재위 기간 1213년 8월~ 1259년 6월
	최항	1249년 11월~ 1257년(고종 44) 4월	
	최의	1257년 4월~ 1258년(고종 45) 3월	
해체기 (12년)	김준	1258년 3월~ 1268년(원종 9) 12월	원종 재위 기간 1259년 6월~ 1274년 6월
	임연	1268년 3월~ 1270년(원종 11) 3월	
	임유무	1270년 3월~ 1270년(원종 11) 5월	

1 광풍,
그리고
전야

光
風

무신정변으로 죽음을 당했던 고려 18대 왕 의종은
놀이와 잔치를 좋아하고 소인들을 가까이하여 화를 당했다고 한다.
하지만 의종에 대한 이런 평가는 무인정권에 의해 왜곡되었을 가능성이 많아
다시 검토해볼 필요가 있다.

쿠데타, 그 사흘간

첫째 날, 보현원에서의 마지막 연회

1170년(의종 24) 8월 마지막 날 오후, 국왕 의종을 태운 어가가 보현원
(장단현 소재)으로 향하고 있었다.

전날 왕은 연복정에서 흥왕사(덕수현 소재)로, 밖으로만 돌다가 오늘
도 보현원으로 가는 길이었다. 왕이 금년 들어 자주 찾는 곳은 실은 보
현원이 아니라 3년 전에 준공한 연복정이었다. 그곳은 무엇보다도 물
놀이를 할 수 있어 좋았다(개경 부근의 지리 참조).

연복정은 개경 동쪽 근교 사천가의 석벽에 세운 정자인데, 그 아래
의 물이 얕아 뱃놀이를 할 수 없어 제방을 쌓고 호수를 만들었다. 그런
데 이 제방이 자주 무너져 말썽을 일으켰다. 8월 초에도 제방이 크게
무너져 군졸들을 징발하여 보수하면서 많은 원망을 샀던 곳이었다. 이
런 까닭이었는지 전날 연복정에 갔지만 왕은 오래 머무르지 못하고 흥

왕사로 옮겼던 것이다.

오늘 다시 보현원을 찾은 것은 연복정에서 다하지 못한 유흥의 아쉬움이 아니었나 싶다. 이날 어가가 보현원으로 향한 것은, 그러니까 조금 즉흥적인 것이었다고 할 수 있다. 그러나 이 길이 의종의 운명을 죽음으로 인도하고, 고려 왕조의 역사를 피로 물들일 줄은 아무도 몰랐다. 단 세 사람만 제외하고.

그 3인은 정중부鄭仲夫, 이의방李義方, 이고李高였다. 정중부는 계급이 대장군이었고 이의방과 이고는 산원이었다. 대장군은 무관직에서 두 번째 높은 벼슬로 종3품인데 지금의 3성장군 정도 된다. 산원은 정8품으로 지금의 대위 정도에 해당한다(고려시대 무관직 비교 참조). 무관 최고 위직과 하급장교가 뜻이 통한 것인데, 모두 국왕의 신변 경호를 맡고 있는 친위군 출신의 장교들이었다는 공통점이 있다.

보현원으로 행차하기 하루 전, 흥왕사에 갔을 때 정중부는 이의방과 이고에게 이렇게 다짐했다.

"이제 우리가 거사할 만하다. 왕이 여기서 바로 환궁한다면 참고 기다릴 것이요, 만약 또 보현원으로 간다면 이 기회를 놓치지 말아야 한다."

불행히도 국왕은 오늘 기어이 보현원으로 향했다. 운명의 여신은 국왕에게 등을 돌린 것이다.

보현원으로 향하던 왕은 목적지에 당도하기도 전에, 오문五門(성문) 앞에 이르러 유흥을 참지 못하고 마침내 술좌석을 벌이고 만다. 평소와 조금 다른 행동이었다. 아마 전날 연복정에서 다하지 못한 환락의 미진함이 보현원까지 가는 지루함을 참지 못하고 중도의 술판으로 돌출됐을 것이다. 술이 거나해진 왕은, "훌륭하도다. 이곳이야말로 병사를 훈련시킬 만하구나"라고 말하며, 무신들에게 오병수박희를 하도록 명했다. 수박희는 택견과 같은 무술인데, 다섯 명씩 집단으로 한다 하여 오병수박희라 한 것이다.

그런데 사단이 생기려고 그랬던지 돌발 사건이 일어났다. 대장군 이소응李紹膺이라는 자가 상대를 이기지 못하고 달아나자, 문신인 한뢰韓賴가 갑자기 쫓아가 이소응의 뺨을 때린 것이다. 이것을 본 국왕은 말리기는커녕 손뼉을 치며 웃었고, 여러 신료들도 이소응을 꾸짖고 욕했다. 돌발적인 상황에 안색이 변한 정중부, 양숙梁肅, 진준陳俊 등의 호종 무관들이 날카로운 눈짓을 빠르게 주고받았다. 마침내 정중부가 나서며, "소응이 비록 무인이지만 벼슬이 3품인데 어찌 이다지 심하게 욕을 주느냐" 했다. 뭔가 자신에 찬, 위협적인 목소리였다.

사단을 만들려는 정중부 등에게는 두 번째의 미소였지만, 여기에는 우발적 사건으로만 처리할 수 없는 그럴 만한 정치·사회적인 배경이 있었다.

이상한 낌새를 알아챈 국왕이 정중부의 손을 잡고 화해시켰지만 유흥의 분위기는 어느새 사라져버렸다. 활시위 같은 긴장감이 순식간에 퍼졌다. 이고가 칼자루를 만지작거리며 정중부에게 눈짓했으나 정중부는 이를 말렸다. 술좌석을 대충 수습한 뒤 어가는 다시 보현원으로 향했지만 팽팽한 긴장감은 등 뒤에 바짝 붙어 따라왔다.

어가가 보현원 가까이 갔을 때 날은 벌써 어두워지고 있었다. 어둠은 음모자들에게 용기를 준다. 이고와 이의방은 먼저 보현원으로 가서 국왕의 명령이라 속이고 순검군을 집합시켜 병력을 장악했다. 어가가 도착하고, 가마에서 내리는 국왕의 얼굴에는 아직 남아 있는 술기운과

■ 개경 부근의 지리

새로운 긴장감이 복잡하게 얽혀 있었다.

국왕만 안으로 들이고 어가를 따라왔던 신하들이 불안한 마음으로 흩어지려는 순간, 이의방과 이고는 국왕의 측근 문신들을 재빨리 눈으로 찾았다. 임종식林宗植과 이복기李復基가 안으로 막 숨어들려는 찰나 등에 칼을 맞고 쓰러졌다. 한뢰를 찾았지만 보이지 않았다. 한뢰는 어가가 도착한 어수선한 속에서 두 사람이 살해당하기 직전 이미 안으로 숨어버린 것이다. 김돈중金敦中도 어가가 보현원에 도착하기 전에 어디론가 사라지고 없었다.

한뢰, 김돈중이 보이지 않자 이고와 이의방은 불안한 마음으로 정중부를 찾았다. 하지만 정중부도 보이지 않았다. 주위는 어둠만이 짙게 깔리고 있었다. 임종식과 이복기, 한뢰는 국왕을 끼고 도는 국왕의 최측근 3인방으로 이번 거사의 제일 표적이었다. 한뢰는 오늘 사건의 단서를 연 장본인이고, 이복기는 지어사대사로 종4품의 관직에 있었는데 국왕에 대한 아부가 지나친 자였다. 그리고 임종식은 벼슬이 정3품의 승선으로 국왕 비서관인데, 국왕을 환락으로 이끄는 자였다.

김돈중은 임종식과 같이 국왕의 비서직에 있었지만 3인방에 들 만큼 처음부터 국왕과 가까운 인물은 아니다. 그는 처음에 국왕의 정치에 비판적인 입장을 취했는데, 최근 들어 국왕의 환락생활에 동조하고 있었다. 따라서 그는 애초의 정치적 성향으로 보면 반드시 제거해야 할 대상은 아니었다. 하지만 난의 낌새를 알아채고 미리 도망친 것으로 보면, 무신들의 심상치 않은 움직임에 제일 먼저 위협을 느꼈음이 분명했다.

김돈중이 생명의 위협을 느끼고 미리 피신한 것은 3년 전에 있었던 화살 사건이 크게 작용했다. 김돈중의 조그만 실수로 일어난 일인데,

그 일로 애꿎은 친위군 장교들이 유배당한 일이 있었다.

그런데 이 3인방 중에서 임종식과 이복기는 제거했지만 한뢰를 시야에서 놓친 것이다. 그리고 김돈중도 행방을 알 수 없었다. 이 4인을 한자리에서 단번에 제거하지 않고서는 거사가 성공하기 힘들었다. 불안한 마음이 들지 않을 수 없었다.

이고 등이 찾고 있던 정중부는 이때 국왕을 따라 보현원 안으로 들어가 있었다. 한뢰가 국왕의 꽁무니를 쫓아 떠나지 않았기 때문이다. 한뢰는 왕의 침소에까지 따라 들어갔다. 아무래도 가장 불안했을 것이다.

왕을 따라 들어온 한뢰는 국왕의 침상 밑에 숨었다. 표적을 따라 정중부 역시 왕의 침전 앞에 섰다. 환관 하나가 앞을 가로막고 제지했다. 순간 그냥 밀치고 들어갈까 망설이다 일단 멈췄다. 왕의 침소 앞에 선 정중부는 힘이 실린 목소리로 이렇게 말했다.

"오늘 화의 근원인 한뢰가 주상 곁에 있으니 내보내 베기를 청합니다."

환관이 들어가 이 말을 전하자, 한뢰는 왕의 옷자락을 부여잡은 채 사색이 되어 떨고만 있었다.

이때 이고가 칼을 빼어들고 소리치며 뛰어들었다. 바로 왕의 침소에까지 쳐들어갈 기세였다. 이어서 이의방도 뛰어올라왔다. 밖의 상황이 심상치 않음을 알아챈 왕은 한뢰를 감싸는 데 한계를 느끼고 결국 내보냈다.

이고와 이의방은 한뢰를 보자마자 그 자리에서 죽였다. 국왕 측근의 환관 하나가 어전 앞에서 칼부림을 탓했지만 그는 이미 공포에 질린 목소리였다.

어전 앞 살인으로 대담해진 이의방과 이고는 내친 김에 국왕 측근의 인물 10여 명을 색출하여 주살했다. 평소에 무신들과 사이가 좋지 않던 인물들이었다. 의기소침해진 국왕은 거사 주역들의 마음을 달래려고 여러 장수들에게 칼을 하사했다. 하지만 이는 무인들을 더욱 교만하고 흉포하게 만들었다.

한뢰를 찾아 죽임으로써 이번 거사는 한 고비를 넘게 되었다. 한뢰가 중요한 인물이어서가 아니다. 국왕의 침소 앞에서 국왕의 위엄과 권위를 누르고 칼부림을 할 수 있었기 때문이다. 이후 보현원은 이고, 이의방, 정중부 등 거사의 주역들이 완전히 장악했다.

그런데 이때 왜 국왕은 시해하지 않았을까 궁금하다. 상황으로 보아 충분히 시해할 수 있는 여력이 있었기 때문이다. 국왕을 시해하지 않았던 것은 그럴 만한 불가피한 이유가 있었다.

그것은, 지금 이곳이 권력의 심장부, 즉 대궐이 아니어서 이곳에서 국왕을 시해한다 해도 대궐을 장악한다는 보장이 없기 때문이다. 대궐에는 장성한 태자가 있고 여기보다 더욱 많은 친위군 병력이 있었다. 대궐을 장악하려면 무력해진 국왕을 앞세우고 힘의 우위를 대궐까지 연장시켜야 할 것이다.

그리고 김돈중의 존재도 국왕 시해 문제와 무관하지 않다. 국왕 측근의 3인방은 모두 제거했지만 김돈중의 행방이 아직도 묘연했기 때문이다. 무력한 국왕의 존재보다는 사지에서 탈출한 김돈중의 거취가 더욱 큰 문제였다.

이곳 보현원에서 김돈중이 빠져나가지 못했다면 다행이지만 만약 대궐로 잠입했든지 별처에 숨어 있다면 그의 존재가 거사의 성패를 좌우할 것이다. 따라서 김돈중을 찾는 데 혈안이 될 수밖에 없었다.

그때 어떤 자가 정중부 등에게 고해바쳤다.

"김돈중이 이미 알고 도망하였습니다."

정중부는 급히 걸음 빠른 자를 개경으로 급파하여 수소문하게 하고, 이의방에게 물었다.

"만약 돈중이 대궐에 들어가서 태자의 명령을 받들어 성문을 굳게 닫고 난동의 수령을 잡자고 아뢰면 일이 매우 위태로운데, 어찌하면 좋겠는가?"

이의방이 결심한 듯 말했다.

"그렇게 되면, 우리는 남쪽의 탐라로 피하든지, 북쪽의 여진에게 투항하여 피신해야 합니다."

정변의 주역들이 실패했을 때 항상 그렇듯이 이들도 해외 망명까지 염두에 두고 있었다.

행방이 묘연했던 김돈중은 개경의 성 안에는 없음이 확인되었다. 하지만 개경과 대궐의 상황이 안심되는 것은 아니었다. 그래서 날래고 용감한 병사를 선발하여 이의방, 이고, 이소응 등이 개경으로 달려갔다. 정중부는 국왕을 수중에 넣은 보현원을 지켰다.

개경으로 향한 이의방과 이고 일행은 바로 대궐로 들어가 추밀원부사 양순정梁純精을 비롯한 숙직 관리들을 모두 죽였다. 이때 숙직하고 있던 문극겸文克謙은 그를 알아주는 무인이 있어 간신히 살아남을 수 있었다.

곧바로 이의방과 이고는 순검군을 거느리고 태자궁으로 달려갔다. 그곳 행궁을 지키고 있던 숙직 관리 10여 명을 죽이고 군인들을 선동하여 이렇게 소리쳤다.

"문신의 관을 쓴 자는 서리라도 씨를 남기지 말라."

이때부터 군졸들이 벌떼같이 일어나 닥치는 대로 사람을 죽이니 순식간에 죽은 자가 50여 명이 넘었다.

이때 허홍재許洪材 등 재상급 관료를 비롯하여 문관 고위 인사들이 많은 참변을 당했다. 허홍재는 이부의 판사(종1품)로 수상이 공석일 때는 수상의 임무를 대행하는 관직서열 1위의 인물이다. 그는 앞서 주살당한 임종식, 이복기, 한뢰 등과 같이 묶어 국왕 측근 4인방에 넣을 수 있는, 왕의 환락생활에 한몫을 한 사람이다. 김돈중의 동생인 상서우승 김돈시金敦時도 이때 죽음을 당했다.

정변은 이제 몇몇 사람의 주도하에 계획적으로 전개될 수 없었고, 누구도 살육의 대상에서 예외라고 안심할 수 없었다. 말단 군졸들이 거사의 추이를 가늠해보겠는가, 역사적인 의미를 고민하겠는가. 집단적인 살육과 파괴의 물결을 따라 움직이는 수밖에. 그런데 어찌하랴. 거사의 향방에는 이들의 물결이 중요한 몫을 차지하는데.

보현원에 억류당해 있는 국왕도 생명의 위협을 느끼기는 다른 대소 신료들과 다를 바가 없었다. 마음만 먹으면 국왕 시해는 누구라도 단숨에 해치울 수 있었다. 왕은 정중부에게 난동을 종식시킬 것을 부탁했다. 국왕이 의지할 데는 정중부밖에 없었지만, 정중부로서도 이미 사태는 자신의 손을 떠나 있었다.

정중부는 보현원에 남아 있던 순검군의 호위를 받으며 왕과 함께 대궐로 향했다. 벌써 밤이 깊은 시각이었다. 장단현에 있는 보현원에서 대궐까지는 도보로 한두 시간 정도의 거리였지만 만감이 교차하는 정말 긴 시간이었다. 국왕에게나 정중부에게나.

■ 개경의 내부 구조

둘째 날, 능멸당하는 궁궐

1170년 9월 초하루, 왕 의종은 늦은 오후가 되어서야 강안전에 들었다. 이렇게 늦게 편전에 들게 된 것은 뜻밖의 사태가 궐내에서 기다리고 있었기 때문이다. 다름 아니라 반쿠데타였다. 국왕이 환궁한 직후, 환관 왕광취王光就라는 자가 무리를 모아 정중부 등을 치려다 어떤 자의 밀고로 실패한 것이다. 왕광취는 국왕의 총애를 받던 자로 보현원에서부터 국왕을 지근에서 모셔왔다.

이에 정중부 등은 왕의 행차를 따랐던 내시와 환관 20여 명을 다시 색출하여 죽였다. 이날도 국왕은 수문전에서 술과 음악을 즐기는 태연함을 보이다 밤이 깊어서야 침소에 들었다. 모든 일을 운명에 맡긴 자포자기의 상태였을까, 아니면 뭔가 믿는 바가 있었을까.

정중부 등을 제거하려던 반쿠데타는 국왕의 입지를 더욱 궁지로 몰아넣었다. 이 사건 이전까지는 국왕에 대한 시해 문제가 겉으로 드러나지는 않았다. 반쿠데타 음모가 들통난 후, 이고와 채원蔡元이 왕을 시해하려다 양숙의 만류로 그만둔 사실을 국왕은 몰랐으리라. 채원은 보현원 행차에 따라가지 않고 대궐에 남아서 이고와 이의방에게 내응했던, 역시 친위군의 장교였다.

순검군이 왕실 금고의 보물을 훔치는 등 분탕질을 하는 것도 왕은 모르는 척 할 수밖에 없었다. 왕실 경호를 맡던 순검군은 이제 앞장서서 왕실을 능멸하고 있었다. 정중부 등은 한밤중에 국왕을 협박하여 군기감에 유폐시키고, 태자는 영은관으로 옮겼다.

셋째 날, 국왕 폐위되다

9월 2일, 국왕 의종은 폐위되었다. 쿠데타 세력들은 국왕을 거제도로 유배시켰고, 태자를 진도로 추방했으며, 태손은 죽였다. 태손은 이제 막 100일이 지난 갓난아이였다. 왕이 사랑하는 애첩 무비無比는 간신히 죽음을 면하고 왕을 따라갈 수 있었다.

잠적했던 김돈중은 정중부에 의해 현상금이 붙어 수배되었다. 이미 대궐을 장악하고 국왕을 폐위시킨 마당에 김돈중의 거취는 중요한 일이 아니었지만, 정중부와의 사감이나 화살 사건으로 인해 그는 친위군 장교들의 표적에서 벗어날 수 없었다.

김돈중은 감악산에 숨어 있다가 대궐 소식과 자기 집 안부가 궁금하여 하인을 보냈는데, 이 하인이 현상금에 탐이 나 그만 밀고하고 말았다. 정중부는 김돈중을 잡아와 사천 백사장에서 손수 주살했다.

이고와 이의방은 다시 내시와 왕의 총애를 받던 환관, 아첨하면서 자신들에게 교만 방자하던 자들을 거의 모두 찾아 죽였다. 반쿠데타를 모의했던 환관 왕광취와, 역시 환관인 백자단白子端, 영의榮儀, 유방의劉方義 등 왕의 총애만을 믿고 교만 방자하던 자들의 목은 베어서 저잣거리에 높이 매달았다.

그리고 살해된 문신들의 집을 헐어버렸다. 진준은 이에 반대했지만 여러 무장들은 듣지 않았다. 특히 이의방, 이고 등이 이 일에 앞장섰다. 국왕의 사택도 여러 곳에 있어 재물을 모아두었는데, 이곳도 온전하지 못하여 세 사람이 모두 나누어 차지했다.

군졸들이라고 잠자코 있을 리 없었을 것이다. 권력의 공백기에 상하가 따로 없는 무법의 상태였다. 이런 상태를 오래 끄는 것이 세 거두에게도 바람직하지 않았을 것임에 분명하다.

정중부, 이의방, 이고 등은 군사를 거느리고 왕의 둘째 아우 익양후翼陽侯 호晧의 집으로 갔다. 익양후는 깜짝 놀랐다. 의종이 폐위당하고 거제도로 축출되었다는 소식은 듣고 있었지만 왕위가 자신에게 떨어질 줄은 미처 예상하지 못했던 것이다.

마음의 준비도 없는 황망간에 그는 군사들의 호위를 받으며 대궐로 향했다. 대관전의 용상에 올라 즉위식을 거행하니 이 임금이 고려 왕조 제 19대왕 명종明宗이다(무인집권시대의 왕위계승 참조). 명종의 이때 나이 40세였다.

정중부, 이의방, 이고 3인이 주도한 거사는 이렇게 3일 만에 새로운 왕을 즉위시킴으로서 일단 성공했다. 《고려사》에는 이 거사를 경인년에 일어났다 하여 경인의 난 혹은 정중부의 난이라 기록하고 있다. 학계에서는 보통 무신정변 혹은 무신란이라고 부른다.

고려시대를 전기와 후기로 양분할 때 이 무신란은 그 분기점이 되는 사건이다. 그것은 무신란이 고려 왕조에 그만큼 큰 충격과 변화를 주었고, 무신란을 기준으로 해서 그 이전과 이후가 크게 다르다고 생각하기 때문이다.

쿠데타라고 하면 우선 먼저 떠오르는 의미가 폭력적이고 불법적인 정권 탈취이다. 그런데 왕정하에서는 그 정권 탈취가 분명치 않다. 정권 탈취로 인해 왕조가 바뀌면 그것은 이미 쿠데타가 아니고 역성혁명이다. 정권 탈취에도 불구하고 왕정이 그대로 유지되면 진정한 쿠데타는 아니라고 말할 수 있다. 국왕이 건재하는 한, 아무리 허수아비 국왕일지라도, 정권을 완전히 빼앗은 것은 아니기 때문이다. 그래서 왕정하에서 쿠데타라는 표현은 적절하지 않을 수 있다.

또한 폭력적이고 불법적인 것의 의미도, 현대의 민주국가에서나 있는, 선거를 통한 평화적이고 합법적인 정권 교체의 반대로 대비된 설명이다. 왕정에서 폭력적이고 불법적인 것의 기준이 무엇일까. 기존 왕정의 유지 여부인가, 아니면 법인가. 전자로 보면 무신란은 쿠데타가 아니다. 기존의 왕정이 변함없이 유지되었기 때문이다. 그렇다고 후자로 보더라도 문제가 있다. 고려 왕조가 법치국가는 분명 아니었기 때문이다.

무신란을 편의상 쿠데타로 규정한 것은, 그래서 조금 거친 표현일 수 있다.

무신정변을 해석하는 관점들

네 가지 원인론

역사학에서 원인을 밝혀 인과관계를 해명하는 것은 가장 기본적인 접근 방법이다. 어떤 사건이나 현상에 대해 인과관계를 해명하는 일은 역사학뿐만 아니라 모든 학문에서 과학적 합리성의 기초라고 할 수 있다.

그런데 역사상의 대형 사건일수록 그 원인을 찾는 일이 간단치 않고, 또한 한 가지 원인만으로 일어나지도 않는다. 수많은 원인들이 복잡하게 얽혀 있으며 그 원인 상호간에도 선후 인과관계가 작용하고 있는 것이다.

무신정변의 원인에 대한 지금까지의 학계 연구 성과는 다음과 같이 몇 가지로 정리해볼 수 있다. 첫째 문반과 무반의 차별대우와 그로 인한 갈등, 둘째 말단 군인들의 사회·경제적 불만, 셋째 의종의 향락생활과 실정, 넷째 의종 대의 특수한 정치상황.

문반과 무반의 갈등

먼저 첫 번째 경우부터 살펴보자. 고려의 관직 체계는 크게 문반과 무반의 양대 체계로 짜여져 있었다. 그리고 원칙상 문무 교차, 즉 문반이 무반직을 맡거나 무반이 문관직을 맡는 것은 불가능했다.

무반은 정3품의 상장군을 최고로 더 이상 승진할 수가 없었다. 그 이상의 무관직이 없기 때문이다. 지금과 비교해서 말하면, 군인이 별 넷을 달고 나면 더 이상 승진할 길이 없는 것이다. 간혹 무반도 2품 이상까지 승진하여 문관직을 맡을 수 있었지만 그런 경우는 특수한 예외로 극히 드물었고 요직으로는 갈 수도 없었다(고려시대 무관직 비교).

그래서 2품 이상의 관직은 문반에서 독점했다. 이 2품 이상의 재상급 관료들을 재추宰樞라고 부르며, 이들이 도당都堂이라는 국가 최고정책을 결정하는 기구에 참여한다. 도당은 오늘날의 국무회의와 비슷한 것인데, 간단히 말하자면 무반은 도당에 참여할 수 없다는 뜻이다.

관직 체계상 무반이 불이익을 받았다 해도 국가 간의 전쟁이나 내란과 같은 유사시에는 그들이 한몫을 해야 할 텐데 그렇지도 못했다. 이민족과의 전쟁에서도 최고사령관직은 문반에서 맡았던 것이다.

거란족이 쳐들어왔을 때 상원수로 총사령관을 맡았던 강감찬 장군은 과거에 장원급제한 대표적인 문신이었다. 여진을 정벌하고 동북지방에 9성을 쌓은 윤관 역시 문신이었다. 또한 문신이었던 김부식은 묘청의 난이 일어났을 때 토벌군 총사령관이었다. 그러니까 무신들은 평상시 국내 정치에서는 말할 필요도 없고 전쟁과 같은 군사활동에서도 소외되었다.

이밖에 경제적인 처우 면에서도 무신들은 문신들에 비해 차별대우를 받았다. 고려시대 문무관리들에게는 관직에 봉직하는 반대급부로 관품의 고하에 따라 토지를 지급했는데, 이를 전시과田柴科라고 부른다. 이 전시과에 의하면 무신들은 문신들과 동일한 관품이라 해도 지급받는 토지가 적었다. 달리 표현하면 무신들은 자신들보다 몇 단계 낮은 하급의 문신들과 동일한 대우를 받았던 것이다.

고려사회의 문무반 차별에 대해서는 그 이유가 무엇인지 매우 궁금하다. 보통 설명하기를, 왕도정치나 덕치주의 중심의 유교사상으로 설명하는 경우가 있다. 혹은 무신은 본래 출신 신분이 낮은 사람들이 많이 들어와 차별대우를 받을 수밖에 없었다고도 한다. 후자 쪽의 설명은 차별대우의 원인이라기보다는 결과로 보는 것이 타당하지 않을까 싶다. 군인들의 사회적 지위가 높고 그 길을 통해 득세할 수 있었다면, 출신 신분이 좋은 사람들이라고 해서 왜 군인의 길을 마다했겠는가.

유교사상에 의해 문무의 차별이 생겼다는 것도 충분한 설명이 못 된다. 유교사상이 지배한 사회가 모두 문무의 차별이 생기는 것도 아니고, 문무의 차별이 있는 사회가 모두 유교사상으로 지배받는 것도 아니기 때문이다. 게다가 고려 왕조는 그 건국 과정에서나 후삼국의 통일 과정에서 보면 문관보다는 무관에 의해 지배되는 사회였다. 또한 태조 왕건 자신이 호족 출신으로서 무관에 더 가까운 인물이었다.

고려 왕조의 문무 차별은 광종 대에 도입된 과거제도가 중요한 역할을 했다고 본다. 후삼국이 통일된 이후, 광종 대까지도 지방의 호족들은 전국의 각 지역에서 세력을 떨치고 있었다. 이들 호족들은 무사적 성격이 강한 자들로서 왕권에 커다란 위협 요소였다. 이러한 호족 중심의 무사적 사회질서를 개편하고 신진관료를 등용하여 왕권을 강화하기 위한 것이 광종의 과거제 도입이었다.

■ 고려시대 무관직 비교

무관의 계급	품계	지금의 장교계급	문관직
	정1품		태사 태부 태보, 대위 사도 사공
	종1품		중서령, 문하시중, 상서령, 6부 판사(재상 겸직), 감수국사(시중 겸직), 판삼사사(삼사)
	정2품		중서시랑평장사 문하시랑평장사(중서문하성), 좌우복야(상서성), 수국사 동수국사(재상겸직)
	종2품		참지정사 정당문학 지문하성사(중서문하성), 판추밀원사 동지추밀원사 추밀원사(중추원)
상장군 上將軍	정3품	대장	좌우상시(중서문하성), 어사대부(어사대), 추밀원부사 좌우승선(중추원), 상서(6부)
대장군 大將軍	종3품	중장	좌우승(상서성), 지사(6부), 사천감(사천대), 위위경(위위시), 전중감(전중성)
장군 將軍	정4품	소장 준장	좌우간의대부(중서문하성), 시랑(6부), 군기감(군기감)
	종4품		어사중승 지어사대사(어사대), 국자사업(국자감), 소감 소경(각사)
중랑장 中郎將	정5품	대령	좌우사랑중(상서성), 낭중(6부), 시독학사 시강학사(한림원), 합문사(합문)
	종5품		기거주 기거랑 기거사인(중서문하성), 어사잡단 시어사(어사대)
낭장 郎將	정6품	중령	좌우보궐(중서문하성), 좌우사원외랑(상서성), 원외랑(6부), 전중시어사(어사대)
	종6품		좌우습유(중서문하성), 감찰어사(어사대), 내급사(전중성), 승(각사, 국자감)
별장 別將	정7품	소령	당후관(중서문하성), 국자박사(국자감), 통사사인 합문지후(합문)
	종7품		주부(각사), 권지합문지후(합문)
산원 散員	정8품	대위	사문박사(국자감)
	종8품	중위	율학박사(형부), 직사관(사관)
교위 校尉	정9품	소위	학정 학록(국자감)
대정 隊正	종9품	준위	율학조교(형부), 서학박사 산학박사(국자감)

* 문종대를 기준으로 한 것임. ( )안은 관부 명칭. 중추원 추밀원

그런데 이때의 과거제는 무과는 설치하지 않고 문과만을 두었다. 무신 위주의 통치질서를 문신 위주의 통치질서로 전환시키려는 의도였다. 그러니 과거제의 도입은 통치질서의 새판짜기였다고 할 수 있다.

유교 경전을 통한 시험으로 새로운 관리를 선발한다는 것은 호족들에게 큰 충격이 아닐 수 없었다. 이제 호족과 그 자제들은 새로운 패러다임에 적응하기 위해서 칼을 집어던지고 유교 경전을 손에 들 수밖에 없었을 것이다. 특히 고려가 망할 때까지 과거제에 무과를 두지 않음으로써 고려 왕조는 문무의 차별을 공식화한 셈이다.

성종 대 최승로에 의한 유교정치사상의 확립은 광종 대의 그러한 시도가 일단 성공했음을 알려주는 것이다. 문무 차별은 이제 거스를 수 없는 시대적 흐름으로 자리 잡은 것이었다.

군인들의 불만

두 번째 경우를 살펴보자. 동서고금을 막론하고 군인들의 협조나 군대의 동원 없이 군사적인 정변은 불가능하다. 특히 왕도에 주둔하고 있는 경군이나 국왕의 신변경호를 맡는 친위군의 향배는 정변의 성패를 좌우한다. 이렇게 보면 두 번째 원인이야말로 무신정변에서 가장 중요한 요소인 것이다.

정변의 주모자들이 군인들을 동원하거나 협조를 얻으려면, 이들은 불만 세력으로 존재해야 한다. 현실에 안주하여 만족하고 있는 군인들이 장래가 불투명한 정변에 몸을 던지는 도박을 하지는 않을 것이기 때문이다.

고려시대 군인층의 불만은 군인전이 정상대로 지급되지 않았다는 데 있었다. 이 시대의 병역제도는, 수도에 주둔하는 경군의 경우 주로 군반제에 의해 운용되었다. 군반이란 군역만을 전담하는 군반 씨족을 말하는데, 이 군반 씨족은 관료층의 말단으로 인식되어 관료들과 같이 전시과에 의한 토지, 군인전을 지급받았다. 그래서 이들을 문무반에 대칭되는 개념으로 군반이라 한 것이다. 경군의 군역은 이 군반 씨족에게 세습되고 군역을 세습받은 자가 군인전을 물려받았다.

그런데 이 군인전의 지급이나 세습이 원칙대로 되지 않았다. 군인전은 군인들에게 군역의 반대급부일 뿐만 아니라 생계 수단이기도 한데, 이것이 정상대로 지급되지 않은 것이다. 더구나 어쩌다 지급된 군인전마저도 권력자에게 탈점당하기 일쑤였으니 군인들의 불만이 클 수밖에 없었다.

의종 대는 이러한 불만에 더하여, 군인들이 각종 노역에 동원되고 있었다. 의종은 개경 근교의 경치 좋은 곳에 30개가 넘는 정자나 별궁 등의 유흥 장소를 만들었다. 이때 군인들을 동원하여 사역시킨 것이다. 여기에 동원된 군인들이 어떤 생활을 했는가는 다음 기록이 좋은 참고가 될 것이다.

중미정이라는 정자를 지었다.……처음 이 정자를 지을 때 군졸들로 하여금 본인의 식량을 싸오게 하여 일을 시켰다. 한 군졸이 매우 가난하여 식량을 가져오지 못하자 다른 군졸들이 밥 한 숟가락씩 나누어주어 먹었다. 하루는 그의 아내가 음식을 마련해가지고 와서 남편에게 먹이고 말하기를, "친한 사람들을 불러 함께 드시오" 하였다. 군졸이 말하기를, "집이 가난한데 어떻게 장만했는가. 다른 남자와 관계하여 얻어왔는가, 아니면 남의 것을 훔쳐왔는가" 하니, 그의 아내가 말하기를, "얼굴이 추하니 누가 가까이 하며, 성격이 옹졸하니 어찌 도둑질을 하겠소. 머리를 잘라 팔아서 사가지고 왔소" 하였다. 그러면서 그 머리를 보이니, 그 군졸이 목이 메 먹지를 못하고 듣는 자들도 모두 슬퍼하였다(《고려사절요》 11, 의종 21년 3월조).

　　무신정변이 일어나기 3년 전의 일인데, 정자를 짓는 노역에 징발당한 한 군졸의 비참한 생활이 잘 그려져 있다. 사정이 이렇다 보니 자연 현실에 불만을 품은 군인들이 많을 수밖에 없었다.

　　경제적인 처우 면에서도 열악했고 특히 의종 대에 각종 잡역에까지 동원된 군인들이 현실에 불만을 품었을 것이라는 점은 자명하다. 건드리기만 하면 터질 수 있는 벌집과 같았던 이들 군인들이 무신정변의 집단적인 주인공들이었다.

　　그런데 무신정변이 문무의 차별과 군인들의 사회·경제적인 불만이 원인이 되어 일어났다고 인정해도, 왜 하필 의종 대에 일어났는가 하는 의문은 여전히 남는다. 문무의 차별이나 군인들의 불만은 의종 대에 국한된 문제가 아니고 그 이전부터 있어 왔던 것이기 때문이다. 이 문제에 접근하는 방법이 세 번째와 네 번째에 대한 설명이다. 먼저 세 번째의 경우를 검토해보자.

의종의 향락생활

의종의 향락생활과 실정 문제는 무신정변의 직접적인 원인으로 가장 많이 거론되고 있다. 의종은 재위 24년 동안 개경 근교의 경치 좋은 곳에 수십 개의 정자와 별장을 짓고 이런 곳을 순회하듯이 자주 찾았다.

이런 곳에 나오면 항상 술과 음악과 함께 시회詩會가 베풀어졌다.

《고려사》나《고려사절요》에 기술된 의종의 향락생활에 대해서는 일일이 거론할 수 없을 정도이다. 보현원이나 연복정은 그 대표적인 곳이었다. 한 번은 이런 일도 있었다.

> 남경(지금의 서울)을 출발하여 파평현(지금의 파주) 강에 이르렀다. 배 가운데서 여러 신하와 연회를 베풀었는데, 왕을 모시는 신하들이 모두 취하여 예의를 잃었다. 추밀원사 이공승李公升은 쓰러져서 어가 앞에 실렸다(《고려사절요》11, 의종 21년 9월조).

무신란이 일어나기 3년 전의 일이다. 주연이 베풀어지면 국왕과 문신들은 상하가 따로 없이 취하여 낮과 밤을 구별하지 못하고 환락이 극에 달해야 그치는 경우가 많았다. 연회가 열릴 때마다 친위군의 무장들은 주변의 경계나 서고, 군졸들은 그 준비나 뒤치다꺼리로 불만이 쌓여갔던 것이다.

어느 익명의 사관은 의종의 이런 행동을 다음과 같이 논평하고 있다.

> 나라를 다스리는 요건은 용도를 절약하고 백성을 사랑하는 데 있거늘, 의종이 연못과 정자를 많이 지어 재물을 낭비하고 백성을 괴롭혔으며, 항상 총애하는 자들과 향락만을 일삼고 국정을 돌아보지 않았으니, 마침내 거제도로 쫓겨간 것이 마땅하다(《고려사절요》11, 의종 21년 4월조).

당시 역사기록 어디서나 이런 평가는 쉽게 찾을 수 있다. 무신정변이 의종의 이런 향락생활과 무관하지 않음은 분명하다.

그런데 문제는, 의종이 왜 이렇게 재위 동안 줄곧 밖으로만 도는 향락생활을 그치지 않았는가 하는 점이다. 의종의 초기 정치는 잘한 면도 있었다는 평가도 있고 보면, 그의 향락생활을 단순한 개인의 성벽이나 취향으로만 설명하기에는 뭔가 석연치 않다. 특별히 그럴만한 이유가 있을 것이라는 점이다. 여기서 네 번째 의종 대 특수한 정치상황에 대한 설명이 필요하다.

왜 하필 의종 대에 일어났는가

의종에 대한 역사기록

의종 대의 정치상황을 말하기 전에, 우선 이 시대의 역사기록이 갖는 의미를 점검해볼 필요가 있다. 의종에 대한 역사기록이나 평가를 과연 어느 정도 신뢰할 수 있을까, 하는 점이다.

의종은 무신정변으로 폐위되고 그 이후의 정치는 무인들이 주도했다. 그들이 의종에 대해 긍정적인 평가를 남길 것 같지 않다. 자신들이 축출한 왕을 긍정적으로 평가한다면 자신들이 일으킨 정변을 스스로 부정하는 결과가 되기 때문이다.

정변의 주역들이 정권욕을 위해 일으켰든, 아니면 쌓인 불만의 자연적인 폭발이었든 간에, 거사가 성공한 뒤에는 정변의 정당성이나 불가피성을 피력해야 할 것이다. 그러기 위해서는 자연스레 의종에 대한 평가나 그 시대 정치상황에 대한 기록이 부정적인 쪽으로 흐를 수밖에 없는 것이다.

게다가 정변이 성공한 후 무신들은, 그 이전에는 상상할 수도 없는 사관직에까지 진출하여 역사기록이나 편찬사업에 간여했다. 설사 문신들이 예전처럼 역사 편찬을 주도했을지라도, 무인정권에 복종한 그들이 칼자루를 쥐고 있는 무신들의 비위를 크게 거스르지 못했을 것이라는 점도 짐작하기 어렵지 않다. 그래서 의종에 대한 역사기록은 왜곡되었을 가능성이 크다고 본 것이다.

역사는 승자들의 기록이기 쉽고 뭔가를 이룩한 자들의 편에 서기가 쉽다. 그것은 정당성을 떠나 어느 정도 불가피한 일이기도 하다. 이와 같은 사정을 감안하고 역사기록을 대하면 왜곡된 그 기록 자체가 당시의 정치상황과 더욱 잘 부합되고 중요한 사실을 드러내는 것이다. 따라서 의종 대의 역사기록을 좀더 냉정하게 살펴야 할 필요가 있고, 이런 속에서 의종 대의 특수한 정치상황을 살필 수 있는 것이다.

외척 세력과 왕권강화

의종의 부왕, 인종 대는 외척 세력이 가장 극성을 부린 때였다. 그 대표적 가문이 이자겸李資謙의 인주(인천) 이씨 가문이었다. 이 가문은 문종 대부터 인종 대까지 7대 동안 왕실 외척으로서 타 가문의 추종을 불허하는 독보적인 위치에 있었다. 인종은 이자겸의 사위이자 외손자였다. 즉, 이자겸은 인종의 부왕인 예종한테도 딸을 주고 그 사이에서 태어난 인종한테도 딸을 주었던 것이다.

이런 인주 이씨와 함께 왕실의 외척으로 번성한 가문이 고려 전기에 몇 개 더 있었다. 그런 가문들은 상호 배타적인 혼인관계를 맺고 세습적인 부와 권력을 누리면서 고려의 최상층 지배계급을 이루고 있었다. 이들을 문벌귀족이라고 부른다. 이자겸의 인주 이씨는 그런 대표적인 가문이었다.

1126년(인종 4)에 일어난 이자겸의 난은 외척으로서 이자겸이 왕권을 능가하는 권력을 행사하려다 난으로 발전한 것이다. 하지만 그 반란이 실패함으로써 인주 이씨는 크게 세력을 잃게 되었다. 그 뒤 일어난 묘청의 난(1135)으로 다시 왕권의 손상을 입긴 했지만, 양 난의 결과 문벌귀족 세력은 크게 약화되었다. 문벌귀족 세력의 약화는 왕권을 안정시킬 수 있는 절호의 기회이기도 했다.

1146년 2월, 의종이 인종의 뒤를 이어 즉위한 것은 이렇게 왕권의 안정을 찾아가는 시기였다. 왕권이 안정되고 있었다는 것은 왕권을 강화할 수 있는 좋은 계기였다는 뜻이다. 그런데 의종 역시 외척 세력으로부터 크게 자유롭지 못했다.

의종의 모후는 정안(장흥) 임씨 임원후任元厚의 딸로, 공예태후恭睿太后였다. 인종에게는 이모에 해당하는 이자겸의 두 딸이 왕비로 있었으나 이자겸의 난으로 폐비당하고, 바로 임원후의 딸을 왕비로 맞는데 이이가 공예태후이다. 딸이 왕비로 간택될 때 임원후의 관직은 전중내급사라는 종6품에 불과했다. 이후 임원후는 외척 이자겸을 대신하여 새로운 외척 세력으로 성장하고 정안 임씨 가문은 번성의 길을 걷게 된다.

임원후는 의종이 국왕에 즉위하자 문하시중을 제수받아 수상의 위치에 오른다. 하지만 그는 68세로 의종 10년에 일찍 죽어, 의종 대의 정치에 크게 영향을 주기에는 시간적 여유가 많지 않았을 것으로 생각된다.

공예태후와 인종 사이에는 다섯 아들을 두었는데 그 맏이가 의종으로 왕위를 계승한 것이다(무인집권시대의 왕위계승 참조).

그런데 의종의 왕위계승은 순조롭게 이루어지지 않았다. 모후인 공예태후가 의종보다는 둘째 대령후大寧侯 경暻을 더 사랑하여 태자로 삼으려 했기 때문이다. 부왕 인종 또한 의종이 태자로서 책임을 감당하지 못할까 염려했었다. 그것은 의종이 무능해서가 아니었다. 외척에 대한 그의 부정적인 생각 때문에 외척들의 견제를 받았던 것이고 부왕의 염려 또한 이것에 연유한 것이었다고 한다.

우여곡절 끝에 의종이 태자로 책봉된 것은 1143년(인종 21), 그의 나이 17세 때였다. 태자로 책봉된 그해 의종은 종실 강릉공의 딸을 태자비로 맞는데 이 왕비가 장경왕후 김씨이다. 무신란 때 진도로 추방당한 태자 기祈는 그 사이에서 태어난 왕자였다. 의종은 또 즉위 2년 후 최단崔端의 딸을 맞아 다시 왕비로 삼는데 이 왕비가 장선왕후 최씨이다.

의종의 이런 결혼관계는 외척에 대한 그의 부정적인 태도를 보여준다. 장인에 해당하는 종실 강릉공이나 최단은 자신의 딸들이 왕비가 될 당시 이미 죽고 없었으며, 외척으로서 정치적 영향력을 행사하기에는 미약한 가문이었다. 이는 의종이 의도적으로 선택한 결과였다. 선대 왕들이 반드시 문벌귀족들과 혼인한 것에 비하면 이것은 파격적이기까지 했다.

임원후는 5남 3녀를 두었는데 의종에게는 외숙과 이모에 해당하는 사람들이다. 이들의 형제가 많다는 것부터가 외척 세력의 발호를 예상케 하는 것으로 국왕 의종에게는 정치적으로 부담스런 일이었다.

첫째인 임극충任克忠은 의종 대에 별 어려움 없이 관직을 유지하지만 부침이 심했고 활동도 거의 보이지 않는다. 무신란이 성공한 후 갑자기 정2품의 중서시랑평장사에 발탁되어 재상급에 오른다. 의종 대에 정치에서 소외되다가 일거에 등용된 것으로 보인다.

둘째인 임극정任克正은 대령후 경과 관련된 모반 사건에 연루된 것으로 알려져 지방으로 축출당한다. 의종의 재위 기간 중 내내 지방으로만 전전하다가 충주목사로 재임하던 중 죽고 만다. 셋째 임부任溥는 의종의 외척 탄압으로 20세가 되도록 입사하지 못하다가 무신란이 성공하면서 비로소 예빈주부(종7품)에 임명되었다. 그는 산수를 주유하면서 유유자적하여 신선이라 불렸다고 한다.

넷째와 다섯째인 임유任濡와 임항任沆은 명종 대에 가서야 과거에 급제한다. 이것도 의종의 외척 탄압과 관련이 있을지 모르겠지만, 어쩌면 의종 대에는 어린 나이였을 것으로 보아 정치적 탄압이라기보다는 자연스런 사회 진출 과정으로 보인다.

그리고 임원후의 둘째 딸은 최단에게 출가하는데, 의종의 왕비가 된 장선왕후는 이 최단과의 사이에서 난 딸이다. 셋째는 정서鄭敍라는 사람의 부인이 되는데, 정서는 대령후 경의 모반 사건에 연루되어 임극정과 마찬가지로 유배당했던 사람이다.

의종의 외척에 대한 탄압에서 모후인 공예태후도 예외가 아니었다. 의종은 모후가 자신보다 동생인 대령후 경을 태자로 삼으려 했다는 것에 대해 특히 불만을 가졌다.

의종이 왕위에 오른 후, 하루는 이런 일이 있었다. 의종이 자신을 배제하고 동생을 태자로 삼으려 했던 것을 가지고 모후를 원망했다. 원망을 받은 모후가 맨발로 대전을 내려와 하늘을 우러러 맹세를 하자, 갑자기 비가 오면서 천둥이 쳐 대전을 뒤흔들고 번갯불이 침전에까지 뻗쳤다. 이것을 본 의종은 두려워 어쩔 줄을 몰랐다고 한다. 이런 설화가 의미하는 것은 여러 가지로 해석될 수 있겠지만, 결국은 의종과 공예태후와의 정치적 갈등관계를 나타낸 것으로 본다.

외조부 임원후가 죽자 의종과 모후의 갈등은 노골화되어 그녀에 대한 핍박으로까지 발전했다. 하지만 외척들보다 더욱더 큰 피해자는 의종의 바로 밑 동생 대령후 경이었다. 모후가 대령후 경을 태자로 삼으려고 했다는 것부터가 의종에게는 동생이 정치적 라이벌로 비쳤다.

이렇게 의종 대의 외척 세력은 소외당하거나 탄압받아 정치의 중심에서 겉돌고 있었다. 외척 세력이 왕권에 실제 도전했다는 흔적은 별로 감지되지 않는다. 그런데도 이처럼 탄압이 계속되었던 것은, 왕권강화 정책을 추진하는 과정에서 걸림돌로 예단한 결과 사전 정지작업으로서의 성격이 강했다. 여기에는 부왕 때 강성했던 외척 세력에 대한 의종의 피해의식이 작용했을 것이다.

의종은 왕권을 강화하기 위해 외척 세력을 정치에서 소외시키는 한편, 좀 더 적극적으로 왕권강화의 기반을 다져나갔다. 그것은 내시나 환관과 같은 국왕의 측근 세력을 부식하는 것과, 견룡군이나 순검군과 같은 국왕의 친위군 세력을 양성하는 두 가지 방법이었다. 어느 쪽이나 정치의 주도권을 쥐고 있는 외척 세력을 비롯한 문벌귀족 등 기득권 세력에게는 달갑지 않은 이상 기류였다.

이렇게 보면 의종 대의 정치 세력은, 첫째 문벌귀족 사회에 뿌리를 두고 있는 기존의 문신 세력, 둘째 새롭게 등용된 내시 환관의 측근 세력, 셋째 견룡군과 순검군의 친위군 세력 등 세 축으로 단순화시켜 압축할 수 있다.

■ 무인집권시대의 왕위계승

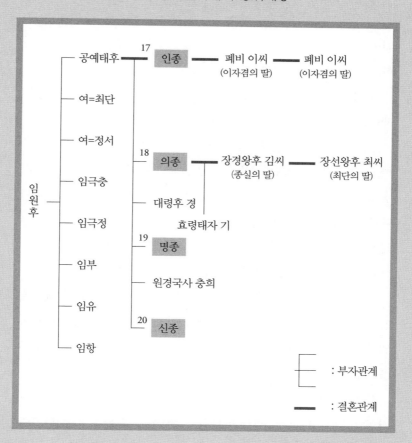

친위군 양성

의종의 입장에서 왕권강화를 위해 가장 중요했던 일은 자신만의 확실한 군사적 기반을 확보하는 일이었다. 물리적으로 자신의 신변을 지켜주는 일보다 더 중요한 일이 어디 있겠는가. 이를 위해 의종은 친위군 세력을 집중적으로 양성해나가는데, 견룡군과 순검군이 그들이다.

그런데 이 친위군 세력에 발탁된 인물들은 대부분 천민이나 평민 이하 출신이었다. 이들은 처음에는 말단 군졸로 출발하는데, 신체적인 장대함이나 수박희, 격구 등의 무술을 잘하여 발탁된 경우가 많았다. 때문에 애초부터 출신 신분이 크게 문제될 것은 없었다. 오히려 귀족 자제들 중에서 선발하는 것보다 천한 신분에서 선발하는 것이, 국왕에 대한 저돌적인 충성심을 이끌어내는 데 유리했을 것이다.

출신 신분이 미천한 친위군 세력은 국왕의 적극적인 비호와 총애를 받으면서 정치적으로 급성장했다. 의종이 친위군 세력을 양성하고 후원하는 한 방법으로 동원한 것이, 이들에게 격구를 자주 시키고 그것을 관람하는 것이었다.

격구는 페르시아의 초원지대에서 기원한 것으로 이것이 당나라에 전래되고 우리나라에는 7세기 무렵에 들어왔다고 한다. 말을 타고 달리면서 창과 같은 막대기로 공을 다루는 무술인데, 뛰어난 기마술을 요구하면서 창이나 칼의 솜씨를 익히는 것으로 체력 단련이나 전투 기술을 연마하는 데 적격이었다. 말을 타고 하는 운동인 관계로 당연히 넓은 구장이 필요했다.

의종은 이런 구장을 대궐 안팎의 여러 곳에 두고 친위군의 병사나 장교들에게 격구를 시키고 그것을 관람하는 것을 즐겼는데, 심할 경우는 3~4일 동안 계속하기도 했다. 때로는 그들과 함께 몸소 격구를 하기도 했으며, 이런 경우 따를 자가 없을 정도로 국왕 스스로 상당한 경지에 올라 있었다.

의종이 격구 행사를 자주하고 그것을 지나칠 정도로 즐겼던 것은 개인적인 취향 때문만은 아니었다. 거기에는 몇 가지 분명한 정치적 의도가 있었다. 하나는 이런 행사를 통해 체력과 전투력이 우수한 군사를 선발하고 양성할 수 있다는 점이다. 또 하나는 국왕의 군사적 기반을 대내외에 과시한다는 점이다. 의종이 재위 24년 기간 중 격구 행사를 재위 초반기에 집중적으로 실시한 것은 이러한 의도를 실천하기 위한 것이었다.

수박희라는 무술행사도 격구와 마찬가지로 정치적 의도로 이용한 것이었다. 이로 인해 의종의 친위군 세력에는 신분에 관계없이 격구나 수박희에 능한 사람들이 모여들고 국왕의 후원 아래 이들의 정치적 위상도 높아갔던 것이다.

출신 신분에서 보잘것없는 친위군 세력이 정치적 위상을 높여간다는 것은 신분상 우월감에 젖어 있는 문신귀족들에게는 참을 수 없는 일이었다. 이로 인해 문신귀족들은 대간의 왕권 견제 기능을 통해 국왕의 무술행사에 제동을 걸곤 했다. 국왕의 급격한 왕권강화 정책에 대한 저항의 표시였던 것이다.

환관과 내시, 그리고 정함

의종은 친위군 세력을 양성하는 한편, 왕권강화를 위해 내시나 환관과 같은 측근 세력을 부식시켜 나갔다.

고려시대의 내시와 환관은 분명히 다르다. 내시는 거세한 남성과는 전혀 무관한 자들로, 천한 신분도 아니었다. 오히려 문벌귀족들이 가장 선호하는 엘리트 코스였다. 국왕을 가장 지근에서 보좌하는 참모들로서 정치적 출세가 보장되었기 때문이다. 이러한 내시가 환관과 그 구분이 애매하게 된 것은 환관 중에서 내시를 발탁하면서부터이다.

환관은 거세한 자들로서 내시와 달리 본래 천한 신분으로 충당했다. 이들이 하는 일은 국왕의 식사나 청소 등 궁중의 일상 잡무에서부터, 염습이나 관의 운반 등 상사의 뒤처리까지 광범위했다. 조선시대가 되면 이런 환관과 내시의 구분이 없어지게 된다. 여기에는 원 간섭기에 천한 환관들이 원의 세력을 등에 업고 내시직을 독차지했던 것이 중요한 배경을 이루고 있다.

그런데 이렇게 환관이 내시직을 차지하게 된 것은 의종 대의 측근 세력 양성이 그 시초였다. 의종은 측근 세력을 강화하기 위해 환관들 가운데에서 내시를 발탁했는데, 그 최초의 인물이 바로 정함鄭諴이라는 자였다. 정함은 공노비 출신으로 의종 유모의 남편이었다. 그가 공노비가 된 것은, 선대에서 태조 왕건의 창업에 반항하다 공노비로 전락한 때문이었다.

이 정함이 대궐에 들어온 것은 인종 때 내시서두공봉관內侍西頭公奉官에 임명되면서부터다. 이 환관직은 국왕의 수발을 드는 일자리로 보인다. 이때 정함은 의종의 유모와 눈이 맞아 그녀를 아내로 삼았다. 의종의 유모를 아내로 맞은 것은 먼 장래를 내다본 책사다운 선택이었다. 그는 좋게 평해서 정치 감각이 뛰어난 인물이었고, 나쁘게 말하면 정치적 술수에 능한 책사였다. 과연 의종이 즉위하자마자 그는 큰 저택을 하사받고 내전숭반으로 승진하면서 국왕의 총애를 한몸에 받았다.

재상이나 대간의 관리들도 두려워할 정도의 위세를 부렸던 정함은 항상 서대를 하고 다녀, 이로 인해 대간과의 마찰이 끓이질 않았다. 서대는 물소 뿔로 만든 요대인데 이것은 아무나 차는 것이 아니라, 국정에 직접 참여하는 조관들에게만 허용된 것이었다. 또한 정함의 집은 대궐의 동남쪽에 있었는데 행랑이 200여 간이나 되는 집으로 화려하기가 이를 데 없어 대궐에 비길 만했다고 한다. 그의 정치적 위상을 엿볼 수 있는 일들이다. 정함이 끌어들인 환관으로는 왕광취, 백자단, 백선연白善淵 등이 있는데 이들 역시 모두 노비 출신이었다. 왕광취와 백자단은 정변 둘쨋 날 반쿠데타에 연루되어 주살된 인물들이었다. 정함은 무신란 전에 죽는다.

그리고 백선연은 남경의 관노였는데 왕이 남경에 행차했을 때 만나 대궐로 데려온 자였다. 그도 국왕의 총애를 받아 국왕의 양자로까지 불린 자였다. 그래서 많은 관리들이 그에게 아부하여 관직을 얻었는가 하면, 내전 출입을 마음대로 하여 의종의 애첩 무비와도 추문이 많았다. 그는 의종의 환락생활에도 크게 기여한 인물이기도 했다.

의종이 천민이나 신분상 하자가 있는 사람들을 내시나 환관에 많이 발탁했던 것은, 정치권에 기반이 없는 이들에게 총애를 주고 충성심을 유도하자는 의도였다. 친위군을 신분에 구애받지 않고 양성한 것과 같은 정치적 맥락이다.

이들은 국왕의 측근 세력으로서 인사권에 간섭하고 횡포를 부리기도 하면서 문신 세력과 대립, 갈등을 일으켰다. 그 과정에서 표출된 것이 대간의 서경권(관리 임명 동의권) 행사나 탄핵활동이다. 그것을 극명하게 보여준 것이 정함 사건이다.

의종은 즉위 후 5년, 곧 정함을 권지합문지후權知閤門祗候에 임명하여 내시에 소속시켰다. 권지합문지후는 종7품에 불과하지만 조회에 관계되는 의례를 관장하는 직책으로 참직, 즉 국정에 직접 참여할 수 있는 요직이었다. 천민을 요직에 임명하니 대간에서는 서경권을 행사하여 그의 임명을 거부했다. 정함은 여기에 앙심을 품고 대간의 관리들이 대령후 경을 왕으로 추대한다고 모함했다. 이것이 의종 5년 윤4월의 일이다. 왕은 이 모함에 현혹되어 대간의 관리들을 심문케 했으나 아무런 증거를 얻을 수 없었다. 오히려 모함자들이 궁지에 몰리게 된 것이다.

이에 굴하지 않고 정함은 외척과 여러 문신들이 대령후 경의 집에 드나들면서 서로 친밀하게 지내고 있다는 사실을 들어 단순한 무고가 아님을 주장했다. 외척 세력을 연결시켜 모함하는 것이 국왕을 설득하는 데 수월하다고 판단한 정함의 정치적 술수였다.

하지만 대간의 관리들도 정함이 사감에 의해 무고했다고 하여 탄핵할 것을 주장하면서 반격을 가했다. 아울러 정함에 대한 권지합문지후 임명 건은 대간들에 의해 계속 저지당하면서 정함 사건은 의종 12년 무렵까지 정국을 회오리로 몰고 간다.

대간의 관리들은 정함의 임명 고신告身(임명된 관리에게 주는 일종의 사령장)에 쉽게 서명하지 않았다. 국왕은 대간의 관리들에게, 자신이 강보에 싸여 있을 적부터 유모의 남편으로서 정함과의 관계를 말하며 사정도 해보고, 때로는 죽이겠다고 협박도 했다. 그런 과정에서 서명한 일부 대간의 관리들에게 관직을 높여주는가 하면, 반대로 서명을 거부한 관리들은 좌천시키기도 했다. 국왕 의종은 정함의 고신에 서명을 받는 것을 정치력을 발휘해야 할 최대의 현안 문제로 여겼다.

서명을 거부한 대간의 관리들이 내세운 가장 큰 명분은, 환관을 조관에 임명한 전례가 없다는 것과, 정함의 선대가 태조 왕건의 명령을 거역한 자였는데 서명을 하면 이는 선왕들의 뜻을 거스른다는 것이었다. 이런 뚜렷한 명분에 대해서는 의종도 다른 할 말이 없어 회유와 협박을 번갈아 쓸 뿐이었다.

이공승은 처음에는 서명을 했으나, 후에 서명을 거부했다가 다시 번복하여 서명한 사람이다. 이로 인해 그는 한때 직무를 정지당하고 집으로 쫓겨가기도 했다. 후에 그는 소환되어 다시 직무를 보고 의종과도 좋은 관계를 유지하는데, 국왕에 굴복한 대가였을 것이다. 그는 이후 국왕의 환락생활에 동조하면서 순탄한 관직생활을 계속했다.

끝까지 서명을 거부한 사람으로 신숙申淑이라는 인물이 있다. 그는 죽음을 무릅쓰고 서명을 거부했다. 결국 국왕은 신숙의 저항으로 정함의 내시직을 삭제하고 아울러 신숙의 대간직도 빼앗아 좌천시켜버렸다. 이것이 의종 12년 7, 8월 무렵의 일이다. 신숙은 그 후 벼슬을 버리고 낙향했다가 의종 14년 7월에 죽었다.

정함의 내시직을 취소한 국왕은 의종 12년 9월, 다시 그를 권지합문지후에 임명한다. 정말 끈질긴 대간과의 싸움이었다. 이 정도 되면 정치력의 싸움이 아니라 의지의 싸움이 아닐까 싶다. 또한 대간의 관리들에게는 그들의 지조를 시험하는 시험대같이 보였고, 다른 모든 관리들도 이 사안에 있어서 어느 한쪽을 택해야만 하는 기로에 서게 되었다.

정함을 내시에 다시 임명하자 이번에는 새로이 대간에 임명된 김돈중이 거부했다. 김돈중은 이 때문에 대간직을 박탈당하고 한직으로 좌천당하고 만다. 이공승과 마찬가지로 김돈중도 시련을 맛본 후 국왕과 친밀한 관계로 돌아선다. 왕권에 도전하는 것이 어찌 쉬운 일이었겠는가.

하지만 이 과정에서 국왕 의종도 상처를 입었고 지칠 대로 지쳐 있었다. 7~8년 동안 계속된 정함 사건은 의종으로 하여금 대간을 중심으로 한 문신귀족들을 탄압에서 회유의 대상으로 생각을 바꾸게 했다. 즉 왕권강화에 제동을 걸고 있는 문신귀족들과 정면으로 맞서기보다는 회유하는 방법으로 정책을 크게 선회한 것이다. 대부분의 문신귀족들은 이것을 싫어하지 않았다.

친위군의 분노

내시나 환관 등의 국왕 측근 세력과, 견룡군·순검군 등의 친위군 세력의 정치적 성장은 그것에 위협을 느끼는 문신귀족 세력 전체를 단합시키는 효과를 가져왔다. 어느 왕대보다 활발했던 대간의 탄핵과 간쟁 활동은 국왕과 문신귀족들 간의 마찰의 결과였고 국왕의 왕권강화를 견제하기 위한 정치투쟁이라고 볼 수 있다.

문신귀족 세력의 반격에 직면한 의종은 이들을 회유 무마하는 방법으로 어려운 국면을 타개하려 했는데, 여기서 나타난 것이 외유를 통한 환락생활이었다. 그래서 의종의 환락생활이 개인적인 성벽이나 정치적 무능에서 기인했다고 하기보다는 그 자체를 중요한 정치 행위로 보는 것이 옳다.

> 화평재에서 문신들에게 연회를 베풀었는데, 창화唱和가 밤까지 이어지자 내시 황문장黃文莊에게 명하여 붓을 잡고 쓰게 하였다. 여러 문신들은 성덕을 치하하여 태평호문의 군주라고 하였다(《고려사》 세가 19 의종 24년 5월 신해조).

의종이 문신귀족들을 회유하기 위해 베푼 연회가 그들에게 대단히 만족스러웠음을 엿볼 수 있다. 의종에게 붙여진 태평호문의 군주[太平好文之主]라는 칭호도 여러 문신들이 왕의 성덕을 높여 붙여준 것이었다. 의종의 연회를 통한 문신귀족들의 회유가 성공하고 있음을 알 수 있는 것이다.

재위 말년으로 갈수록 의종의 이런 환락생활은 극단적으로 치닫게 된다. 문신귀족들이 만족하는 것에 도취되었는지는 모르겠지만 이것이 또 다른 문제를 야기시켰다. 국왕 자신이 애써 양성한 친위군 세력이 이런 정국에서 소외되어 불만이 쌓여갔다는 사실이다. 친위군의 일반 군졸들은 그들대로 연회의 준비나 뒤치다꺼리로 불만이 높았지만 장교들은 또한 그들대로 불만이 컸다.

친위군 장교들의 가장 큰 불만은 국왕이 베푼 연회에서 주인공 노릇을 전혀 할 수 없다는 것이었다. 연회는 항상 술과 함께 시나 노래를 주고받는 창화로 이어졌기 때문이다. 문학적, 예술적 자질이 부족한 그들로서는 경비나 서는 등 국왕과 문신귀족들의 뒷바라지 역할에 머물 수밖에 없었다.

이것은 인간적인 모멸과 다를 바 없었다. 지금까지 국왕의 친위군으로 정치적 위상이 높아진 그들에게 이것은 정치적인 추락으로 정말 참을 수 없는 일이었다. 신분이나 지위 고하에 관계없이 자존심이나 인격에 상처를 주는 것만큼 인간을 분노시키는 일이 또 있으랴.

그런데 국왕의 외유가 잦아지면서 중요한 사건이 하나 터졌다. 그것은 친위군 세력이 점차 소외되는 과정에서 일어난 이른바 김돈중의 화살 사건이다.

1167년(의종 21) 정월, 그러니까 무신란이 일어나기 3년 전, 의종은 봉은사에 갔다가 밤중에 돌아오는 길이었다. 김돈중이 타고 있던 말이 징과 북소리에 놀라 앞서 가던 말 탄 군사의 화살통을 들이받았다. 화살이 쏟아져 흩어졌는데, 공교롭게도 그중 하나가 왕이 탄 가마 바로 옆까지 날아가 떨어졌다. 왕은 자신을 향해 쏜 화살로 오인하여 깜짝 놀랐고, 불안한 마음에 서둘러 입궐하여 계엄령까지 내렸다.

일이 여기서 끝났으면 별다른 파문 없이 그쳤으련만, 국왕은 화살을 쏜 자를 알려주거나 붙잡은 자에게는 관직을 주고 상금을 내리겠다는 방까지 붙였다. 파격적인 제안이고 현상금이었지만 활을 쏜 범인은 잡을 수가 없었다. 처음부터 활을 쏜 자가 없었으니 잡힐 수가 없는 일이지만.

하는 수 없이 범인이 억지로 만들어지는 수밖에 없었다. 여기에 걸려든 자가 국왕의 바로 밑 친동생인 대령후 경의 가동들이었다. 이들에 대한 국문이 이루어지자 가동들은 허위 자복하고, 무고하게 참수당했다. 이 때문에 국왕과 정치적 라이벌 관계에 있던 왕제 경이 또 정치적 상처를 입었고, 내순검군이라는 친위군이 다시 조직된 것도 이 무렵이다.

그런데 정작 중요한 사실은, 국왕이 자신의 신변 경호를 소홀히 했다 하여 견룡군, 순검군 등 친위군의 지휘관 14명을 귀양보냈다는 점이다. 그렇지 않아도 국왕의 외유가 빈번해지면서 분노가 쌓여가던 친위군 장교들에게 이 사건은 결정적인 배신감을 안겨주었다.

친위군 장교들이 품었던 분노나 배신감의 대상에서 이제 국왕도 예외가 아니었다. 이 사건은 친위군 장교들이 반란을 모의하게 되는 직접적인 계기로서, 이 무렵부터 구체적인 쿠데타 계획이 세워졌다.

국왕 의종도 이즈음 친위군 장교들의 분노를 조금은 감지하고 있었다. 무신정변이 일어난 첫째 날, 보현원으로 가는 도중에 갑자기 의종이 오병수박희를 무장들에게 주문했던 것은 그들의 불만을 감지했기 때문이었다. 그 많은 외유와 주연에서 무장들에게 무술 시범을 주문한 것은 이것이 처음이었다.

하지만 이것이 오히려, 문신 한뢰가 상급자인 무신 이소응의 뺨을 때리는 돌발사태를 불러오면서 일을 급전직하로 몰고 갔다. 이때 한뢰가 지닌 기거주起居注라는 관직은 중서문하성 소속의 종5품 벼슬이고, 대장군이었던 이소응은 종3품이었다. 종5품의 문신이 종3품 무신의 뺨을 때렸으니 나이로 보나 벼슬로 보나 보통 일이 아니었다. 분노가 쌓이고 자존심이 상해 있는 무장들을 벼랑 끝으로 내몬 것이다.

지금까지 무신정변의 원인을 네 가지로 들어 조금 장황하게 설명했는데, 그중 가장 중요한 원인은 네 번째, 의종 대 특수한 정치상황이라고 할 수 있다. 의종의 환락생활과 실정도 결국 여기에 종속되는 설명이며, 말단 군인들의 사회·경제적 불만도 이것과 관련이 깊다. 그리고 문무반의 차별대우는 실상 무신란이 일어나는 데 직접적인 영향을 준 것은 아니고, 무신정변이 성공한 후의 정치, 사회적 변화 때문에 부각된 설명이다. 따라서 무신정변이 일어나게 된 가장 궁극적인 원인은 의종 대의 특수한 정치상황이다.

역사가 원인을 탐구하는 학문이기는 하지만, 역사적 사건에서 아무리 많은 원인을 나열한다고 해도 그 사건이 완전히 해명되는 것은 아니다. 그 원인들 상호 간에도 사건에 미친 영향에 있어서 비중의 차이가 있고, 선후 인과관계가 있기 때문에 그것이 밝혀져야만 하는 것이다.

어떻게 성공했을까

정변의 태동과 정중부 포섭

친위군 출신의 장교들이 어떻게 무신정변을 성공으로 이끌었을까. 여기서는 왜, 라는 인과적 접근보다는 어떻게, 라는 기능적 접근이 무신정변의 전개과정을 이해하는데 효과적이다. 어떻게라는 접근도 파고들어가면 결국은 왜, 라는 의문에 귀착되지만, 구체적인 전개과정을 살펴보기 위한 편의적인 것이다.

무신정변이 막연하나마 최초로 거론된 것은 1164년(의종 18) 3월, 그러니까 정변이 일어나기 6년 전이었다. 국왕의 환락생활이 점차 그 도를 넘어설 무렵이다. 이날도 국왕은 대궐 밖으로 출타하여 만취하도록 술을 마시고 여러 문신들과 시로 화답하는 자리를 가졌다. 이때 여러 무장들이 피로하고 격분하여 비로소 반역할 마음을 갖게 되었다고 사서에 전한다.

정변의 움직임은 사건이 일어나기 4개월 전, 왕이 화평재에 행차했을 때 좀 더 구체화된다. 이곳에서 이의방과 이고는 정중부에게, "오늘날 문신들은 왕의 총애를 입고 득세하여 취하도록 마시며 배부르게 먹는데, 무신들은 모두 주리고 피곤하니 이 어찌 참을 수 있소"라고 하니, 정중부도 이에 동조하여 참여하게 되었다고 한다.

여기서 정중부보다는 이의방과 이고가 먼저 난을 제의한 사실에 주목해야 한다. 이의방과 이고는 사실 정중부에게 자신들의 속마음을 털어놓기 전에 대장군 우학유宇學儒라는 사람을 먼저 찾아갔다. 이의방과 이고는 우학유에게 정변의 우두머리가 되어줄 것을 요청했으나 우학유는 거절하면서 이렇게 말했다.

"당신들의 뜻은 대단하지만 문신들이 해를 당하면 결국 화가 우리에게 미치니 나는 따를 수가 없다."

이의방과 이고가 우학유에게 난을 제의한 것은 그가 여러 무신들의 신망을 받으며 중심적인 위치에 있었다고 본 때문이다.

우학유가 이런 제의에 말려들지 않은 이유는 종3품 대장군이라는 무관 고위직에 있다는 것과 그의 아버지 우방재宇邦宰가 정2품의 우복야를 지낼 정도로 좋은 가문 출신이라는 점과 관계가 있다. 이런 이유로 그는 불확실한 정변에 뛰어들기보다는 현실에 안주하려는 성향을 보이는 것이 당연했다.

이의방과 이고가 우학유를 끌어들이려는 또 다른 이유는 산원이라는 자신들의 낮은 계급도 작용했다. 정8품의 산원은 오늘날의 대위 정도에 해당하니까, 그 계급으로는 정변을 주도하기에 역부족이었을 것이다. 고위 무관들의 향배를 염두에 둔 것이었다.

이의방과 이고는 우학유를 끌어들이는 데 실패한 후 다시 정중부를 만나 위와 같이 제의했던 것이다. 정중부도 우학유와 같이 당시 대장군에 있었지만 그의 출신 가문은 우학유에 비해 보잘것없는 것이었다.

또한 정중부는 김돈중에게 수염이 태워지는 수모를 당했던, 지워지지 않는 사감을 통하여 문신귀족들에 의한 멸시를 몸소 겪은 사람이었다. 정변에 대한 제의를 우학유는 거절했지만 정중부가 이를 받아들인데에는 두 사람의 출신 신분상의 차이와 함께 이런 사감도 작용하고 있었다.

의종 원년에 교위였던 정중부는 의종 18년, 그러니까 앞서 무신정변이 처음으로 언급되던 때 대장군으로 나타난다. 그렇게 빠른 급성장은 아니지만 거칠 것 없는 순탄한 승진이었다고 할 수 있다. 대장군으로 승진한 정중부 역시 우학유와 마찬가지로 여러 무신들의 중심적인 위치에 있지 않았을까 생각된다. 이의방과 이고는 그런 정중부의 위상을 감안하여 거절했던 우학유 대신 그를 끌어들였던 것이다.

참여집단의 세 분류

정변을 애초에 모의하고 계획한 것은 이의방과 이고였다. 정중부는 그 다음에 이들의 제의를 받고 정변에 가담할 것을 수락한 것이다. 이렇게 보면 정변에서 정중부의 위상은 처음부터 양이(이의방, 이고)의 주도권을 넘어설 수 없었을 것이다.

그러나 정중부가 정변에서 차지하는 비중이나 역할은 가벼운 것이 아니었다. 정중부는 고위급 무관들을 포섭하고 회유하여 정변에 가담시키는 일을 해야 했다. 아니 최소한 그들이 정변에 반대하는 세력으로 남는 것은 막아내야 했다. 양이가 정중부를 끌어들인 이유도 여기에 있었다.

양숙이나 진준, 이소응 등 당시 대장군 이상의 고위급 무관들이 정변에 참여한 데는 정중부의 역할이 중요하게 작용했다. 이들은 정변 당시 정중부와 행동을 함께했다. 정중부가 끌어들인 고위급 무관으로는 또 홍중방洪仲方과 이광정李光挺이 있다.

이광정은 정변 당시 계급이 장군이었고 홍중방은 중랑장이었는데, 정변의 살육 현장에서는 빠진 듯하다. 이 두 사람은 정변의 회오리가 일단 수그러든 후, 의종을 폐위시키고 명종을 옹립하는 정치적 아이디어를 제공하여 정중부의 참모 역할을 했다. 무신란이 성공한 후 이 두 사람은 정중부의 측근으로 득세한다.

정중부를 비롯한 양숙, 진준, 이소응, 이광정, 홍중방 등 이들 고위급 무관들은 무신정변에서 비교적 온건한 입장을 취했다. 이들 고위급 무관들을 온건집단이라고 불러도 좋을 것이다.

한편 이고와 이의방, 채원 등은 정변 과정에서 과격하고 폭력적인 면을 보인다. 보현원의 국왕 침소 앞에서 거침없이 한뢰를 살해한 것이나, 문신의 관을 쓴 자는 서리라도 씨를 남기지 말라고 군인들을 선동한 것이나, 무엇보다 국왕을 시해하려 했다는 점에서 이들의 그러한 성향을 간취할 수 있다.

이들이 과격한 성향을 보인 것은 처음부터 정변을 모의한 자들이라 당연한 것이겠지만, 우선 이들의 당시 계급과 더 깊은 관련이 있다. 이의방과 이고는 당시 산원이었고, 채원은 계급이 확인되지는 않지만 산원 이하였을 것으로 본다. 이런 하위급 장교들은 직접 친위군의 군사들을 지휘하는 위치에 있었다.

쿠데타에 동원된 친위군에는 견룡군과 순검군이 있다. 정변 당시 이의방과 이고의 직책은 견룡군의 행수였다. 견룡牽龍은 그 용어로 보아 일정한 곳에 상주하는 병력이 아니라, 국왕이 출타할 때마다 항상 따라 움직이는 경호부대로 보인다. 행수行首는 그 우두머리, 즉 경호부대의 지휘관이다.

채원은 어디에 소속되어 있었는지 나타나 있지 않지만, 양이의 견룡군과는 달리 순검군에 소속된 하급장교였을 것으로 짐작된다. 순검군은 국왕이 머무는 곳에서 신변 경호를 맡은 친위군이다. 이 순검군은 대궐 내에서 경호를 서는 내순검군과, 국왕이 대궐 밖에 머무를 때 경호를 맡은 보통의 순검군(외순검군)이 있었다.

쿠데타가 일어났던 보현원은 국왕이 자주 찾던 주연 장소로 개경에서 그리 멀지 않은 경기도 장단에 있었는데, 현재의 대통령 별장을 연상하면 될 것이다. 이런 사정을 감안하면, 보현원의 순검군은 그곳에 파견 나와 상주하던 외순검군으로 보인다. 간단히 말해서 순검군은 일정한 지역에 상주하면서 국왕의 신변 경호를 맡고, 견룡군은 국왕을 따라 호종하면서 신변 경호를 담당하는 친위군이라고 할 수 있다.

친위군의 하급장교였던 이의방, 이고, 채원 등은 의종의 외유나 환락생활에서 말단 군졸과 마찬가지로 육체적 노역을 감당할 수밖에 없었다. 국왕의 외유 때마다 항상 수행해야 하는 친위군의 말단 지휘관이었기 때문이다.

고위급 무관들이야 신분상의 차별이나 자존심에 상처는 받았겠지만 그들의 계급상 육체적인 노역에서는 열외였을 것이다. 즉 하급장교들은 말단 군졸들이 받는 육체적 노고와 고위급 무관들이 받는 멸시를 모두 겪어야만 했다. 그러니 이들의 불만이 어떤 무인들보다 컸던 것이다.

그런데 이들은 말단 지휘관으로 군졸들과 밀착되어 있었기 때문에 군졸들을 직접 동원할 수 있었다. 따라서 이들이 정변을 먼저 모의했고 정변 과정에서도 과격한 모습을 드러낼 수밖에 없었다. 이들 하위급 장교들을 무신정변의 주동집단이라고 할 수 있다.

이 밖의 행동집단을 상정해볼 수 있다. 여기에 들 수 있는 사람들은 위의 주동집단을 제외한 여타의 하급장교들과 이름 없는 말단 군졸들이다. 이들은 무신정변에서 살상과 파괴에 앞장섰던 행동대원들이었다.

행동집단을 직접 지휘 통솔한 자들이 주동집단이었다. 그래서 온건집단의 고위급 무관들은 행동집단을 직접 지휘, 통제하는 데 한계가 있었다. 정변 첫째 날 어가가 보현원에 도착하기 전에, 먼저 보현원의 순검군을 장악한 것도 주동집단이었다.

보현원의 순검군은 거사 이전에 이미 내응하기로 약속되어 있었다. 그래서 국왕이 보현원으로 행차하는 것을 기다려 행동에 옮겼던 것이다. 주동집단에서 별 문제 없이 바로 보현원의 순검군(외순검군)을 장악할 수 있었던 것은 그 때문이었다.

대궐 안의 순검군(내순검군)을 거사에 끌어들이는 데는 주동집단 중에서도 채원의 역할이 컸다. 첫째 날 보현원의 거사 현장에서 채원의 모습이 보이지 않은 것은, 그가 보현원의 행차에 따르지 않고 대궐에 남아 내응을 기다리고 있었다는 뜻이다. 이의방과 이고가 대궐로 돌아와 바

무신정변에 참여한 무인들의 유형

주동집단	이의방, 이고, 채원	온건 집단	정중부, 양숙, 진준, 이소응, 홍중방, 이광정
행동집단	하급장교 이하 말단 군졸들		

로 그곳 순검군의 협조를 얻을 수 있었던 것도 그런 채원의 힘이 컸다.

선동과 봉기

정중부는 이의방과 이고가 대궐을 장악할 때까지 국왕과 함께 보현원을 지키고 있었다. 국왕은 정중부에게 난을 종식시킬 것을 종용했다. 정중부로서는 국왕의 뜻을 받들고 싶어도 어찌 해볼 도리가 없었다. 쿠데타의 중심 무대는 벌써 대궐로 옮겨졌던 것이다.

이때 국왕은 갑자기 인사발령을 단행했다. 주로 무신들을 대상으로 그들을 회유하기 위한 승진 인사였다고 생각된다. 정중부를 통해 난을 종식시켜 보려고 했으나 여의치 않자 이런 인사발령을 내린 것이다.

국왕 의종은 인사발령 직후 정중부와 함께 환궁을 서둘렀다. 관직 인사 내용을 대궐에 먼저 통보해놓고서. 국왕이나 정중부는 대궐의 반응이 대단히 궁금했다. 특히 난을 주도하고 있는 이고와 이의방 등 주동집단이 어떤 반응을 보일지 초미의 관심사가 아닐 수 없었다.

만약 이 인사발령에 만족한다면 난은 여기서 수그러들 수도 있었다. 그렇지 못하면 국왕의 입지만 더욱 어렵게 될 것이다. 정변의 진로를 결정짓는 순간이었다. 하지만 대궐에서는 뜻밖의 사건이 터져있었다. 반쿠데타였다.

환관 왕광취가 정중부 등을 제거하려고 모의한 반쿠데타는 국왕이 의도했던 인사발령을 하나마나 한 것으로 만들어버렸다. 왕광취의 모의가 국왕의 사주를 받은 것은 아니었지만, 국왕의 입지를 어렵게 만들었음은 물론이고 정중부에게도 선택의 여지를 없게 만들었다.

반쿠데타가 없었을지라도 뒤늦게 대궐에 돌아온 국왕과 정중부의 입지는 어려울 수밖에 없었다. 또한 이고와 이의방이 국왕의 인사발령에 만족했을지라도 난은 종식될 수 없었다고 보인다. 대궐은 행동집단에 의해 아수라장이 되어 어느 몇 사람의 무인이 주도할 수 있는 상황이 아니었기 때문이다.

문신의 관을 쓴 자는 서리라도 씨를 남기지 말라는 선동은 마치 벌집을 건드린 것과 같았고, 이번 쿠데타의 절정이었다. 산에서 벌떼를 만나본 사람은 알 것이다, 벌떼같이 일어난다[蜂起]는 의미를. 정변의 향방은 이제 이름 없는 벌떼들이 결정하게 된 것이다.

이의방과 이고가 대궐을 장악하면서 외친 이 구호는 큰 효과를 나타냈다. 지금까지는 주로 친위군이 주동이 되어 움직였지만 이제부터는 개경에 주둔하고 있던 일반 군졸들까지 합세하는 계기가 되었다. 수도 개경은 이제 쿠데타 세력에 의해 완전히 장악되었던 것이다.

이 선동 이후부터 군인들만이 아니라 시정잡배나 무뢰배 등도 난에 참여했다고 보인다. 혼란한 상황에서 사회적으로 불만이 있는 사람들이라면 신분에 관계없이 뛰어들지 않을 수 없었을 것이다. 게다가 당시는 군역체제가 해이해져 군대에서 이탈한 전직 군인이나 떠돌이 무사들이 많았다. 이들을 사서에는 무뢰배 혹은 불량배 등으로 표현하고 있는데, 이런 무사적 자질이 있는 무리들도 정변에 뛰어들었던 것이다.

주동집단의 선동이 먹혀들고 뒤따라 군인들의 봉기가 있었다는 것은 이제 정변이 성공 단계에 접어들었음을 의미한다. 아울러 온건집단은 뒷전으로 물러났다. 이제 쿠데타는 돌이킬 수 없는 것이 되고, 주동집단은 난의 수습을 위해 전면에 나설 수밖에 없었다.

이제부터는 난을 어떤 방향으로 수습해 나가느냐가 중요한 문제였다. 난 후의 정권 창출과 직접 관련된 문제이기 때문이다.

헤게모니를 둘러싸고

온건집단의 중심인물인 정중부는 무신정변의 상징적인 위치에 있었지만, 정변 초기부터 주도권은 이미 이의방과 이고 쪽에 기울어져 가고 있었다. 그래서 온건집단과 주동집단 사이에는 정변의 진로나 헤게모니를 놓고 보이지 않는 신경전을 벌일 소지가 많았다.

우선 문신들의 살해 범위를 놓고 갈등을 일으켰다. 온건집단에서는 가능하면 학살이 무차별적으로 확대되는 것은 피하려 했다. 하지만 이 문제는 대부분 주동집단과 행동집단의 뜻대로 주도되었다. 대궐을 장악한 후, 문신의 관을 쓴 자는 서리라도 씨를 남기지 말라는 주문은 그것을 단적으로 보여준 것이다.

양 세력 간의 헤게모니 싸움에서 가장 중요한 문제는 무엇보다도 국왕 시해 문제였다. 국왕 시해 문제는 반쿠데타 사건 이후 주동집단에 의해 표면화되었다. 둘째 날 대궐로 돌아와 침소에 든 국왕을 이고와 채원이 시해하려 했지만 온건집단의 무인들은 완강히 반대했었다.

국왕 시해 문제는 대내외적으로 민감한 정치적 사안이었다. 안으로는 정변의 성격이나 민심의 향방과 관련되어 이후의 정권 창출을 결정짓는 막중한 정치적 문제이다. 아울러 밖으로는 당시 사대관계에 있던 금金과의 외교 문제도 고려하지 않을 수 없었다.

이런 중대한 정치적 결단이 달린 문제를 정변에서 주도권을 쥐고 있다고 해서 주동집단 마음대로 처리할 수 없었다. 국왕 시해는 그 자체로 정치적 부담이 너무나 큰 사건이기 때문이다. 주동집단에서 국왕을 시해하려다 온건집단의 저지를 받고 그만둔 이유에는 이런 배경이 작용했다.

온건집단에서 국왕 시해를 반대했던 것은 고도의 정치적 판단이 개입된 때문으로 보인다. 우선, 정변이 아니더라도 순탄한 승진을 계속했을 이들이 국왕 시해라는 극단적인 처방까지는 가고 싶지 않았을 것이다. 지금의 국왕체제하에서 총애를 받으면서 이루어온 정치적 성장에 대한 미련을 하루아침에 포기하기는 쉽지 않았음이 분명하다.

정변에서 발을 빼기도 이미 너무 늦어버렸다. 또한 주동집단이나 행동집단을 완전히 장악하여 정변을 주도하는 것도 쉬운 일이 아니었다. 이런 상황에서 정변을 자신들에게 최대한 유리하게 끌어가는 방법은 친위 쿠데타로 유도하는 것이었다.

정변 발발 후, 고위급 무관들의 이런 속마음을 알아차려서 그랬는지는 몰라도 국왕 의종도 정말 그런 쪽으로 유도하고 싶었다. 그것을 뒷받침할 만한 몇 가지 징후도 찾을 수 있다.

그 증거 하나. 첫째 날 보현원에서 임종식, 이복기, 한뢰 등 국왕 측근의 문신과 내시 환관 등 10여 명을 죽인 1차 살육 후, 국왕 의종이 정변의 주역들에게 칼을 하사했다는 점이다. 격분해 있는 그들의 마음을 달래려고 그랬다지만 왜 하필 그 순간 무장들에게 칼을, 다른 것도 아닌 칼을 하사했을까. 살육을 계속하라는 의미였을까. 아니면 그 칼로 자신만은 지켜주라는 의미였을까. 칼로써 무장들의 격분한 마음을 달래려고 그랬다는 것은 아무래도 미심쩍다. 의종이 정변의 주도 세력들에게 보내는 중요한 정치적 메시지가 아니었을까.

증거 둘. 이의방, 이고, 이소응 등이 보현원의 순검군을 몰고 대궐로 쳐들어가, 숙직자와 고위 문신관료 등 50여 명을 살해하여 대궐을 완전히 장악한 다음의 일이었다. 그때 정중부와 의종은 아직 보현원에 있었다. 이곳에서 의종은 정중부에게 난을 종식시킬 것을 종용했다는 점이다.

정중부는 국왕의 의중을 알아채고 망설였다. 이때 정중부가 국왕의 의도대로 난을 종식시킬 수 있었다면 이는 분명 친위 쿠데타로 흐를 가능성이 짙었다. 정중부도 그렇게 하고 싶었을 것이다.

하지만 대궐의 상황은 이미 정중부의 손을 떠나 있었다. 선발대로 갔던 이고와 이의방, 그리고 궐내에서 내응을 기다리고 있던 채원에 의해 대궐은 벌써 장악되었던 것이다. 온건집단에 속한 대장군 이소응을 양이와 함께 선발대로 딸려 보냈지만 상황을 주도하기에는 역부족이었다. 점차 능력의 한계를 벗어나자 정중부는 고민되었다. 주동집단을 회유할 수 있는 새로운 계책이 필요했다. 이런 상황을 모를 국왕도 아니었다.

그래서 의종은 바로 보현원에서 새로운 인사발령을 단행한 것이다. 이고와 이의방은 이때 산원에서 중랑장으로 몇 계급을 뛰어넘어 승진했다. 그리고 고위급 무관들을 배려했는데, 모든 상장군들을 정2품의 수사공복야에, 모든 대장군들을 상장군으로 승진시켰다. 아울러 이의방의 친형인 이준의李俊儀를 갑자기 정3품의 승선에 임명했다.

무신들을 회유하기 위한, 그야말로 무신들만을 위한 인사였다. 특히 이고와 이의방에 초점이 맞춰진 인사였다. 정변을 주도하고 있는 양이의 위상을 먼저 고려하지 않을 수 없었던 것이다. 이런 인사 배경에는 쿠데타를 무위로 돌리기 위한 국왕의 의도가 작용한 것이다. 이것은 국왕이 친위 쿠데타로 유도했다는 세 번째 증거가 될 수 있다.

그러나 대궐에서 터진 반쿠데타 사건은 선택의 여지를 없게 만들었다. 인사발령은 없던 일이 되어버렸고, 국왕을 시해하는 대신 폐위 쪽으로 방향을 잡아갔던 것이다. 결국 국왕을 군기감에 유폐시키고, 다음날 다시 거제도로 추방했던 것은 온건집단과 주동집단 간의 타협의 산물이었다고 할 수 있다.

이러한 타협 과정에서 주동집단을 설득시켜 왕을 시해하는 대신 폐위 쪽으로 방향을 정한 것은 그나마 온건집단의 의지가 반영된 것이었다. 국왕의 시해 문제는 일단 유보하고 새로운 왕 명종을 즉위시켜, 정변에서 가장 큰 정치적 사안을 비껴갔던 것이다.

얼마나 죽임을 당했을까

무신정변에서 이름 없이 죽어간 많은 사람들 중에는, 그 죽음의 인과관계를 합리적으로 설명할 수 없는 우연한 경우가 많았다. 이들을 낱낱이 거론하는 것은 의미가 없지만 죽은 자의 전체 숫자를 알아보는 것은 의미가 있다.

무신정변에서 얼마나 많은 사람이 죽음을 당했을까. 사소한 문제 같지만 어떻게 정변이 가능했는가를 이해하는 데 조금은 도움이 될 것이다. 정변의 규모나 추이를 알아보는 방법일 수 있기 때문이다.

정변의 사흘 동안 네 차례의 큰 살육이 진행되었는데, 1차 살육은 보현원에서 있었다. 이때 살해당한 사람 중 구체적으로 이름이 언급된 자는 임종식, 이복기, 한뢰 등 9명이다. 그런데 살해당한 숫자는 나타나 있지 않고, 호종하던 무신과 대소신료, 환관 등이 죽음을 당해 그 시체가 산같이 쌓였다고 사서에 전하고 있다.

죽은 자가 많았다는 의미는 전달되지만 도대체 그 숫자가 어느 정도였는지는 짐작해보기 힘들다. 대궐이 아닌 보현원 행차에서의 일이기 때문에 호종하는 신하들도 제한되었을 것을 감안하면, 시체가 산같이 쌓였다는 표현에 비해 엄청난 숫자는 아니었을 것으로 보인다. 약 20~30명 정도로 보면 어떨까.

2차 살육은 보현원에서 선발대로 간 이고와 이의방이 대궐을 중심으로 한 수도 개경에서 주로 자행한 것이다. 아울러 문신의 관을 쓴 자는 서리라도 씨를 남기지 말라는 선동으로 가장 많은 사람이 죽음을 당했을 때다. 이때는 이름이 거명된 사람만도 25명에 달한다. 2차에서는 대궐의 숙직자 모두, 태자궁의 속료들 10여 명, 그리고 문신관료들 50여 명이 죽음을 당했다. 대궐의 숙직자가 몇 명이었는지 정확히 알 수 없지만, 대략 10여 명으로 계산하면 전체 70여 명 정도가 죽음을 당한 꼴이다.

3차는 국왕이 보현원에서 돌아와 입궐한 후, 그러니까 둘째 날 반쿠데타 음모가 들통나면서 대궐에서 일어났다. 이때는 이름이 언급된 자는 없고, 국왕의 행차를 따랐던 내시 10여 명과 환관 10여 명을 색출하여 죽였다. 3차의 살육에서 죽은 자는 20여 명 정도로 보면 될 것이다.

4차는 국왕이 폐위된 후의 셋째 날에 일어났던 일로 주로 확인 살인 과정에서 있었던 일이다. 그래서 그런지 살해당한 자 대부분의 이름을 언급하면서 구체적인 사실을 밝히고 있다. 이때 이름이 언급된 자가 김돈중, 왕광취, 진윤승 등 10여 명이었다. 그런데 새로운 왕이 즉위한 직후에, 환관들이나 총애를 믿고 교만 방자하던 자를 거의 다 죽였다라는 표현이 사서에 전한다. 이 숫자가 얼마인지 알 수 없어 장담할 수 없지만, 이름이 언급된 10여 명을 합하여 약 30여 명 정도로 보면 되지 않을까 싶다.

네 차례에 걸친 살육 외에도 이후 무인정권이 안정될 때까지 산발적으로 반대 세력에 대한 제거 작업은 계속된다. 특히 김보당의 난 때에는 제2의 무신란이라고 할 만큼 또다시 많은 문신들이 살해당했다. 이를 제외하고, 네 차례에 걸친 살육에서 살해당한 사람들은 적게 잡아도 대략 140~150명 정도 된다.

이 숫자가 많은 것인지 혹은 적은 것인지는 얼른 판단이 서지 않는다. 묘청의 난 때도 죽은 자가 천 명을 훨씬 넘었음을 참고하면 의외로 적다고도 할 수 있다. 다만 무신정변에서는 구체적으로 이름이 언급된 자가 40여 명에 달했다는 점, 전체 희생자의 대부분이 문신 관료였다는 점은 지적해둘 필요가 있다.

이들을 하나하나 거론하는 것은 번거롭게 생각되어 생략한다. 다만, 한 사람의 경우만 특별히 언급해보겠다. 진윤승陳允升이라는 자다.

진윤승이 살해당한 것은 명종이 즉위한 직후로 정변 셋째 날의 일이었다. 정변의 격렬한 회오리가 지나가고 한숨 돌릴 무렵이다. 정변에 참여한 여러 무신들이 중방重房에 모여 살아남은 문신들을 모두 소환하기로 했을 때다. 중방은 다음 장에서 설명하겠지만 정변이 성공하면서 막강한 권력기관으로 급부상한 곳이었다.

중방에서 살아남은 문신들을 모두 소환한 것은 일종의 확인 작업이었다. 이때 이고가 이들을 모두 죽이려고 했으나 정중부의 제지로 그만두었다. 이고는 그때까지도 격정이 끓고 있었던 모양이다.

그런데 어떤 군졸 하나가 평소에 감정이 있었던 진윤승을 찾아보았지만 보이지 않았다. 이에 그 군졸은 진윤승의 집으로 가서 거짓으로 이렇게 말했다.

"왕이 유지를 내려, 먼저 입궐하는 사람에게 승선을 임명한다 합니다."

정변 동안 무인들과 평소 관계가 좋지 않았거나 감정이 있던 문신들은 안절부절못하며 별처에 은거하거나 두문불출했다. 하다못해 길에서 군졸 하나라도 잘못 마주치면 사태를 예측할 수 없었기 때문이다. 진윤승도 그러한 사람이었다.

이 말을 들은 진윤승은 난이 종결되어 위기를 벗어났다고 안심하고 집을 나섰다. 설사 미심쩍은 마음이 있었다 해도 왕의 유지를 거절할 수는 없었다. 그 군졸은 길목을 지키고 있다가 그 자리에서 진윤승을 죽였다. 그리고 의미 있는 큰 돌 하나를 가슴에 안겨주었다.

그 군졸이 진윤승의 가슴에 돌을 안겨준 데는 그만한 까닭이 있었다. 진윤승은 진관사의 남쪽에 사당을 창건할 때 공사 감독을 맡았었다. 이때 진윤승의 관직은 정5품의 병부랑중이었는데, 지금의 국방부 과장급 정도에 해당된다. 병부의 관리가 공사 감독을 했다는 것은 군인들이 각종 노역에 동원되었음을 보여주는 것이다.

그런데 진윤승은 돌을 운반하는 현장 감독을 하면서 군졸들이 가져온 돌을 일일이 저울에 달아 확인한 후 받았다. 그만큼 지독하게 감독했다는 것으로, 노역에 동원된 군졸들의 원한이 클 수밖에 없었다. 진윤승은 그렇게 원한이 쌓였던 군졸들 중 한 명에게 표적이 되어 어처구니없게 보복을 당했던 것이다.

사감이나 사적인 원한에 의해 보복을 당한 사람은 진윤승뿐만이 아니었을 것이다. 앞서의 김돈중도 마찬가지다. 하지만 이들의 죽음이 우연한 사건은 아니다. 이들을 죽게 만든 개인적인 원한들이 사실은 의종 대의 특수한 정치상황 속에서 필연적으로 나타날 수밖에 없는 것이기 때문이다.

역사에서 우연으로 치부되는 것은 대부분 인과관계를 합리적으로 설명할 수 없는 경우이다. 물론 역사적 사건에서 우연적인 요소가 없는 것은 아니다. 이런 우연적인 사건은 그 시대를 이해하는 데 아무런 도움을 주지 않기 때문에 연구 대상에서 제외하는 것뿐이다.

무신란을 방조한 외척 세력

문신이면서도 무신란에서 끄떡없이 살아남고 계속 현달했던 사람들은 누구이며 어떤 사람들이었을까. 이들은 의외로 많다. 문신의 관을 쓴 자는 서리라도 씨를 남기지 말라 했던 선동을 연상하면 무신란에서 문신들은 거의 모두 죽음을 당했을 것으로 생각하기 쉽지만 그렇지 않았다.

일부 문신들이 무신란 후에도 살아남고 계속 현달할 수 있었던 것은 무신란 주역들과의 개인적인 관계도 중요하게 작용했지만, 우선은 무신란에 협조했거나 방조적인 입장에 있었다는 것을 염두해둘 필요가 있다. 무신란에서 방조적인 태도를 보였던 세력은 바로 외척 정안 임씨 세력이었다. 이는 무신란이 성공할 수 있었던 중요한 이유이기도 하다.

왜 의종의 외척 세력과 관계된 인물들이 무신란에서 다치지 않고 살아남을 수 있었을까. 의종이 왕권강화를 위해 정안 임씨를 비롯한 문신귀족들을 소외시켰음은 앞서 언급했다. 따라서 의종의 정치에 가장 큰 불만을 지닌 세력이 바로 의종 대 정치적으로 소외된 외척 정안 임씨 세력이었다.

그런데 무신란을 주도했던 친위군 세력 역시 의종의 환락생활에서 천대받거나 소외되면서 정안 임씨 세력들과 정치적 입장을 같이하게 된 것이다. 적의 적은 내 편이라는 이치와 같다고나 할까. 정안 임씨들과 관계된 사람들이 무신란에서 많이 살아남을 수 있었던 것은 그 때문이었다. 해당 인물들을 통해 이 점을 확인해보자.

문신들 중 무신란에서 전혀 다치지 않고 그 이후에도 계속 현달했던 중요한 인물로는 윤인첨尹鱗瞻과 문극겸文克謙 그리고 최유청崔惟淸을 들 수 있다. 이외에도 많은 사람들을 들 수 있는데, 대부분 당시 왕실의 외척과 어떻게든 관계를 맺고 있는 인물들이었다.

윤인첨은 고려시대 대표적인 명문가 중 하나인 파평 윤씨로서 여진 정벌을 주도했던 윤관의 손자이다. 파평 윤씨는 의종의 외척인 정안 임씨 세력과 깊은 인척관계를 맺고 있었다.

윤관의 딸은 의종의 외조부인 임원후에게 출가했고, 윤인첨은 임원후의 둘째 아들인 임극정과 동서간이었다. 윤인첨은 외척 정안 임씨 세력에 넣을 수 있는 인물로 그들과 정치적 이해관계를 같이했다. 따라서 윤인첨은 의종이 왕권강화를 위해 부식했던 내시나 환관들에 대해 대단히 비판적이고 적대적이었다. 무신란을 주도했던 친위군의 무장들과 이 점에서 서로 통하게 되었고, 또 살아남을 수 있는 배경이 되었던 것이다.

윤인첨은 무신란 당시 정4품의 우간의대부에서 무신란 후 종2품의 지추밀원사로 승진한다. 그 후 상장군까지 겸직하여 중방회의에도 참여하는 등 문신의 장文臣之長이라는 칭호를 들을 정도의 정치적 위상을 갖게 된다. 또한 그는 조위총의 난 때 진압군 총사령관직을 맡아 난을 평정하기도 했었다.

문극겸도 고려시대 대표적인 명문가 중 하나인 남평 문씨이다. 그는 정변 첫째 날 대궐에서 숙직하고 있다가 죽을 위험에 처했었는데 그의 이름을 알아주는 무장이 있어 다행히 살아남았던 인물이다. 그 역시 임원후의 아들인 임부를 사위로 맞이했다는 것으로 보아 정안 임씨 세력으로 파악할 수 있다. 의종 측근의 환관들을 비판하다가 한때 좌천당하기도 했는데 이것을 보면 그 역시 정안 임씨 세력과 정치적 행보를 같이했다고 보인다.

또한 문극겸은 이의방의 친동생인 이린李隣을 사위로 삼았다. 그러니까 임원후의 아들인 임부와 이린은 동서간인 것이다. 무신란 이후의 큰 정치적 격변에도 계속 살아남을 수 있었던 것은 이에 힘입은 바 컸다. 문극겸은 무신란 당시의 관직이 종6품의 전중내급사였는데 무신란 직후 정3품의 우승선으로 승진했다. 그는 명종 19년(1189) 68세로 죽을 때까지 순탄한 관직생활을 계속하여 재상직에까지 올랐다.

최유청 역시 문벌귀족 가문 중의 하나인 철원 최씨이다. 그는 이자겸의 난 때 이자겸의 세력과 맞서다 파직당한 경험이 있는 인물이다. 그는 정서라는 사람의 매부가 되는데, 정서는 임원후의 사위이다. 그러니까 정서는 의종에게 이모부가 되는 사람으로 정안 임씨 세력에 넣을 수 있는 인물이다. 최유청은 의종의 외척 탄압 때 정서와 연계되었다고 하여 남경유수로 좌천당했고, 이어서 충주와 광주목사를 지내며 지방으로만 겉돌았다.

최유청은 후에 정2품의 별 권한이 없는 수사공좌복야를 임명받아 중앙정계로 나가지만 곧 바로 치사致仕, 즉 퇴직했다. 그가 무신란을 만난 것은 이때였다. 그러나 여러 무장들이 그의 덕망을 흠모하여 군졸들로 하여금 그의 집을 경계하도록 해서 무신란의 와중에서도 친족이 모두 화를 면했다. 무신란이 성공한 후 그는 재상급인 정2품의 중서시랑평장사를 제수받아 다시 복귀했고 명종 4년 80세의 나이로 죽었다. 그의 후손으로는 고려 말의 유명한 최영崔瑩 장군이 있다.

소극적이었지만 현달한 무신들

무신들이 일으킨 정변이라고 해서 모든 무신들이 안전하게 목숨을 부지했던 것은 아니다. 문신들 중에도 난에 협조적이었거나 무신들과 관계가 좋은 사람들이 살아남았던 것과 같이, 무신들 중에도 정변에 반대했거나 거추장스러운 존재는 제거당했다.

정변에서 죽음을 당한 무신들의 이름은 구체적으로 전하지 않지만 맨 처음 보현원에서 살육이 있을 때 무신들이 다수 죽었다. 아마 이들은 정변에 저항하여 국왕을 보호하려다 변을 당했을 것으로 보인다. 무신들이 정변에 저항했던 흔적은 정변 사흘 동안 이것뿐이다.

정변에 적극적으로 저항한 것은 아니지만 회의적이거나 비판적인 태도를 취한 무신들은 많았다. 이 때문에 한때 위험에 처한 무신들도 있었다. 하지만 정변의 주역들과 사적인 관계를 맺으면서 오히려 출세의 기반을 마련한 자도 더러 있었다.

먼저, 정변 제의를 거절한 우학유가 있다. 우학유는 앞서 언급한 바와 같이 이의방과 이고의 제의를 거절했다. 이런 그가 무신란이 성공하면서 생명의 위협을 느꼈으리라는 것은 당연한데, 그는 난이 성공하자 이의방의 누이와 결혼하여 위기를 모면한다. 이후 그는 순탄한 관직생활을 하여 재상직에까지 오른다.

또 송유인宋有仁이라는 자가 있다. 이 사람은 무신란이 일어났을 때 대장군에 있었는데 무신보다는 문신들과의 교우관계가 좋아 무신들로부터 질시를 받았다. 또한 그는 무신란에 부정적인 입장이었는데 난이 성공하면서 화가 자신에게도 미칠 것을 두려워했다. 그래서 그는 송나라 상인의 딸인 본처를 과감히 내쫓아버리고 정중부의 딸을 취하여 위기에서 탈출했다. 상황이 절박하기는 했겠지만 이 정도라면 대단한 변신이다. 그 덕택으로 그는 재상직에까지 오르고 정중부 집권 시 제2인자의 위치를 차지했다.

송유인과 같이 문신들과의 관계가 좋았던 무신으로 오광척吳光陟과 문장필文章弼도 있다. 이 두 사람은 문신들이 만든 계契에 참여하여 문신 자제들과 교유를 즐겼다. 오광척은 무신란 때 계급이 별장이었는데, 무를 싫어하여 무신란에는 비판적이었지만 이의방과 평소 친분이 있어 정변 후 장군으로 승진했다. 문장필 역시 무신란에 반대했었지만 위험에 처하지는 않고 오히려 중랑장에 제수되었다.

그리고 무신란 때 계급이 대정이었던 두경승杜景升도 무신정변에 비판적인 입장을 취했지만 정변 후 산원으로 승진했다. 그는 정변 과정에서 여러 무인들이 남의 재산을 앞다퉈 약탈하는 것을 보고 무인들을 멀리했다고 한다. 그의 무신정변에 대한 부정적인 태도를 보여주는 대목이다. 그는 명종 말년에 중서령이라는 관직의 극치에까지 오른다.

무신란에서 삶과 죽음의 갈림길은 정치적인 신념이나 노선 혹은 정치적인 이해득실 등이 중요하게 작용했지만 때로는 극히 사적인 감정이나 개인적인 인간관계가 그것을 갈라놓기도 했다.

현실적인 이해관계보다도 더 원초적인 이데올로기는 없을 것이다. 정치적 노선이나 사상이 아무리 같아도 이해관계에서 상반되면 적이 되기 쉽다. 반면 정치적 노선이나 사상이 아무리 달라도 이해관계에서 합치되면 동지가 될 수 있다. 물론 양자 사이가 서로 엇갈리는 경우는 드물겠지만.

역사 속의 인물들, 특히 정치적 사건들을 살피다보면 이런 면을 숱하게 대하게 된다. 이것은 인간이 얼마나 복잡 미묘한 존재인가를 보여주는 것이다. 사적인 이해득실의 천차만별을 도대체 어떻게 범주화하고 재단하겠는가. 이런 점에서 인간은 기본적으로 개별성의 존재이기도 하다.

정치사는 그 개별성의 공통점을 찾아 집단화하고 그것을 하나의 정치 세력으로 범주화하는 것이 기본이다. 무신정변을 문무의 대립 갈등으로 본 것이나, 거기에 참여한 세력을 주동집단·온건집단·행동집단으로 나누어본 것도 그런 것이다. 하지만 같은 집단 속에서도 이해득실에 따른 각각의 개별성을 인정하지 않고서는 자연과학과 별로 다를게 없다. 이렇게 보면 역사학은 독특한 복잡성의 학문임에 분명하다.

낙향 은둔한 문신들

한편, 무신란을 피해 지방으로 낙향한 문신들도 많았다. 이들은 유학자로서의 본분을 벗어던지고 속세를 떠나 유유자적하기도 하고, 본분만은 버리지 않고 지방에서 유학을 닦으며 처사생활로 일생을 마친 사람도 있었다.

전자의 인물로는 신준神駿과 오생悟生이 있다. 이 두 사람은 정확한 본명을 알 수 없고,《파한집》이나《역옹패설》등의 문집에 간략한 언급이 남아 있을 뿐이다. 호가 백운자白雲子인 신준은 공주로 낙향했고, 오생은 가야산에 은둔했다고 한다. 관찬 사서에는 그 흔적도 이름도 남아 있지 않지만 당시 문인들 사이에서는 높은 절조로 널리 흠모되었음을 여러 문집류에서 확인할 수 있다.

이 두 사람은 유학자라는, 자신들의 정체성마저 포기하고 세상을 등진 것으로 보인다. 그것은 사회적인 자살과 다름없는 것으로, 무신란이 이들에게 얼마나 큰 충격이었는가를 알 수 있다.

벼슬을 버리고 낙향했지만 유학자로서의 마지막 정체성만은 버리지 못한 인물로는 권돈례權敦禮라는 사람이 있다. 그는 자가 불화不華인데, 무신란 당시 어사까지 지낸 관료였지만 사서에는 언급이 없다. 그는 원주에 은거하여 죽을 때까지 세상에 나오지 않았다. 동료 문인들의 서간문이나 묘지명에서 속세를 떠난 권돈례의 삶에 대한 부러움을 엿볼 수 있을 뿐이다.

무인정권에 봉사한 문신들이 낙향하여 은둔한 문신들의 지조를 흠모했다거나 부러워했다는 문집의 기록을 대하면 참 재미있다. 무인정권에 몸담지 않을 수 없는 곤혹스러운 처지를 읽을 수도 있지만, 그러면서도 그 속에 안주하려는 이중적인 태도나 약간의 자기변명도 함께 느껴진다. 무인정권에 봉사한 문신들은 대부분 그런 이중적인 내면의 갈등에 시달렸으리라.

앞서의 윤인첨이나 문극겸, 최유청 등은 무신란에서 살아남아, 무인정권하에서 일신을 보신하고 현달하는 데는 성공했다고 볼 수 있다. 그러나 그러기까지 그들의 삶이나 의지에는 굴곡이 많았다. 무인정권하에서 순탄한 관직생활을 영위한 문신치고 그런 내면의 갈등으로부터 자유로운 사람은 드물었을 것이다.

그런가 하면 무신란 때 지방으로 피신했다가 무인들의 정권 교체가 이루어지면서 다시 상경하여 관직을 요청한 인물도 있다. 임춘林椿이 그런 사람이다. 그는 개국 공신의 후예로 국가로부터 영구 토지를 지급받았으나 무신란 때 일가가 화를 입고 토지까지 군사들에게 빼앗겼다. 낙향하여 영남 지방을 유랑하다가 다시 상경하여 관직을 구했으나 실패하고, 절망과 궁핍으로 속을 상하여 30대에 요절하고 말았다. 그는 당대 문장으로 이름을 날렸으며, 문집으로 《서하집》이 남아 있다.

이렇게 속세를 떠난 인물들은 유학에 전념하면서 후진 양성에 심혈을 기울였다. 이들의 제자나 그 제자의 제자들은 고려 후기 다시 조정에 참여하여 새로운 인재의 공급원이 되기도 했다. 고려 후기 사회의 변화나 개혁은 무인 집권기에 쌓였던 병폐를 제거하는 것이었는데, 여기에는 이런 신진 인사들이 기여한 바가 적지 않았다. 그래서 역사에서 영원한 패자는 없다고 한 것일까.

예술가형 군주, 의종

네 가지 유형의 군주

전통 왕조시대 군주는 그 통치 스타일이나 리더십으로 보아 네 가지 유형이 있다.

① 장수형 군주로는 대부분의 창업 군주들을 꼽을 수 있다. 고려 태조 왕건이나 조선 태조 이성계는 전형적인 장수형 군주라고 할 수 있다. 창업 군주가 아니면서 장수형 군주에 넣을 수 있는 사람이 조선의 세조 수양대군이 적절할 것이다. 수양대군의 경우는 정략가형에도 넣을 수 있는데, 왕건이나 이성계도 마찬가지다. 창업의 위업을 달성한 군주였다는 점에서 당연한 일이다. 장수형 군주의 통치 스타일상 특징은 창업의 위업을 통한 강력한 리더십이다.

② 정략가형 군주는 새 왕조의 초기나 정치적 격변기에 많이 나타난다. 대부분의 왕조에서 창업 후 2~3대가 지나면 정치적 격변에 휩싸

인다. 창업의 정치적 긴장감이 잠시 수그러들면서 군주와 창업공신 사이에 갈등이 생겨나기 쉽기 때문이다. 고려의 광종, 조선의 태종이 여기에 해당될 것이다. 창업 초기가 아니면서 여기에 해당되는 군주로는 조선의 정조를 들 수 있다. 정략가형 군주의 특징은 치밀한 전략과 전술의 구사이다.

③ 학자형 군주는 전통 왕조시대 대부분의 개성 없는 군주가 여기에 해당되는데, 왕조의 안정기에 주로 나타나는 형이다. 그래서 특별한 업적 없이 무능한 군주로 나타나기 쉽다. 하지만 잘만 하면 위대한 업적으로 태평성대를 구가할 수 있다. 세종대왕이 전형적인 예다. 앞에 든 조선의 정조는 ②와 ③이 잘 조화된 군주이다.

④ 예술가형 군주는 가장 드문 형이다. 한 왕조에서 한 명 나올까 말까 하는 군주형이다. 여기에 드는 군주들은 전통적인 제도나 관습에 얽매이지 않는 것이 특징이다. 때로는 강한 콤플렉스나 내면의 억눌린 자아 때문에 방탕해지기 쉽다. 그래서 폭군으로 낙인찍히는 경우가 많다. 그러나 정략가형과 잘 조화되면 큰 변화나 한 시대의 전환기를 마련할 수도 있다. 고려의 공민왕이나 조선의 연산군이 여기에 가까울 것이다. 로마의 네로 황제는 전형적인 예술가형 군주라고 할 수 있다.

의종은 이 네 가지 유형 중에서 어디에 해당될까. 예술가형 군주에 넣으면 어떨까 싶다.

①	장수형 군주	②	정략가형 군주
③	학자형 군주	④	예술가형 군주

다재다능한 군주

의종은 1127년(인종 5) 4월에 태어났다. 이자겸의 난이 평정된 직후이다. 그의 나이 9세 때는 묘청의 난이 일어나 어린 나이에 정국의 혼란을 지켜보았다. 그리고 17세 때 태자로 책봉되어 인종의 후계자가 되고 20세 때 왕위에 올랐다. 이후 24년 동안 왕좌를 지켰다. 그의 재위 24년은 일생에서 가장 혈기 왕성한 나이였다. 이 점은 의종 대의 정치를 이해하는 데 상당히 중요한 대목이라 생각된다.

의종의 성격에 대해 사서에는 놀이와 잔치를 좋아했다고 전한다. 하지만 이것은 겉모습일 뿐이다. 그는 여러 가지 사실들을 종합해볼 때 대단히 다재다능한 인물이었다. 이런 능력이 국왕으로서 활동에 부정적인 영향을 주었는지, 아니면 긍정적인 영향을 주었는지는 모르겠지만 그러한 자질을 국왕으로서 십분 활용했다.

그 하나가 무술에 대한 자질이다. 의종은 격구를 매우 좋아했고 스스로 대단한 경지에 이르렀다. 격구와 관련시켜 의종의 개인적인 사항 몇 가지를 유추해볼 수 있다.

격구는 말을 타고 달리면서 공을 몰고 가는 무술인데 그 자체가 매우 격렬한 운동이다. 의종이 이런 운동을 좋아했다는 것은 유약한 성격은 분명 아니다. 오히려 활달하고 거침없는 인물이 아니었을까 싶다. 또한 격구는 섬세하면서도 침착한 동작을 필요로 하는 운동이기도 하다. 이것으로 보면 의종은 침착한 면도 많았으리라 본다. 아울러 격구는 기마술이 뛰어나야 하기 때문에 왜소한 체구로는 아무래도 불리할 것이다. 그래서 의종은 장대한 체구는 아니었을지라도 보통 이상의 신체적 조건은 갖추었다고 추측된다.

수박희에도 의종은 일가견이 있었다. 수박희로 시험하여 친위군의 무사를 선발했다는 사실에서 알 수 있다. 그것에 대한 안목이 없었다면 불가능한 일이다. 다만 국왕의 입장에서 무장들과 수박희로 직접 대련하기는 어려운 일이기 때문에 그에 대한 구체적인 자질은 언급된 것이 없다.

의종은 또한 활쏘기에도 능숙했다. 한번은 이런 일이 있었다. 의종 21년 5월 장단현에 있는 응덕정에 유람 갔을 때의 일인데, 장막을 친 위에 촛불을 켜놓고 그것을 맞히기로 했다. 아무도 맞히는 자가 없어 측근들이 왕에게 권하자 즉시 쏘아 적중시켰다고 한다. 의종의 활솜씨를 엿볼 수 있는 대목이다.

의종은 무술에 대한 자질만 있는 것이 아니었다. 학문이나 문학적 자질도 뛰어나 문무를 겸비했다. 외유 때마다 술자리와 함께 시회를 열었다는 것만 보아도 그의 문학적 취향이나 자질을 충분히 짐작할 수 있다.

각촉부시刻燭付詩를 즐겨했던 군주로도 의종은 유명하다. 불을 붙인 초에 금을 그어놓고 시간을 한정하여 시를 완성하는 게임이다. 의종은 밤중에라도 내시나 사관을 불러 각촉부시를 했고 스스로도 시 짓기를 좋아했다.

시뿐만이 아니었다. 의종 24년 정월에는 이런 일도 있었다. 정월 초하루에 신하들이 올리는 하표賀表를 의종 자신이 직접 작성하여 보이기도 했다. 이 하표에서 의종은 스스로 자신의 공덕을 찬양하고 흡족해하는 나르시시즘적인 면을 보이지만 그의 문학적 자질을 알기에는 충분하다.

그는 경서에도 많은 관심을 가지고 있었다. 특히 서경을 좋아했는데, 신하들에게 강의케 하기도 하고 자신이 직접 서경을 강론하기도 했다. 이러한 학문적 자질이야 어느 국왕에게나 나타날 수 있는 것이라고 말할 수도 있다. 하지만 그의 학문적 관심은 일시적인 취향이나 단편적인 호기심의 차원을 넘어선 것이었다.

그것을 보여주는 것이 《상정고금예문》의 편찬이다. 《상정고금예문》은 당시 평장사로 있던 최윤의崔允儀에게 명하여 편찬토록 한 책인데 왕권강화에 대한 국왕의 의지를 보여주는 사상적 업적이다.

이 책은 국가의 질서체계인 예를 집대성한 것으로, 이것을 통해 의종은 백관과 구분되는 국왕의 권위를 분명히 드러내고자 했다. 편찬 책임자였던 최윤의는 앞서의 정서나 최유청을 탄핵했던 인물로 의종의 정치노선에 동조했다는 사실도 《상정고금예문》의 편찬 의도를 이해하는 데 도움이 될 것이다.

의종은 예술적인 재능도 뛰어난 인물이었다. 스스로 악장을 지어 악공에게 가창케 하는가 하면, 어느 때는 술에 취해 피리를 불면서 그 음률을 아는 자에게 상을 내리기도 했다. 의종의 이런 면모는 또 어떻게 이해해야 할지 모르겠다. 국왕이 아니었더라면 뛰어난 예술가가 되었을지도 모르겠다. 그의 술에 대한 집착과 함께 이런 예술적 자질은 의종의 내면을 이해하는 데 중요한 사항으로 보인다.

의종의 콤플렉스

의종을 이해하는 데 또 하나 빠뜨릴 수 없는 것은 점을 치는 복술卜術을 좋아했다는 사실이다. 의종의 측근 복술가로 영의榮儀라는 자가 있었다. 영의는 정변 셋째 날 여러 환관들과 함께 주살되어 저자에 효수

된 자이다.

그의 출신 신분은 천민이었다. 그의 아버지가 천체를 관측하는 사천감으로 있다가 섬에 유배되었을 때, 그 섬에 사는 반역자의 후손에게 장가들어 낳았다는 것에서 알 수 있다. 그는 정함과 같이 의종의 최측근으로 의종 대 정치에 많은 영향을 끼친 자였다.

이 영의는 의종에게 항상, 국가 기업과 군주 수명의 길고 짧음은 순어巡御의 많고 적음에 달려 있다고 하여 의종을 현혹시켰다. 의종 대의 많은 외유는 그에게 영향 받은 바가 많았던 것이다. 또한 수명을 연장하려면 관음보살을 믿어야 한다고 하여 그 화상을 여러 사찰에 설치케 한다든지, 법회를 열어야 한다고 하여 국가 재정을 고갈시키기도 했다. 의종 대의 많은 이궁과 별관의 창설은 의종이 그의 복술을 따른 결과였다.

의종이 그렇게 복술에 빠진 이유는 무엇이었을까. 현대인에게도 마찬가지지만 그것은 미래에 대한 불안한 심리의 소산이기 쉽다. 미래에 대한 불안한 심리는 보통 예측을 불허하는 새로운 변화나 전환기의 시점에서 나타나는 경우가 많다. 의종의 불안한 심리도 그런 것에서 비롯되지 않았을까.

재미있는 문제로 속단할 수는 없지만, 당시의 정치상황과 떼어서 생각할 수는 없을 것이다. 아마 의종은 문벌귀족들을 탄압하고 왕권을 강화하는, 새로운 변화를 추구하는 과정에서 상당한 심리적 압박을 받고 있지 않았을까 싶다. 전환기의 불안한 정국은 의종을 복술에 끌어들였고, 그 속에서 받는 스트레스는 술에 심취하게 만들었을 것이다.

의종의 술에 대한 집착은 정말 대단했다. 정변이 일어난 둘째 날, 대궐은 온통 살육의 현장으로 변했는데도 그는 편전에서 태연히 술을 마시며 음악을 듣다가 밤늦게야 침소에 들 정도였다.

그의 재위 후반기에 하루가 멀다고 행해지는 그 많은 외유와 주연에서 의종은 신하들보다 술에서 앞섰다. 신하들이 술에 취해 쓰러질지언정 자신은 끄떡없었고, 갑자기 주연 장소를 옮길 때도 신하들이 뒤를 따르지 못할 정도였다.

그의 내면 무엇이 그토록 많은 술을 필요로 했을까. 술은 정신력으로 버텨내는 경우가 많다. 주량을 뒷받침해주는 정신력은 내면의 콤플렉스나 현실적인 욕구불만과 관계가 깊다. 의종의 콤플렉스나 욕구불만은 그 시대의 정치·사회 구조와 무관하지 않다고 본다. 왕자로서, 태자로서, 혹은 국왕으로서 그가 받는 스트레스는 범인과는 달랐을 것이다.

이런 사정이 의종에게만 해당되는 것이 아니고 어느 시대 어느 국왕에게나 비슷한 것으로 생각될 수도 있으나, 의종에게만 특별히 관련된 것이 있었다. 그것은 그가 첫째 왕자로서 태자에서 제외될 위기가 한때 있었다는 사실이다.

공예태후가 의종을 태자에서 제외시키려고 했던 이유는 분명치 않다. 의종보다는 대령후 경을 더 사랑해서 그랬다고 하는데, 이는 적극적인 해명이 될 수 없다. 대령후 경을 더 사랑한 이유가 밝혀져야 하기 때문이다. 외척 정안 임씨에 대한 부정적인 생각 때문에 제외시키려 했다는 설명도 있는데, 이는 선후관계가 잘못된 해석이다.

외척 정안 임씨에 대한 불편한 관계나 부정적인 생각은, 의종이 태자가 된 이후에 나타난 것이었기 때문에, 태자 책봉 문제의 원인이 아니라 결과로 보아야 더 온당한 것이다. 더구나 외척에 대한 부정적인 생각이 처음으로 나타난 의종의 왕비 선택도 그가 태자로 책봉된 이후였다. 그렇다면 의종을 태자에서 제외시키려고 했던 보다 중요한 이유는, 의종 자신의 행위에서 찾아야 보다 유력한 근거가 될 수 있다.

의종은 매우 다재다능한 인물이었다. 격구, 수박희, 활쏘기 등의 무술뿐 아니라 음악이나 문학 등의 예술적 재능도 많았다. 여기에 학문적 자질도 남달랐다. 이러한 재능이나 취향은 그가 태자로 책봉되기 전, 왕자로 있던 청소년 시절부터 드러나 자유분방한 모습으로 비쳤을 것이다.

하지만 모후나 부왕은 이런 의종의 다재다능함을 국왕의 자질로서는 안정감이 부족한 부정적인 것으로 보지 않았을까. 더구나 이자겸의 난과 묘청의 난으로 국정이나 왕실이 혼란에 빠졌던 인종 대는 그 이후의 왕위 계승자에 대해서 관심이 많았을 것이다. 왕권의 안정을 통해 국정을 바로잡는 것이 중요한 과제였기 때문이다. 여기에 왕자로서 의종의 자유분방함은 후계자로서는 부적격자로 판명되었다고 할 수 있다.

그래서 한때 공예태후의 후원을 받은 대령후 경이 강력하게 태자의 물망에 올랐다. 그러나 우여곡절 끝에 결국 태자 자리는 의종에게 돌아왔다. 이 과정에서 동생 대령후 경이나 모후인 공예태후는 경계의 대상으로 의종의 마음속 깊이 각인되었다. 이 사건은 의종에게 거세공포를 유발했고 국왕으로 재위하는 동안에도 무의식에 잠재되어 끊임없이 괴롭혔다.

이것은 국왕으로서 의종의 내면세계를 이해하는 가장 중요한 요소이면서, 의종의 정치 운영 스타일을 결정시켜주었다고 본다. 그 결과 대령후 경은 정치적 라이벌로서, 공예태후를 비롯한 외척 세력은 왕권에 대한 위협 세력으로서, 사건 때마다 항상 탄압을 받았던 것이다. 의종의 이러한 정치 운용은 태자 책봉 때의 위기의식이 표출된 것으로 풀이된다.

문벌귀족사회에 도전한 국왕

의종이 끌어들인 노비 출신의 인물은, 정함이나 왕광취, 백자단, 백선연 등만이 아니었다. 의종이 왕비 외에 유일하게 가까이한 무비無比라는 여성이 있었다. 무신란이 성공하여 의종이 거제도로 축출당할 때 간신히 죽음을 면하고 의종을 따라갔던 여성인데, 그녀 역시 노비 출신이었다.

의종과 이 무비 사이에는 3남 9녀라는 많은 자녀가 있었다. 이 여자가 평민도 아닌 노비 출신이었다니 놀라운 일이다. 의종이 정궁으로 둔 두 왕비 사이에는, 무신란 성공 후 진도로 추방당한 왕자 하나(태자 기)와 공주 셋만을 두었다는 사실과 비교해볼 때 이것은 특기할 만한 일이다. 무비는 의종이 특별히 가까이한 여성이었던 것이다. 이런 의종의 여성관은 문벌귀족 체제에 대한 반발심에서 나온 것이라고 볼 수밖에 없다.

의종 대의 정치를 이해하는 데 가장 중요한 요소는, 바로 이런 비천한 신분의 인물들을 많이 등용했다는 점이다. 물론 그 이유는 외척 세력에 대한 탄압과 정치적 맥락을 같이하는 것으로, 측근 세력을 부식하여 왕권을 강화하기 위한 것이었다. 하지만 그것만 가지고는 충분한 해명이 못 된다.

전통 왕조시대 웬만한 사건이나 현상, 제도는 모두 왕권강화를 위한 것이었다고 설명하는 경우가 너무나 많다. 왕권강화가 마치 만병통치

약인 것처럼 거론되는 것이다. 그러나 중요한 것은 그러한 것들이 어떻게 왕권강화에 기여했는가 하는 기능적인 설명이 있어야 한다. 그렇지 못하면 왕권강화라는 설명은 의미가 없다.

비천한 신분의 인물을 등용한 것이 왕권강화를 위한 것이기도 했지만, 반면 왕권에 저항하는 세력을 결집시켜주었다는 점도 놓쳐서는 안 된다. 앞서 살펴본 정함의 임명 고신에 대한 대간들의 끈질긴 서명 거부가 그것이다.

비천한 신분의 인물들을 자신의 측근 세력으로 등용하면서 의종은 이 점을 충분히 예감했을 것이고, 실제로 그 반발은 예상 밖으로 컸다. 끝내는 국왕의 탄압과 회유에 굴복하기는 했지만, 그렇게 되기까지는 왕권도 상당한 손상을 입었다는 점을 지나쳐서는 안 되는 것이다. 왜 그렇게 왕권의 손상을 무릅쓰고, 의종은, 끈질기게 비천한 신분의 인물을 등용하려고 했을까.

정함 사건 이후로 대간의 관리들은 모두 국왕의 환락생활에 동화된 상태였다. 그것에 만족했는지 대간으로서 왕권에 대한 견제 기능은 점차 상실해가고 있었다. 이 당시 무력한 대간들을 놓고 다음과 같은 조롱 섞인 시가 대궐에 떠돌았다.

말을 하지 말라는 것은 사간이요,	莫說爲司諫
말이 없는 것이 정언이다.	無言是正言
말 더듬는 것이 간의라면,	口吃爲諫議
한가로이 무엇을 논하겠는가.	悠悠何所論

사간司諫이나 정언正言, 간의諫議는 모두 대간에 해당하는 관직들이

다. 이 풍자시는 무력해진 대간들의 실상을 잘 보여주고 있다.

국왕 의종이 비천한 신분의 사람들을 가까이하여 등용하고, 대간의 반발을 무릅쓰면서까지 끈질기게 밀고 나갔던 것은, 왕권강화에 방해가 되는 대간들을 무력화시키기 위한 것, 그가 정치적으로 노린 것은 바로 이것이 아니었을까. 마침내 의종은 일시적이지만 그것을 성공시켰던 것이다.

대간臺諫은 관리 감찰을 주로 하는 어사대의 전체 관리(대관臺官)와, 간쟁을 주로 하는 중서문하성 낭사[간관諫官(3품 이하 관리)]로 구성된 합동기관이다. 대간이라는 용어는 대관臺官의 대와 간관諫官의 간에서 따온 합성어이다. 여기서는 서경권, 간쟁, 봉박, 관리감찰과 탄핵 등 관료집단과 왕권을 견제하는 기능을 갖고 있다.

서경署經은 국왕이 임명하는 관리들에 대해, 그 관리 본인은 물론이고 그 조상의 신분이나 전과 여부, 때로는 그 관리의 자질까지 심사하여 하자가 없을 때 동의해주는 것이다. 조선시대에는 5품 이하의 관리 임명에만 적용되었지만 고려시대에는 수상 이하 모든 관리가 서경을 통과해야 임명되었다. 요즘으로 말하면 인사청문회와 비슷한 기능일 것이다.

간쟁諫諍은 국왕의 잘못된 언행이나 생각을 바로잡기 위해 국왕의 면전에서 직언을 하는 것이다. 이것은 국왕의 행동을 직접 간섭하는 중요한 일이었다. 그리고 봉박封駁은 국왕이 실시하려는 부당한 정책이나 부적절한 조칙에 대한 일종의 거부권이다. 이런 간쟁과 봉박을 언로言路라고 한다.

서경이나 간쟁, 봉박이 왕권에 대한 견제 기능이라면, 관리감찰과 탄핵은 관료집단에 대한 감독과 견제 기능이다. 관리로서 부정이나 비리를 저지를 때, 국법을 어지럽힐 때 적용된다.

이런 대간제도는 왕권과 신권의 조화 속에서 견제와 균형을 이루기 위한 것으로 유교정치사회의 독특한 제도이다. 어쩌면 유교정치이념이 만들어낸 제도 중에서 사관史官제도와 함께 가장 탁월한 정치미학이라고 할 수 있다. 현대의 민주정치하에서 권력 분립의 기능과 같은 것을 담당한 것이다.

그 대간의 기능은 막중하여 청렴하고 강직한 인물들이 주로 임명되어 청요직이라 불렸고, 여기에 임명되는 것을 관품의 높고 낮음에 관계없이 가문의 영예로 알았다. 그래서 대간의 관리들은 국왕과도 맞설 수 있는 기개와 의지를 자랑으로 여겼다. 대간의 관리들은 국왕에게 왕도정치에 입각한 덕치德治를 주장하고, 국왕으로서 직책과 본분을 다하여 모든 관리의 수범이 되도록 요구할 수 있었다.

국왕은 그것을 거부할 수 없었다. 이것이 국왕과 신하 간에 지켜야 될 가장 중요한 도리였다. 만약 국왕이 그런 제도가 불편하다고 생각하여 없애버리면, 그 왕은 바로 폭군으로 낙인찍혔고, 극단적인 경우 인위적인 왕위 교체도 가능했다. 대간제도는 왕조 정부의 자기 보완적 장치라고 할 수 있는 것이다.

하지만 문벌귀족들은 이런 대간의 관직을 자신들의 아성으로 삼아 왕권을 견제했다. 뿐만 아니라 자신들의 기득권을 유지하는 중요한 수단으로 여기기도 했다. 폭군이나 전제적인 군주를 견제하는 데는 효과가 있었지만, 근본적인 변혁을 추구하는 데는 오히려 걸림돌이었던 것이다.

이것은 오늘날 삼권으로 분립된 의회나 사법부도 마찬가지다. 대통령의 독재를 견제하는 데는 효과적이지만, 정작 근본적인 변혁이 필요할 때는 기존 체제의 옹호자로서 보수적일 수밖에 없다. 즉 옛날의 대간이나 지금의 삼권분립도 종국에는 기존의 체제를 수호하기 위한 장치에 불과한 것이다.

의종이 왕권을 강화하려 할 때, 혹은 신분에 구애받지 않고 인물을 등용하려 할 때 가장 크게 벽에 부딪친 것도 바로 이들 대간의 반발이었다.

철저한 신분제사회에서 노비 출신의 비천한 인물을 관직에 등용한다거나 지근에 두고 가까이한다는 것은 문벌귀족사회 전체에 대한 충격이요 도전이었다. 정함이나 그가 끌어들인 왕광취, 백자단, 백선연, 영의, 그리고 애첩 무비는 모두 관노(공노비) 출신이었다.

공노비는 왕조 정부에 대한 도전이나 유교적 사회질서에 대한 치명적인 잘못을 저질러 사회에서 격리시킨 자나 그들의 후손이다. 즉 왕조 정부에 참여할 기회를 박탈당한 존재들인 것이다. 이런 자들을 공노비로 충당하는 것은 문벌귀족사회의 통치 질서를 유지하기 위한 조치였다. 따라서 이들을 관직에 등용하거나 국왕의 측근 세력으로 이용하는 것은 문벌귀족사회에 대한 도전일 수밖에 없는 것이다. 의종은 그것을 감행했던 것이다.

무신정변은 일반적으로 고려 전기의 문벌귀족사회를 붕괴시킨 사건으로 설명하는 경우가 많다. 하지만 문벌귀족사회에 먼저 도전한 것은 무신정변의 주역들이 아니라 바로 국왕 의종이었다. 그 도전에서 대간의 기능을 일시적으로 무력화시키는 데는 성공했지만, 문벌귀족사회의 틀을 바꾸는 데는 실패했다. 이것은 고려 문벌귀족사회의 틀이 그만큼 완고했다는 뜻도 된다.

의종은 왕권강화를 위해 노력은 많이 했지만 자기 세력을 부식하는 방법 외에 별다른 수단을 거의 쓰지 못했다. 제도를 개혁한다든지, 관청을 통폐합한다든지, 아니면 새로운 법을 시행한다든지 하는 등의 고차원적인 정치 구조 변화에는 손을 쓰지 못했던 것이다. 이런 결과로 백여 년 동안 지속되어오던 문벌귀족사회의 정치 구조는 조금도 건드리지 못했던 것이고, 이에 따라 문신귀족들의 반격을 받을 수밖에 없었다. 그 반격을 무력화시키기 위해 환락생활을 통한 회유를 했지만 근본적인 대처는 아니었던 것이다.

의종은 한 시대를 마감하고 새로운 시대를 열 만큼 뛰어난 군주는 아니었지만, 그렇다고 무능한 군주도 결코 아니었다. 새로운 시대를 열지 못한 것은 국왕 의종의 개인적인 한계라기보다는 그 시대의 한계라고 할 수도 있다. 새로운 변혁은 군주 한 개인의 역량만 가지고는 어려운 모양이다.

무신란과 관련된 몇 가지 단상

역사에서 가정이란 무의미하다고들 한다. 하지만 만약 그렇게 되지 않았더라면 하는 가정도 이미 결정된 사실을 이해하는 데 재미있을 것이다.

무신정변이 일어나지 않았다면 어떻게 되었을까? 그럴 경우 문벌귀족사회는 더욱 온존되었을 것이다. 의종 대 후반기의 정치상황은 국왕이 문벌귀족들에게 영합해가는 과정이었다. 그것은 불가피한 대처였기 때문에 결국에는 국왕도 문벌귀족사회에 흡수, 동화될 수밖에 없는 것이다.

한편 무신정변이 친위 쿠데타로 흘러갔다면 어떻게 되었을까? 그

가능성은 매우 컸다고 본다. 이 경우 문벌귀족사회는 무신정변의 경우보다 더 큰 타격을 입었을 것이다. 사실 의종의 정치적 성향이나 노선은 정변의 주역들과 큰 차이가 없었다고 할 수 있다. 기존 문벌귀족사회에 도전했다는 점에서 말이다. 그래서 친위 쿠데타가 가능했다면 그 친위군 세력을 이용하여 기존 체제를 좀 더 강하게 변화시킬 수 있었을 것이다.

무신정변과 친위 쿠데타는 백지장 한 장 차이였다. 시각을 조금 달리해보면 무신정변은 반半친위 쿠데타라고도 할 수 있다. 의종을 폐위하긴 했지만 바로 친동생이 왕위를 계승했다는 점에서 그렇다. 왕실의 권위나 왕통 자체는 부정하지 않았던 것이다. 아니 그럴 수 없었던 것이다.

역사상에 급격한 변화란 매우 힘든 모양이다. 혁명이나 쿠데타 혹은 전쟁 등이 급격한 변화를 초래할 것 같지만 사실은 긴 역사상의 점진적인 변화 속에 묻히고 만다. 자연계에서도 폭우로 인한 홍수나 태풍 혹은 지진 등이 큰 변화를 가져올 것 같지만, 실은 일조량이나 대기오염 혹은 평균 기온 등 눈에 얼른 띄지 않는 미세한 요인들이 생태계를 본질적으로 변화시키는 것이 아니겠는가.

그렇다면 인간의 역사를 점진적이지만 본질적으로 변화시키는 힘은 어디서 나올까.

2 권력투쟁에 승리한 독불장군

—이의방(?~1174)

李義方

이의방은 쿠데타의 주역으로서 난을 성공시켰고,
초기의 권력투쟁에서도 승리하여 권력을 독점했다. 그는 집권 기간은 짧았지만
무신정변을 성공시킨위업과 권력투쟁의 승리를 바탕으로 성립기 무인 집권자 중
가장 강력한통치권을 행사한 무인이었다.

승자의 혼미

논공행상

1170년(명종 즉위년) 9월 2일, 정변 셋째 날 명종은 즉위하자마자 새로운
인사발령을 단행했다.

　사서에 올라 있는 인사발령 내용 중에서 무신들에 대한 것만 그대로

성명	인사발령 내용	무신란 직전 계급
정중부	참지정사(종2품)	대장군(종3품)
양 숙	참지정사(종2품)	상장군(정3품)
이소응	좌산기상시(정3품)	대장군(종3품)
이 고	대장군(종3품), 위위경(종3품)	산원(정8품)
이의방	대장군(종3품), 전중감(종3품)	산원(정8품)
기탁성	지어사대사(종4품)	장군(정4품)
채 원	장군(정4품)	산원(정8품)

옮겨보았다. 구체적인 거명은 없었지만, 이밖에도 무인으로서 품계와 서열을 뛰어넘어 승진한 자가 수없이 많았다고 전한다.

이렇게 인사발령에 구체적으로 거론된 인물들은 무신란에 적극 참여한 사람들로서 앞장에서 설명했다. 다만 기탁성奇卓成만은 언급하지 못했는데, 그는 의종 대 견룡군에 뽑혀 역시 국왕의 친위군으로 활동했던 사람이다. 무신란 직전 그의 계급은 장군이었다. 하지만 정변 과정에서 그의 이름은 나타나지 않는다.

이 기탁성은 무신란에서 온건집단에 섰던 인물이다. 인사발령에서도 큰 승진 없이 문관직으로 옮겼을 뿐이다. 이런 것으로 보아, 무신란에서 결정적인 기여는 없었던 것으로 보인다. 그는 정중부가 집권하면서 크게 득세했다.

무신들의 이번 인사에서 가장 주목되는 점은, 채원을 제외하고 무신 모두가 문관직으로 옮겼다는 사실이다. 이것은 전례가 없는 일이었다. 문벌귀족사회에서 무신들이 문반으로 나가는 것을 얼마나 열망했는가를 잘 알 수 있는 대목이기도 하다.

이와 함께 중요한 사실은 이고, 이의방, 채원, 이 세 사람의 관직 품계가 무신란 전과 비교해볼 때 가장 비약적으로 승진했다는 점이다. 지금의 계급으로 말하면, 채원은 대위에서 일약 별을 달았고, 이고와 이의방 역시 대위에서 별 셋으로 뛰었다. 이런 사실로 미루어보아 무신정변에서 이 세 사람의 위상을 가늠할 수 있다.

또 하나 놓칠 수 없는 사실은, 무신들이 문관직으로 옮겼음에도 불구하고 오직 두 사람, 이고와 이의방은 문관직과 함께 무관직을 그대로 지니고 있다는 점이다. 무신란 이후에도 군대를 장악해야 한다는 판단에서 나온 것이었다. 쿠데타로 권력을 장악한 경우에는 더욱 말할 나위가 없는 것이다. 두 사람이 무신란에서 가장 핵심적인 주동집단이었다는 것을 감안하면 당연한 일이다.

이고가 맡은 위위경은 위위시衛尉寺의 책임자인데, 이 위위시는 왕실의 의장관계를 담당하는 관청으로 지금의 대통령 경호실과 비슷한 기관이다. 그리고 이의방이 맡은 전중감은 전중성殿中省의 책임자로 왕족 등 종실 문제를 담당하는 곳이다.

여기에다 이고와 이의방은 집주集奏까지 겸직했다. 집주는 이때 처음으로 나타난 관직으로, 그 품계는 잘 모르겠지만 중추원 소속의 관직이다. 명칭으로 보아 국왕의 상명하달이나 백관의 하의상달에서 창구 역할을 하는 요직으로 보인다.

이 두 사람이 겸직한 위위경이나 전중감 혹은 집주는 모두 국왕을 지근에서 에워싸고 있는 관직이라고 할 수 있다. 이 대목에서도 이고와 이의방, 두 사람의 비중이 특히 컸음을 짐작해볼 수 있다. 아울러 정변 이후 두 사람의 정치적 영향력도 가늠할 수 있다.

무신정변의 성공으로 누구보다 크게 달라진 인물은 바로 국왕 명종이다. 그는 정변이 성공함으로써 갑자기 왕위에 올랐기 때문이다. 그는 인종과 공예태후 사이에서 태어난 셋째 아들이다. 이런 그가 왕위에 오른 것은 정통적인 왕위계승 절차에 의한 것이 아니었고 자력에 의한 것은 더더욱 아니었다.

그러므로 명종이 국왕으로서 정상적인 권력행사를 했다고 보는 것은 우스운 일일 것이다. 새로운 인사발령도 형식적으로만 국왕의 재가를 받아 단행된 것이다.

새로운 인사발령이 있은 같은 해 10월 4일, 대사면을 단행했다. 의종 대 정치를 회오리로 몰았던 대령후 경 추대 사건과 정함 고신 사건의 피해자들이 소환되고, 김돈중의 화살 사건으로 유배를 당했던 친위군 장교들도 모두 풀려났다.

그런데 의종 대 가장 큰 박해를 받았던 대령후 경은 사면에서 제외되었다. 이 점은 무신란이 성공한 후 왜 그가 왕위를 잇지 않고, 그의 동생인 익양후(명종)가 왕위를 이었는가 하는 점과 관련시켜 잘 풀리지 않는 의문이다.

추측을 허락한다면, 무인정권의 정안 임씨 세력에 대한 견제와 관련된 것이 아닐까 생각된다. 바꿔 말해서 외척 정안 임씨 세력의 정치적 급부상을 우려한 결과라고 할 수 있다.

외척 정안 임씨 세력과 대령후 경은 뗄 수 없는 정치적 관계였다. 그래서 그를 새로운 왕으로 추대한다면 외척 세력의 급성장을 가져올 수밖에 없는 것이다. 무신정변의 성공으로 외척 세력에 대한 탄압은 해소시켜 줄 수 있었지만, 그렇다고 외척 세력이 다시 발호하도록 힘을 실어줄 수는 없었던 것이다.

대사면이 단행된 같은 날 무신정변에 대한 공신 발표가 동시에 있었다. 여기서 정중부, 이의방, 이고 등 3인은 벽상공신으로 책정되었다. 벽상공신이란 공신의 초상화를 공신각의 벽 위에 붙여놓는 공신으로, 쉽게 말해서 1등 공신을 의미한다. 그리고 양숙과 채원이 2등 공신으로 책정되었다. 이들 공신들이 향후의 정국을 주도할 텐데, 권력이란 획득하는 것보다는 유지하는 것이 더 어려운 것이라 그 귀추가 주목된다.

권력투쟁의 서막

정치적 격변이나 군사정변 혹은 혁명 등에서는 항상 과격한 집단이 주도권을 행사하고 온건한 집단은 뒤로 밀리기 십상이다. 그래서 정변이 성공한 초기에는 당연히 과격한 집단이 권력의 중심에 서는 경우가 많다. 하지만 과격한 집단이 흔들림이 없이 계속 권력의 핵심을 지켜내는 것은 아니다. 상대 집단에 의한 도전이나 혹은 동일집단 내에서의 권력 싸움도 큰 위기를 가져올 수 있다.

정변이 성공한 후에 나타나는 위기는 대부분 그 정권의 내부에서 발생한다. 그 위기는 일반적으로 정치적 노선의 차이나 논공행상에 대한 불만에서 시작된다.

그런데 정치적 노선의 차이와 논공행상에 대한 불만은 명확히 구분되지 않을 수 있다. 정변 과정에서의 정치적 노선 차이가 정변 후 논공행상에 대한 차별을 가져올 수 있고, 또 반대로 논공행상에 대한 불만이 정치적 노선의 차이를 불러오는 경우가 많기 때문이다. 다만 양자의 구분에서 어느 쪽에 더 비중을 둘 것인가의 문제는 있다.

무신란이 성공한 후 새로운 국왕이 즉위하고 정국이 안정을 찾아갈수록 이고, 이의방, 채원 등 주동집단에게는 부담스러운 새로운 정치 기류가 형성되고 있었다. 그것은 다름 아니라 무고하게 너무나 많은 사람을 죽였다는 원성이었다. 이런 원성은 결국 무신란에서 과격했던 주동집단에 쏟아질 수밖에 없는 것이었다.

그런 원성에 대한 정치적, 심리적 부담은 정국이 안정을 찾아가면서, 시간이 흐를수록 커지고 있었다. 더구나 그런 원성들이 그동안 적대 세력으로 간주했던 문신귀족들 사이에서 일어나기보다는, 같은 부류의 무신계급이나 무신란에 동조했던 참여 세력 사이에서 나타나는 것이 더욱 큰 문제였다.

무인정권에 대한 최초의 위기도 그 정권 내부에서 나타났다. 1171년

(명종 원년) 정월, 무신란이 일어난 지 4개월 남짓 지난 시기였다. 장군 이상의 고위급 무관들인 한순韓順, 한공韓恭, 신대여申大興, 사직재史直哉, 차중규車仲規 등이 무인정권에 반발했다. 이들이 무신란에 참여했는지는 확실하지 않다.

이들 고급장교들 중에서 사직재는 의종 원년(1147)에, 그와 친한 정중부와 함께 격구를 즐기다가 대간의 탄핵을 받은 적이 있었다. 이때 의종의 비호로 위기를 모면했는데, 이것으로 보아 사직재는 정중부와 함께 무신란에서 온건집단과 가까웠을 개연성이 있다. 그렇다면 논리의 비약일지 모르겠지만, 사직재 외의 다른 장교들도 온건집단과 가까운 인물들이지 않을까 싶다.

이들 고급장교들이 무인정권에 반기를 들면서 내세운 명분을 보면 무신란에 참여하지 않고서는 내세울 수 없는 대담한 것이었다. 이들은 이의방과 이고 등이 무고한 조신들과 충량한 인재들을 너무 많이 살육했다고 반기를 들었다. 즉 이들은 정중부와 같은 온건집단보다는 이고, 이의방과 같은 과격한 주동집단에 대해 반발한 것이다.

본격적으로 거병하여 반란을 일으킨 것도 아닌, 몇몇 장교들의 주장치고는 무모한 짓이었다. 무신란 후 권력의 중심이 어디에 있는지 모를 리 없는 이들이 이런 대담한 주장을 할 수 있었던 것은, 정변 과정에서 어느 정도의 기여가 있었기 때문에 가능한 것이 아니었을까. 무신란에서 적극적인 참여는 아니었을지라도 최소한 암묵적인 지지 정도는 있었다고 보인다.

그렇다면 이들 고급장교들이 무인정권에 반기를 든 이유는 명백하다. 그것은 이들이 이의방과 이고에 의한 무차별 살육을 비난한 데서 알 수 있듯이, 정치적 노선의 차이 때문이었다. 정치적 노선의 차이란 별다른 것이 아니고 무신란에서 이의방과 이고의 과격한 행동을 이들이 따르지 않았다는 이야기다.

물론 이런 노선의 차이는 무신란에서 소극적 태도로 나타났을 것이고, 정변이 성공한 후의 논공행상에서도 소외되었을 것은 자명하다. 따라서 논공행상에 대한 불만도 이들이 무인정권에 반기를 든 이유와 무관한 것은 아니다. 고급장교들이 반기를 든 것은 정확히 표현하면, 무인정권 전체에 대한 것이 아니라 이의방과 이고 등 과격한 주동집단에 대한 반발이었다. 그래서 그 대응도 주동집단에서 적극적으로 나섰다.

이의방과 이고는 이들 고급장교들이 자신들에게 반발하는 움직임을 보이자 즉시 순검군을 보내 체포하고, 모두 단숨에 주살해버렸다. 다만 차중규만은 이의방과 친하다 하여 귀양보내는 데 그쳤다. 주동집단의 대응이 매우 신속했음을 알 수 있는데, 만약에 시기를 놓치면 이후 온건집단에게 주도권을 빼앗길 수도 있는 중대한 문제였기 때문이다. 무인정권 내부의 1차 위기는 이렇게 간단히 끝났다.

나눌 수 없는 권력

최초의 위기는 넘겼으나 아직도 무인정권 내부에는 많은 문제가 남아 있었다. 그것은 무엇보다도 주동집단 내의 분열, 즉 정치적 노선의 차이에서 오는 것이었다.

주동집단 내에서도 다시 분열이 일어난 것은 주동집단에 대한 비난 여론—무고한 조신과 충량한 인재를 너무 많이 죽였다는—때문이었다. 앞서 고위급 장교들의 주동집단에 대한 반기는 그 분열의 중요한 계기였다. 무차별 살상에 대한 원성이나 비난 여론에 어떻게 대처할 것인가, 이것이 주동집단의 발등에 떨어진 불이었다.

주동집단의 분열은 권력투쟁의 성격도 동반하고 있었다. 이고, 이의방, 채원 등 3인 사이의 주도권 싸움도 문제였던 것이다. 정중부는 1등 공신으로 책정되기는 했지만 온건집단이었던 관계로 그러한 권력투쟁의 회오리 속에서 한발 물러나 있었다.

주동집단 3인이 똑같이 권력을 분점한다는 것은 처음부터 불가능한 일이었다. 어쩌면 권력의 핵심을 차지하기에 3인은 그 수가 너무 많았는지도 모른다. 따라서 3인 모두 권력의 분점에 불만을 가질 수 있었는데, 제일 먼저 그 욕심을 드러낸 자가 이고였다.

이고는 다시 거사할 뜻을 품고 불량배들을 끌어모았다. 이 불량배들은 군대에서 이탈한 무사적 자질이 강한 자들이었다. 또한 사찰의 승려들과도 교분을 맺는가 하면 이들과 밤낮으로 술을 마시면서 사적인 관계를 키워나갔다.

그리고 1171년(명종 원년) 정월, 태자의 관례가 행해지던 날을 기다렸다. 그날은 대궐에서 연회가 베풀어질 예정이었는데, 이고는 이날을 이용할 생각이었다. 이고는 그 연회의 선화사로서 제반 사무를 주관하도록 되어 있었기 때문이다.

연회가 열리는 날, 이고는 먼저 평소 교분을 맺어두었던 무리들을 끌어모은 뒤 말을 잡아 잔치를 열어주었다. 그리고는 각자의 소매 속에 칼을 숨기게 한 뒤 대궐 담장 사이에 매복시켰다. 연회가 무르익으면 이고의 신호에 따라 일을 벌이기로 한 것이다. 제거 대상은 물론 주동집단을 비난하는 세력들이었고, 어쩌면 이의방과 채원도 예외일 수 없었다.

그런데 일이 어긋나고 말았다. 이고의 무리 중에 어떤 졸개 하나가 이런 거사 계획을 자기 아버지에게 귀띔해주었던 것이다. 이 졸개의 아버지는 하급장교로 있는데, 하필 그는 채원과 사이가 좋은 사람이었다. 그는 아들로부터 들은 거사 내용을 당장 채원에게 밀고했고 채원은 이의방에게 알렸다.

계획을 알아챈 이의방과 채원은 순검군을 동원하여 미리 궁문 밖에 대기시켰다. 기밀이 누설된 지도 모르고 대궐에 들어오려던 이고와 그 무리들은 동원된 순검군을 보고 이상한 낌새를 느꼈지만 돌아서기는 이미 늦어버렸다. 벌써 이의방 등이 동원한 순검군이 주변을 장악하고 있었던 것이다. 불량배나 사찰의 중들로 조직된 이고의 무리들이 순검군을 대적하기에는 역부족이었다. 이고는 철퇴를 맞고 쓰러졌다.

이의방은 순검군을 시켜 이고의 가족과 그의 나머지 도당들도 모두 잡아들여 목 베어 죽였다. 다만 이고의 아비만은 주살을 면하게 하고 귀양을 보냈는데, 평소 이고가 너무나 포악하여 자식으로 여기지 않았기 때문이었다. 여기서 이고가 맨 먼저 권력투쟁의 희생물이 된 이유를 알 만하다.

이고는 주동집단 3인 중 가장 과격하고 무모한 인물이었다. 무신란의 과정에서 가장 먼저 칼에 피를 묻힌 자가 바로 그였다. 임종식과 이복기는 이고에 의해 주살된 첫 번째 희생자였다. 보현원에서 국왕의 침상 아래 숨어 있던 한뢰를 위협하여 끌어내고, 어전임에도 불구하고 그를 주살한 것도 이고였다.

정변 둘째 날, 대궐에서 국왕 의종을 당장 시해하려고 했던 것도 이고였다. 또한 그는 정변 셋째 날, 중방에서 살아남은 모든 문신들을 불러들였을 때, 이들을 모두 죽이려고 설친 적도 있었다.

이 같은 행동으로 보아 이고는 정변이 성공한 후에도 주동집단의 미온적인 대처에 불만이 많았을 것으로 보인다. 더구나 무차별 살상을 자행했던 그에게는 비난의 원성마저 쏟아지고 있었다. 앞서 고위급 장교들이 주동집단에 반기를 든 직후에 그가 난을 모의했다는 사실도 그 동기를 이해하는 데 도움이 될 것이다.

그는 자신을 반대하는 모든 문무 관리들을 제거해버리고 문벌 중심의 귀족사회를 송두리째 뒤엎고 싶었을 것이다. 더구나 그는 주동집단으로 권력의 핵심에 발을 들여놓으면서 그럴 만한 힘이 충분하다고 판단했다. 권력에 잠시 맛을 들인 그로서는 일만 벌이면 모든 일이 순조롭게 진행되어 자신만의 세상이 될 것이라는 망상을 가졌을 법하다. 권력을 유지하고 누리기에는 너무나 무모했고, 그 유혹을 뿌리치기에는 너무나 혈기왕성했다. 무인정권에서 이런 일이 어찌 이고에게만 해당되겠는가.

그랬다. 채원도 마찬가지였다. 그가 이고와 함께 의종을 당장 시해하려고 했다는 점에서 거의 비슷한 성격의 인물로 생각되며, 아울러 출신 신분이나 정치적 노선에서도 큰 차이가 없었을 것이다.

이고가 주살된 지 3개월 정도 지난 1171년(명종 원년) 4월에 채원이 다시 이고의 전철을 밟았다. 채원 역시 조신들을 모두 죽이려고 음모를 꾸몄다. 하지만 사전에 일이 누설되어 이의방에게 제거되고 말았다. 아울러 채원이 이끌고 있는 무사들과 많은 불량배들도 모두 잡혀 죽음을 당했다. 채원은 이고보다도 더욱 무모하게 일을 벌였던 모양이다. 별다른 준비도 없었는지 일을 제대로 추진해보지도 못한 채 제거당하고 말았다.

이고와 채원이 반란을 도모했던 것은 무신란에서 살아남았던 문신이나 혹은 반대 세력들을 남김없이 제거하기 위한 것이었다. 무신란에서 사람을 가장 많이 죽였던 주동집단으로서는 선택의 여지가 없었다. 무차별 살상을 자행한 자신들에게 비난의 초점이 모아지고 있었기 때문이다.

이것은 무신란이 성공한 후 정국이 그런 대로 정돈되고 안정을 찾아가는 것에 대한 불안한 심리의 표출이라고 할 수도 있다. 그래서 여기서 머무르지 않고 무신란을 좀 더 확대시켜 보겠다는 의도였다. 그 길만이 자신들의 권력을 유지하고 강화하는 방법이라고 생각했던 것이다. 그런데 이 대목에서 한 가지 의문은 남는다.

이의방은 왜 이고나 채원이 했던 것과 같이 다시 난을 일으키지 않았을까. 무신란에서 같은 주동집단이었다는 점에서 그렇다. 같은 주동집단이면서도 왜 정치적 노선을 달리했는가 하는 점이다.

정치노선의 차이

무신란 당시 이의방은 이고나 채원과 같은 산원이라는 하급장교였다. 그래서 같은 주동집단에 있었지만, 출신 신분에서는 같지 않았다.

이고나 채원의 출신 신분에 대해서는 전혀 알려진 바가 없다. 이는 한마디로 보잘것없는 한미한 가문이거나 평민 이하였다는 뜻이다. 하지만 이의방은 조금 달랐다. 그도 역시 뛰어난 명문 출신은 아니지만 그의 친족들은 무신란 이전부터 관직에 있었다.

이의방은 본관이 전주였다. 그의 친형인 이준의李俊義는 무신란 직후 좌승선(정3품)을 제수받았다. 이는 그가 무신란 전에 이미 관직에 있었다는 의미로 볼 수 있다. 관직 경력이 전혀 없었다면 아무리 정변의 핵심인물인 이의방의 형이라 해도, 갑자기 국왕의 비서관인 승선직을 제수받기는 어렵기 때문이다.

또한 의종 원년(1147)에 죽은 이준양李俊暘이라는 인물이 있는데, 그는 평장사(정2품)로 있었다. 여기 이준양이 이의방과 어떤 친족관계였는지는 불확실하지만 같은 가계의 인물이었음은 분명하다.

그리고 이의방의 친동생 이린은 문극겸의 사위였다. 문극겸은 무신정변 첫째 날 대궐의 숙직자들이 모조리 제거당했을 때 유일하게 살아남았던 인물이다. 그가 살육의 현장에서 살아남은 것이나, 무신란 직후 우승선(정3품)에 오른 것은 이의방의 구원 때문이었다. 이 문극겸은 남평 문씨로 고려시대 명문 중의 하나인데, 이 가문과 혼인을 맺을 수 있었다는 것은 이의방의 가문도 그에 상당하는 가격家格을 지니고 있었음을 의미한다.

이린은 또한 조선 왕조를 개창한 이성계李成桂의 6대조가 되는 인물이다. 이성계와 관련된 연구에 따르면, 이성계의 선대는 대대로 전주에 거주하던 토호나 향리로 보고 있다. 그렇다면 이성계의 선대에 해당하는 이의방의 가계는 평민 이상의 신분이라는 것을 알 수 있다.

이상과 같은 여러 사실을 종합해볼 때, 이의방의 가계는 지방의 토호 출신으로 무신란 이전에 고향 전주를 떠나 상경해 있었다고 보인다. 그리고 무신란 이전부터 관료사회에 진출해 있었다는 것도 의심할 수 없다.

이의방이 고려 문벌귀족사회에 미약하나마 뿌리를 내리고 있었던 가문 출신인데 반해, 이고나 채원은 그러한 근거가 전혀 없었다. 이의방과 이고, 채원의 이런 출신 신분의 차이는 같은 주동집단에 있었지만 그들이 처한 입장을 다르게 했고 특히 무신란이 성공한 후의 정치 노선상의 차이를 가져왔다.

이의방은 그의 열전에 의하면 선대에 대한 언급이 전혀 없이 의종 말기에 갑자기 견룡군의 산원으로 들어왔다고 전한다. 이로 보아 그는 가문의 배경보다는 의종이 친위군을 크게 양성하는 과정에서 자력으로 발탁되지 않았나 싶다. 의종이 친위군을 격구나 수박희를 통해 선발했다는 것을 고려하면, 이의방은 이런 무술에 능했음이 분명하다.

뛰어난 무사적 자질로 친위군의 핵심부대 지휘관으로 기용된 이의방은 남다른 출세욕도 있었을 것이다. 아직은 확고한 가문의 뒷받침이 부족한 그는, 쿠데타에 목숨을 걸고 뛰어들 정도의 용기나 과단성은 갖추고 있었다. 여기까지는 출신 배경의 차이에도 불구하고 이고나 채원도 마찬가지였다.

그러나 무신란이 성공하고 권력을 잡은 후에는 달랐다. 기존 사회에 미약하나마 기댈 만한 근거가 있는 이의방이 먼저 보수성을 드러낸 반면, 그것마저 없었던 이고나 채원은 그 자체가 불안이고 불만이었다. 불안한 자가 먼저 성급함을 드러낼 수밖에 없는 것이다.

그래서 무차별로 학살을 자행했다는 주동집단을 향한 비난에 대한 대응에 있어서도 양자는 차이가 있었다. 이고와 채원이 다시 난을 일으켜 주동집단에 반대하는 세력을 싹쓸이해버리자는 입장이었다면, 이의방은 주동집단이 권력의 중심에 서 있는 현 상태에 만족하려는 입장이었던 것이다.

권력이란 질서를 바꾸거나, 혹은 질서를 유지하는 힘이다. 쿠데타에 의해 성립된 권력도 옛날의 질서를 바꾸어 새로운 질서를 만들어내든지, 옛날의 질서를 그대로 유지하든지 어느 한쪽 길을 가야 한다. 그 노선 싸움이 권력투쟁으로 나타나는 것이다. 이고와 채원은 구질서를 새로운 질서로 바꿀 능력도 없었고, 구질서에 적응할 기반도 없었다.

권력투쟁에도 나비효과가 있다. 천문 기상이나 경제 현상의 나비효과보다도 권력 싸움에서의 나비효과는 더욱 철저하고 파괴적이다. 미세한 권력 차이가 종국에는 지배와 종속을 결정짓고 승자와 패자로 나뉘면서 삶과 죽음을 갈라놓는다.

이고, 채원, 이의방은 무신란에서 동지로서 힘의 우열을 가리기 힘든 핵심인물이었다. 그러나 두 사람은 죽음의 길로 향했고 한 사람은 권력의 정상에 오른 것이다. 이고는 약 4개월, 채원은 약 8개월 권력의 맛을 보았을 뿐이다.

숨은 정적

이고와 채원을 제거한 이의방은 권력을 독점할 수는 있었지만 확고한 세력 기반을 마련한 것은 아니었다. 중방을 장악하고 있었다지만 그 구성원인 많은 고위급 무관들의 향방이 조심스럽지 않을 수 없었다. 특히 정변의 주동집단으로서 홀로 남은 이의방은 잠재된 반대 세력들의 표적으로 노출되는 위험을 안고 있었다. 이런 몇 가지 점을 고려하여 이의방은 홀로 고립되지 않는 길을 찾아야 했다. 그 대상이 바로 정중부였다.

정중부는 정변 과정에서 온건집단이었던 관계로 주동집단인 이의방의 역할에는 미치지 못했다. 무신란이 성공한 후에도 이런 정치적 위상에는 변화가 없었다. 이 때문에 정중부는 권력의 중심에서 한발 밀려나 소외되고 있었다. 게다가 정변 직후부터 주동집단 내의 권력투쟁이 격화되면서 그 소외감은 더욱 컸다.

정중부는 이고와 채원이 권력투쟁 과정에서 제거당하는 것을 보고도 관망만 하고 있었다. 권력투쟁에 뛰어들 여력도 없었고, 주동집단의 인물들과 맞대결하기에는 힘의 열세가 분명했기 때문이다. 오히려 불똥이 자신에게 튈까 좌불안석이었다. 심지어 무신란 직후 제수받은 참지정사직을 반납하려 마음먹은 후 두문불출하고 있었다. 이고, 채원이 제거된 후 정중부의 불안과 위기감이 어느 정도였는지 알 수 있는 대목이다.

이의방은 이러한 정중부의 태도가 오히려 마음에 걸렸다. 이고나 채원처럼 쉽사리 제거할 수 있는 상대도 아니었다. 은신하고 있는 정중부를 제거할 수 있는 명분도 없었지만, 그의 정치적 비중이 이고나 채원과는 달랐기 때문이다. 그것은 정중부가 온건집단의 핵심인물이라는 데 있었다.

정변 후 그 온건집단들은 관료조직의 상층부나 고위급 무관을 차지하고 있었다. 이들은 이의방 정권의 가장 위협적인 반대 세력으로 대두할 가능성이 많았다. 그 한 중심에 정중부가 위치하고 있었던 것이다.

정중부를 중심으로 한 온건집단은 정변에 참여했던 세력을 하나로 끌어모을 수 있는 결집력은 부족해도 충분히 이의방 정권에 대한 거부 세력이 될 수 있었다. 이의방이 정중부를 끌어안으려는 데는 이런 이유가 작용한 것이다.

이의방은 이고와 채원을 제거한 직후 형 이준의와 함께 칩거하고 있는 정중부의 집을 찾았다. 이의방 측에서 미리 술과 안주까지 준비한 계획적인 방문으로, 수세에 몰린 정중부를 안심시키기 위한 작전이었다. 이의방 형제가 이렇게까지 나오자 정중부도 자신이 느끼고 있는 위기감을 솔직히 털어놓고 앞으로의 대책을 물었다. 자신의 신변 보장을 요구한 것이다.

이에 이의방은 정중부에게 약속하여 부자관계를 맺기로 맹세했다. 이의방의 진실이야 무엇이든 정중부로서는 사양할 이유가 없었을 것이다. 나이로 보아도 그럴 만했다. 정중부는 이때 66세였고, 이의방은 정확히는 모르겠지만 30대 후반에서 40대 초반이었을 것으로 짐작된다. 전술적 차원을 고려하여 서로에게 유리한 타협점을 찾은 것이었다.

이의방과 정중부의 부자관계 약속은 권력의 칼날을 숨긴 위장된 것이었지만 이의방에게는 중요한 안전장치였다. 물론 정중부에게도 적절한 은신처였지만. 이후 이의방은 별 어려움 없이 권력을 독점해나가고, 정중부는 부자관계 속에 안주했는지 특별한 권력욕을 드러내지 않는다. 그러나 이의방이나 정중부 두 사람 모두 부자관계를 마음속 깊이 신뢰하지는 않았으리라.

막후협상으로 책봉조서를 받다

금金에 보낸 거짓된 두 표문

무신정변이 성공한 후, 명종이 즉위하고 새로운 인사발령과 공신책정이 이루어져 대내적인 정변의 뒷마무리는 일단락지어졌다. 그러나 대외적인 문제는 아직 미제로 남아 있었다. 당시 고려는 금나라와 사대군신관계를 맺고 있었다. 이 금나라에 대해 무신정변을 어떻게 설명하고 갑작스런 왕위 교체를 어떻게 변명할 것인가가 정변의 주역들에게 중대한 외교적 현안으로 남겨졌다.

우선 새로운 왕 명종에 대한 책봉조서를 받아내야 했다. 이것은 무신정변의 정당성을 확보하는 문제와 직결되었다. 실패한다면 무신정변이 수포로 돌아갈 수도 있었다. 정변의 주역들이 반드시 넘어야 할 산이었다.

대사면이 단행되고 공신책정이 이루어진 같은 날, 그러니까 1170년

(명종 즉위년) 10월 4일, 공부랑중(정5품) 유응규庾應圭는 그런 사명을 띠고 금나라를 향해 출발했다. 무인정권의 성패를 좌우할 중대한 외교 문제가 걸린 사행이었다.

유응규는 전왕 의종과 신왕 명종 이름으로 된 두 표문을 가지고 갔다. 전왕의 표문은 의종이 양위한 이유를, 신왕의 표문은 명종이 즉위한 이유를 밝힌 것이다. 번거롭지만, 이 두 표문을 간단히 요약하여 제시해보겠다.

전왕의 표문

신이 오랫동안 질병에 걸려 점점 쇠약하고 수척하더니, 이로 인해 정신이 혼미하고 기운도 쇠잔하여, …… 이제는 병상에 엎드려 몸과 사지를 병석에 버려둔 채 움직이지 못하고 있습니다. …… 옛날 신이 부친인 전왕(인종을 말함)을 섬길 때 신에게 부탁하기를 "혹시 양위해야 할 경우가 있거든 반드시 먼저 네 아우에게 전하라" 하였습니다. 이제 신에게 원자 홍泓(무신란 후 진도로 쫓겨난 태자를 말함)이 있으나 어려서는 총명하지 못하고, 장성해서는 허물이 많아 종묘마저 받들지 못하겠거든 하물며 번국(제후국을 의미함)의 직명을 황제께 원하겠습니까? …… 이에 신의 아우 호皓(명종의 이름)를 시켜 군국의 사무를 맡기겠으니 깊은 보살핌을 바랍니다(《고려사절요》 11, 의종 24년 10월조).

신왕의 표문

신의 형 현晛(의종의 이름)이 오랫동안 금을 받들고 즐거이 한나라 번국의 도리를 따라왔는데 중년에 이르러 …… 침면한 병이 점점 깊어져 나라를 무너뜨릴까 두려워하여, 근자에 왕위를 벗어남으로써 여년을 보존하려 하였습니다. …… 신으로 하여금 임시 군국의 사무를 지켜보게 하여 신이 회피할 계책도 없고 받기도 또한 진실로 어려운 바 있어, 곧 (황제에게) 가서 호소하려 하였으나 산천의 길이 너무 멀고 또한 만백성도 잠시라도 주인이 없을 수 없고 종묘를 지키는 사람을 비울 수 없어 억지로 국인의 뜻에 맞추어 임시 책임을 맡게 되었습니다. 이에 그 사실을 갖추어 황제께 아룁니다(《고려사절요》 11, 의종 24년 10월조).

두 표문 모두 의종의 질병을 빗대어 거짓으로 전왕의 양위와 신왕의 즉위를 설명하고 있다. 국가 간의 외교문서에 이런 거짓말이 사용되었다니 재미있다. 정변의 주역들이 얼마나 다급했던가를 보여주기도 하고, 무신정변의 정당성을 주장하여 정면돌파를 할 수 없는 옹색한 입장을 엿볼 수도 있다.

금 황제와의 단식 외교

당시 금나라의 수도는 연경(북경)이었는데, 거기까지 가는 데는 빠른 경우라야 한 달, 지체되는 경우에는 석 달까지도 걸렸다. 유응규가 개경을 출발한 것이 10월 4일이니까 그해 연말쯤 북경에 도착했을 것이다.

유응규는 북경 근교의 파사로에 도착했지만 곧바로 황궁에 입성하는 것이 허락되지 않았다. 금의 황제(세종)는 파사로에 머무르고 있는 유응규에게 조서를 내려, 왜 먼저 진정하지 않고 마음대로 양위했냐고 물어왔다. 금에서는 벌써 의종의 양위 사실을 알고 있었던 것이다.

■ 12세기경의 중국

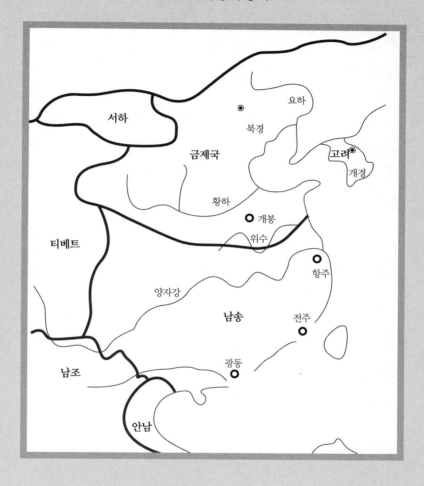

금에서 의종이 폐위된 사실을 알게 된 것은 뜻밖의 일은 아니었다. 금의 사신을 통해 직접 확인할 수 있는 기회도 있었다. 그것은 금의 야율규耶律糾라는 사신이 의종의 생일을 축하하기 위해 고려로 향했다가, 평안도의 국경 초소에서 의종이 벌써 양위했다는 변경 관리의 전언을 듣고 되돌아간 적이 있었기 때문이다.

이 일이 있었던 것은 유응규가 금나라를 향해 출발한 직후였다. 되돌아간 금의 사신이 유응규보다 먼저 북경에 도착했을 가능성이 많으니까, 금의 황제는 이 사신을 통해 의종의 양위를 전해들었을 가능성이 크다.

파사로에서 유응규는 황제의 질책성 조서를 받고, 가지고 간 표문과 같은 내용으로 양위의 이유를 황제께 필답으로 올렸다. 금의 황제는 이것으로는 의문이 해소되지 않은 듯 재차 담당관원을 파견하여 양위의 이유를 추궁해왔다.

중대한 사명을 띠고 사신으로 온 유응규로서는 초반부터 불길한 조짐이 아닐 수 없었다. 무인정권의 앞날이 자신의 양어깨에 달려 있으니 어떻게든 명종의 즉위를 인정받아야 했다. 그렇지 않으면 돌아가서도 살아남기 힘든, 그야말로 목숨을 건 사행길이었던 것이다.

시간이 흘러 다행히 입궐이 허락되고, 가지고 간 두 표문을 황제에게 전달할 수 있었다. 황제의 입장에서도 일단 사신을 접해보고 판단하는 것이 좋았을 것이다. 표문을 본 황제는 이렇게 필답으로 전했다.

"너희 나라는 비록 작으나 예의가 있는 나라인데 어찌 형을 폐하여 왕위를 빼앗고도 허언을 하며 상국을 속이느냐? 마땅히 하늘을 대신하여 토벌하고 그 죄를 징계하겠다."

이에 유응규도 굽히지 않고 대답했다.

"전왕께서 불행히도 질병이 있고 아들은 현명하지 못한 까닭에 부왕(인종을 말함)의 유명을 좇아 아우에게 왕위를 넘겨주었을 뿐입니다. 어찌 천자를 속이겠습니까? 어떠한 징계를 받더라도 다시 더 할 말은 없습니다."

표문의 내용이 질병을 핑계로 양위했다고 되어 있으니 끝까지 거짓말을 할 수밖에 없었다. 징계를 감수하고서라도 굳은 의지를 가지고 밀고 나가자는 태도였다. 하지만 표문의 내용이나 유응규의 대답은 신뢰받기 힘들었다. 이에 황제는 사신을 파견하여 직접 전왕에게 묻겠다고 결정하고, 전왕의 양위를 허락하지 않는다는 조서를 내렸다.

유응규로서는 난감한 일이 아닐 수 없었다. 전왕의 양위를 허락하지 않는다는 것은 신왕의 즉위도 인정할 수 없다는 것이니, 그런 조서를 가지고 돌아갈 수는 도저히 없었던 것이다. 유응규는 다음과 같은 필답을 올렸다.

"제가 가지고 온 표문은 두 개인데 전왕의 표문에 대한 회조回詔는 있는데 어찌 신왕의 표문에 대한 회조는 없습니까? 사신으로 와서 임금의 명을 욕되게 하지 않는 것이 신하의 직분인데, 이제 그것을 지키지 못했으니 그 죄는 죽음을 면치 못할 것입니다. 살아서 본국에 돌아가기보다는 차라리 이곳에서 죽어 천하에 알리겠습니다."

유응규의 의지는 단호했다. 그는 사흘 동안 먹지도 않고 황제의 조서를 기다렸다. 사신의 식사를 담당하는 관리가 음식 먹기를 간절히 호소했지만 완강히 거절했다. 때로는 그 관리가 몰래 음료를 갖다 은밀히 주기도 했다. 이런 때도 유응규는 그의 간사함을 준열하게 꾸짖어 내쫓았다.

황제도 이 소문을 듣고 음식 먹기를 권했지만 계속 버티었다. 이렇게 닷새가 지나자 유응규의 안색은 파리해지고 숨이 끊어질 듯해 서 있을 힘도 없어 자주 쓰러졌다. 정말 필사적인 외교였다.

황제는 결국 그 충성을 가상히 여겨 강경한 태도를 많이 누그러뜨리고, 문책하는 일을 중지하겠으니 음식을 먹고 생명을 보존하라고 타일렀다. 하지만 유응규는 신왕의 표문에 대한 회조를 받아야 음식을 먹을 것이라고 하면서 끝까지 자신의 주장을 굽히지 않았다.

단식 이레째가 되자 황제는 할 수 없이 회조를 내리고 어찬과 폐백까지 하사했다. 그리하여 유응규는 결국 자신의 책임을 다하고 귀국할 수 있었다. 그가 귀국한 것은 고려를 떠난 지 7개월 만인 1171년(명종 원년) 5월이었다.

돌아와서 그는 한 등급 승진하여 군기감(정4품)에 발탁되고 그의 자손들도 관리로 채용하기로 하여 사신으로서 공을 인정받았다. 이후 금나라에서 사신이 올 때마다 유응규의 안부를 물을 정도로 그는 금나라에서 더 유명한 인사가 되었다.

외교관 유응규

유응규는 무송茂松 유씨로 최고의 문벌귀족 가문은 아니었지만 명문에 속했다. 그의 아버지 유필庾弼은 의종 대 재상을 지낸 인물로, 정함의 고신에 끝까지 서명을 거부하다 의종 9년 12월에 죽었다. 그는 문장과 곧은 성품으로 유명하여 의종의 묘정에 배향되었다.

그 유필에게 다섯 아들이 있었는데 유응규가 맏이였다. 유응규는 아버지의 곧은 성품에다가 정확한 판단력과 명석한 두뇌가 더해진 인물로, 문장력이 뛰어났다. 하지만 과거에는 두 번이나 응시했어도 급제하지 못해 관직 출발이 늦었다. 결국 실력을 인정받아 국왕을 가까이서 모시는 궁내직으로 시작하여 중앙과 지방의 요직을 두루 거쳤다. 업무 처리에 있어서도 논리정연하고 과단성이 있었으며 청렴결백하기로 유명했다.

특히 유응규는 단정하고 수려한 외모를 지녀 풍채가 아름다웠다. 보는 이로 하여금 친근감과 경외심을 동시에 자아냈다. 친근감만 있는 외모는 얕잡아 보이기 쉽고, 경외심만 있는 외모는 거리감을 느끼기 쉽다. 그러나 유응규는 양쪽 모두를 느끼게 하는 외모를 지녔던 것이다.

어느 시대를 막론하고 외교관이 지녀야 할 첫째 조건이라면 빠르고 정확한 판단력이라는 데 이의가 없을 것이다. 그러나 두 번째 조건을 들라 하면 조금은 망설여지고, 또 사람마다 생각이 다를 것이다. 조금 엉뚱한 생각일지 모르겠지만, 두 번째 조건으로 외모를 꼽으면 어떨까. 외교 교섭에서 첫인상은 드러나지 않게 큰 기여를 하는 경우가 많기 때문이다. 유응규는 이 두 조건을 모두 갖추고 있었다.

무인정권에서 유응규는 별다른 활동을 보이지 않는다. 무인정권에 중용되어 크게 협조한 모습도 없었다. 다만 무인정권에 봉사한 다른 관리들과는 좀 색다른 이런 일이 있었다.

명종 원년(1171) 10월, 대궐에 큰 화재가 일어났다. 국가상비군과 여러 사찰의 중들까지 동원되어 불을 끄려고 했으나 모든 대궐문이 닫혀 있었다. 이의방 등 정변의 주역들이 변란을 우려하여 대궐문을 모두 폐쇄해버렸던 것이다.

국왕은 대궐 뜰에 나와 통곡을 했지만 속수무책이었다. 이때 유응규는 죽음을 무릅쓰고 경령전에 들어가 역대 국왕의 화상을 끌어안고 나왔다. 다시 중서성에 뛰어들어 국인國印을 가지고 나와 화재로부터 건

져냈다. 그의 이런 행동은 고려 왕실에 대한 지극한 충성의 표현이었을 것이다.

명종 3년 9월, 문신들을 대량 살육했던 김보당의 난 때에는 윤인첨과 함께 한 군졸에게 포박당하는 곤욕을 치르기도 했다. 이때 유응규는 여러 무장들을 찾아가 문신들을 박대하는 것에 대해 강력히 항의했다. 여러 무장들도 그의 외교적 공로를 인정해 그의 의견을 수용하고 이후 문신들에 대한 살육이 그치게 되었다. 이런 대목은 유응규가 무신정변을 결코 달갑게 보지 않았다는 것을 말해준다.

그가 무인정권 밑에서 크게 현달할 수 없었던 것은 어쩌면 당연한 일이었는지도 모른다. 이런 유응규가 금나라에 가서는 무인정권의 부당성은 입 밖에 내지도 않고, 왜 생명을 건 외교 교섭을 했을까. 그의 필사적인 의지는 꼭 무인정권을 위해 그런 것만은 아니었다. 그랬다면 오히려 그의 의지는 쉽게 꺾였을지도 모른다. 죽음을 무릅쓴 그의 행동은 고려 왕조나 국왕을 향한 것이었지 일개 정권에 봉사하기 위한 것은 아니었다.

요즘 말로 하자면 정권을 위한 것이 아니라 국가를 위한 것이라고 할 수 있다. 유응규의 외교적 노력이 성공을 거둔다면 그것은 무인정권을 위해서도 좋겠지만 그보다 고려 왕조의 안정을 위해서 반드시 치러야 할 일이었기 때문이다.

항상 국익을 먼저 생각하는 것, 이것이야말로 외교관이 지녀야 할 가장 중요한 자세가 아니겠는가. 유응규는 그 시대 최적임의 외교관이었다고 할 수 있다. 그는 1175년(명종 5) 9월, 45세의 젊은 나이에 죽고 만다.

막후협상에 의한 책봉조서

유응규가 황제의 조서를 받아왔다고 해서 금과의 외교 문제가 끝난 것
은 아니었다. 황제가 유응규에게 조서를 내리고 귀국시킨 것은 단식으
로 인한 불의의 불상사를 염려한 때문이었지, 명종의 즉위를 인정하고
그에 대한 책봉조서를 내린 것은 아니었기 때문이다. 이렇게 보면 유
응규의 사행 목적은 황제의 조서를 받아왔다는 점에서는 성공했지만
그것이 책봉조서가 아니었다는 점에서는 실패였던 것이다.

유응규가 귀국한 직후인 1171년 7월, 금에서는 순문사로서 완안정
完顏靖이라는 자를 보내왔다. 이 금의 사신은 도착한 다음 날 열린 환영
연에도 참석치 않아 고려 조정에 긴장감을 불러일으켰다. 대관전에서
명종이 황제의 조서를 받고 보니 그것은 자신에 대한 책봉조서가 아니
고 전왕에게 양위의 배경을 묻는 조서였다.

명종에게는 불길한 일이 아닐 수 없었다. 자신에 대한 책봉조서가 없
는 것도 실망스런 일이었지만, 전왕에게 황제의 조서를 전달해야 한다
는 것은 더욱 큰 낭패였다. 금의 사신이 직접 전왕에게 조서를 전달하
려고 들면 전왕의 소재나 그동안의 행적이 드러날 수밖에 없었기 때문
이다. 국왕인 명종뿐만 아니라 무신정변의 주역들에게도 위기였다.

별수 없이 거짓말을 하는 수밖에 없었다. 명종은, 전왕이 왕위를 피
하여 먼 곳에 나가 있는데, 그곳은 길이 험하고 멀어 사신이 갈 만한
곳이 못 된다고 하고, 또한 병이 중하여 조정에 나와 황제의 조서를 받
을 수도 없다고 둘러댔다. 이 말을 믿어서 그랬는지 몰라도 금의 사신
은 전왕을 직접 대면하는 것을 포기했다.

그리고 명종은 전왕을 대신하여 황제의 조서에 대한 표문을 갖추어

사신에게 주고 돌려보냈다. 금의 사신은 한 달도 채 머무르지 않고 별다른 문제 없이 돌아갔다. 이번에 온 순문사가 왕위 교체에 대한 자세한 내막을 알아보지도 않고 귀국한 것은 의외였다.

이 순문사는 무신정변의 주역들을 만났을 가능성이 많다. 직접 대면하지는 않았을지라도 국왕을 통해 그들의 의사를 전달받았을 것이다. 그런 가운데 일개 사신의 위치에서 스스로 판단하기 어려운 문제임을 알고, 일단 귀국하여 황제의 결정을 받아내기 위한 것으로 보인다. 혹시 고려와 금 사이에 모종의 막후협상을 위한 여지를 남겨 놓은 탓이 아니었을까 싶다.

막후협상을 위한 것이었는지는 몰라도 금의 순문사가 돌아간 지 두 달이 지나서 고려에서는 다시 사신을 보냈다. 1171년(명종 원년) 10월이었다. 보통 사신이 파견되면 그들이 가지고 간 표문의 내용이나 사행의 목적이 사서에 드러나 있는데, 이때는 그냥 사신 파견의 사실만 기록하고 있다.

이런 것으로 미루어보면 이때의 사신 파견은 뭔가 밝힐 수 없는 흑막이 있었다고 보인다. 이들 사신은 다음 해 2월, 그러니까 출발한 지 4개월 만에 곧 돌아왔다. 왕래하는 기간을 감안하면 금의 조정에서 머문 시간은 극히 짧았음을 알 수 있다.

이 사신들이 귀국하면서 가지고 온 황제의 조칙은 매우 긍정적인 것이었다. 즉, 왕위 교체의 사정을 충분히 이해한다는 것과, 의리상 마땅히 조서를 내려 은명을 베풀겠다는 것이었다. 다만 책봉조서는 뒷날 따로 사신을 보내 하겠다고 했다. 이렇게 큰 진전을 보인 것은 막후협상이 주효한 때문으로 생각된다.

1172년(명종 2) 5월, 금에서는 드디어 명종에 대한 책봉조서인 책문을 보내왔다. 유응규가 사신으로 파견된 지 1년 반 만에 전왕의 양위와 신왕의 즉위를 금으로부터 정식으로 인정받았던 것이다. 이는 무신정변의 정당성을 대외적으로 확인받은 것이기도 했다. 사안의 중대성에 비해 일이 뜻밖에도 쉽게 마무리되었던 것이다.

금나라에서 이렇게 쉽게 왕위 교체를 인정했던 것은 그 이면의 정치적 변란을 몰라서 그랬던 것은 아니었다. 금나라에서 왕위 교체를 인정하지 않고 일단 유보했던 것 역시 그 내막을 밝혀내기 위한 것만은 아니었다. 다른 의도가 있었던 것이다.

정권 교체가 이루어졌을 때, 특히 변란에 의한 전격적인 정권 교체인 경우에는 새로운 정권의 외교노선이 대외적으로 가장 큰 관심사일 수밖에 없다. 군신관계를 맺고 있는 상국인 금에서는, 무신정변에 의해 들어선 정권이 계속 금과의 외교관계를 맺고 사대군신관계를 유지할 것인가가 관심의 초점이었다. 이런 외교노선에 변화만 없다면 굳이 트집을 잡아 국제관계의 파트너 하나를 잃을 필요가 어디 있겠는가.

더구나 금의 남쪽에는, 멸망한 송의 왕실을 계승한 남송이 양자강 이남에 자리 잡고 있어 안심하고 있을 수만도 없었다. 초조한 것은 고려의 무인정권만이 아니라 금나라도 마찬가지였다. 그러니 정변에 의해 갑자기 고려의 왕위 교체가 이루어졌다고 해서 금나라로서는 용인하지 못할 이유가 없었던 것이다.

금으로부터 명종의 즉위를 인정받은 것은 무신정변에 대한 지지를 얻어낸 것과 다름없고, 이후 무인정권의 외교노선에 전혀 변화가 없을 것임을 암시하는 것이다.

김보당, 의종 복위를 꾀하다

김보당이 난을 일으킨 이유

1173년(명종 3) 8월, 김보당은 전왕 의종을 다시 세우겠다는 기치를 내걸고 동계에서 군사를 일으켰다.

김보당은 영광 김씨이다. 영광 김씨의 시조는 성종 때의 명재상 김심언金審言인데, 김보당은 그의 5대손이다. 김보당의 부 김영부金永夫는 의종 때 중서시랑평장사에까지 오른 인물이고, 조부 김극검金克儉은 인종 때 참지정사에까지 올라, 영광 김씨는 전통적인 문반 명문이었다.

영광 김씨 가문은 무신란에서 큰 손상을 입지 않았다. 그 이유는 김보당의 아버지 김영부가 의종의 격구 행사를 비판하다가 좌천당한 적이 있었고, 환관 정함을 탄핵하는 데도 참여했다는 것에서 시사받을 수 있다. 즉 김보당의 가문은 의종의 정책이나 정치노선에 비판적인 입장을 지니고 있었던 것이다.

김보당 가문의 이런 정치성향은 무신란에 대한 태도에도 영향을 주었다. 김보당이 무신란에 어떻게 어느 정도 참여했는지 사서에 전혀 언급된 바가 없어 추측일 뿐이지만, 그가 정변 후에 대간직인 간의대부(정4품)에 오른 것으로 보아 어떤 형태로든 무신란에 기여했음은 분명해 보인다.

김보당이 난을 일으킨 이유를 알아보는 한 중요한 단서는 1171년(명종 원년) 9월에 있었던 대간의 탄핵활동이다. 이때 중서문하성 3품 이하의 간관 대부분이 여기에 참여했는데, 김보당도 우간의대부로서 이 자리에 끼었다. 이 탄핵활동에 참여한 낯익은 인물로는 좌산기상시(정3품) 이소응도 있었다. 이소응은 한뢰에게 뺨을 맞아 무신란의 도화선역할을 했던 바로 그 사람이다.

그런데 그 탄핵 대상이 심상치 않은 인물들이었다. 의종 대 정치권의 가장 큰 이슈였던 환관 정함의 임명장에 서명한 당시 대간의 관리들이 그 첫 대상이었다. 이들의 자손들을 금고 처분하자는 것이었다. 하지만 이들에 대한 탄핵은 그리 문제될 것이 없어 순조롭게 국왕으로부터 윤허가 내렸다.

문제는 그 다음 대상이었다. 바로 이의방의 친형인 이준의와 문극겸이 탄핵의 대상에 오른 것이다. 이준의와 문극겸은 무신란 후 논공행상에서, 각각 좌·우승선과 함께 어사대와 중서문하성의 대간직을 겸임하고 있었다.

이렇게 겸임한 대간직을 해임하라는 것이었는데 국왕은 이 문제에 대해서는 윤허하지 않았다. 그럴 수밖에 없는 것이, 이의방은 무신란 후 실질적인 권력의 제1인자였기에 그의 형 이준의의 관직을 국왕이라고 마음대로 할 수 없었던 것이다. 하지만 대간들은 이에 굽히지 않고 이튿날 다시 대전에 엎드려 간쟁을 계속했다.

이것을 보고 화가 난 이준의는 술을 먹고 와서, 순검군을 시켜 간쟁을 계속하고 있는 대간들을 폭행하고 모조리 대궐 밖으로 쫓아버렸다. 그러고도 화가 풀리지 않은 이준의는 국왕에게 항의까지 했다. 국왕은 이준의를 위로하기 위해 대간들을 모두 옥에 가두고 좌천시켜버렸다.

이 일로 김보당은 공부시랑이라는 한직으로 물러났고, 아울러 이준의도 위위소경, 문극겸은 태부소경으로 강등되었다. 이준의와 문극겸에 대한 강등은 대간들의 불만을 누그러뜨리기 위한 구색맞추기에 불과한 것이었다. 곧이어 이들이 다시 정3품의 승선직으로 복귀했다는 데서 알 수 있다. 김보당을 비롯한 대간들의 탄핵활동은 힘의 열세로 이렇게 일단 끝났다.

김보당 등 대간의 관리들이 이준의와 문극겸의 겸직을 문제 삼았던 것은, 정변 후 논공행상에 대한 불만에서 비롯되었을 가능성이 많다. 김보당이 무신란 참여 세력과 관계가 있었다면 온건집단과 가까운 인물이 아니었을까 생각된다.

무신란 후의 논공행상은 주동집단과 온건집단의 우위 다툼 속에서, 당연한 결과겠지만 주동집단이 우세를 보인 것이었다. 그래서 온건집단의 무장들이나 그와 가까운 세력들은 불만을 갖는 경우가 많았고, 또한 이후의 정치권력도 주동집단이 주도하여 온건집단은 소외되는 경우가 많았다. 특히 온건집단과 가까운 문신들은 더욱 그랬다.

그러나 이준의와 문극겸은 예외였다. 김보당이 볼 때 이 두 사람은 무신란에서 자신보다 공로가 적으면 적었지 많은 인물이 아니었다. 이준의는 이의방의 형이라는 단 한 가지 이유로 득세한 자였다. 그는 그

■ 고려의 지방 행정도

천리장성

북계
○ 안북(안주)
◎ 서경
● 황주

동계
안변 ○

서해
○ 안서
◎ 개경

교주
◎ 남경(서울)

광주 ●
● 충주
양광
● 청주
● 충주

● 전주
경상
동경(경주) ◎
전라
● 나주
● 진주

◎ 경
○ 도호부
● 목

런 위세를 배경으로 이의방 못지않은 영향력을 가지고 권력에 대한 장난이 심했던 것이다. 순검군을 동원하여 대간의 관리들에게 행패를 부린 것만 보아도 알 수 있다.

문극겸은 무신란 때 죽을 고비에서 간신이 살아난 사람이었으니 정변 과정에서 무슨 기여가 있을 리 없었다. 그런데도 그는 무신란 후 우승선(정3품)에 발탁되었고, 더구나 대간직까지 겸했다. 게다가 문극겸은 무신란 직후 최초의 인사발령을 작성하여 앞으로 무인정권에서 크게 중용될 인물이었다. 아무런 공도 없이 그는 무인정권의 중심에 자리 잡은 것이다.

이러한 두 사람을 누구도 반길 리 없었다. 특히 무신란에 동조했거나 협조했던 문신들은 상대적으로 소외감이 컸다. 그 중심에 있던 인물이 김보당이었다. 김보당과 이소응이 포함된 대간들의 탄핵활동은 그러한 논공행상에 대한 불만 때문이었지만 이들의 불만은 결코 해소되지 않았다. 오히려 이준의 등이 강등되었다가 다시 원직에 복직되었다는 사실은 명종과 정변의 주역들을 극도로 불신하게 만들었다.

대간의 관리들이 자신의 의사를 관철시키기는커녕 오히려 좌천당하고, 순검군에게 폭행까지 당한 것은 뼈아픈 권력의 추락이었다. 김보당이 전왕 의종을 다시 옹립하려고 난을 일으켰던 것은, 논공행상에 대한 불만과 함께 이런 권력으로부터의 배신감도 중요하게 작용했다고 보인다.

김보당이 난을 일으켰을 때의 관직은 간의대부 겸 동북면병마사였다. 그러니까 그는 어느 때인가 간의대부로 다시 복귀되었고 아울러 동북면병마사까지 겸임했음을 알 수 있다.

고려시대 지방행정구역은 5도 양계로 되어 있는데, 양계는 동계(동북면)와 북계(서북면)를 말한다. 동북면병마사는 그 양계 중의 하나인 동계 지방의 행정과 국방을 동시에 책임지는 3품의 지방장관직이다. 지금으로 말하면 도지사와 그 지역 야전군 사령관을 겸하고 있는 것과 같다. 병마사는 5도의 장관인 안찰사보다 그 직임이 높다. 병마사는 임기 6개월의 겸직이었는데 김보당은 간의대부로서 동북면병마사를 겸직한 것이다.

그런데 이 동북면병마사라는 관직이 문제였다. 김보당의 불만을 무마하기 위해 내린 관직인지는 몰라도, 이 직책은 중책임에는 분명하지만, 골치 아픈 직임이었다. 왜냐하면 무신란 후 북계와 동계 지방에서는 무인정권에 반발하면서 심상치 않은 움직임을 보이고 있었기 때문이다. 변경 지역이라서 평시에도 문제가 가끔 있었지만 무신란 후에는 더욱 심각한 상태였다.

그런데 하필 논공행상에 불만이 있고 무인정권에서 권력의 실추를 맛본 김보당이 여기에 임명된 것이다. 김보당이 이 자리에 오기 전에 반란을 생각하고 있었다면 그건 오히려 잘 된 일이었다. 이 지역의 민심을 이용할 수 있었기 때문이다. 그게 아니라면, 그의 거병은 이 지역 민심에서 영향받은 바가 컸을 것이다.

김보당의 난에 참여한 세력들은 대부분 동북면병마사 휘하의 관리들이었다. 즉 병마사 바로 밑의 지병마사인 한언국韓彦國, 병마록사인 이경직李敬直과 장순석張純錫, 그리고 내시 배윤재裵允材, 관직 불명의 유인준柳寅俊 등이었다. 김보당은 장순석과 유인준을 남로병마사로, 배윤재를 서해도병마사로 삼아 남도와 서해도로 보내고 자신은 한언국, 이경직과 함께 동계에서 군사를 일으켰다. 1173년 8월의 일이었다.

남로병마사의 목적은 거제도에 추방당해 있는 전왕 의종을 모셔오는 것이고, 서해도병마사는 수도 개경을 압박하기 위한 것이었다. 그리고 김보당과 한언국, 이경직은 동계에서 거병하여 바로 북계로 향했다. 북계의 민심을 이용하자는 것이었다.

장순석과 유인준은 바로 거제도로 가서 전왕을 모시고 경주로 나왔다. 김보당 등이 전왕을 다시 세우기로 한 이상, 전왕은 이번 난의 상징적인 존재였다. 어떻게든 안전하게 그의 신변을 확보해두어야만 했다. 그래야 난을 일으킨 명분이 서고, 또한 난을 지속할 수 있는 탄력도 생기는 것이다.

그런데 왜 하필 전왕을 경주로 모시고 나왔을까.

고려 왕조와 경주

경주는 고려시대 한때 동경이라 하여 수도인 개경, 지금의 평양인 서경과 함께 3경 중의 하나였다. 고려시대 경주가 왕도에 버금가는 대접을 받았다는 것을 알 수 있다. 이런 동경의 위상은 물론 신라 천년 왕조의 수도였다는 것을 형식적이나마 반영한 결과였다. 하지만 그 이면에는 이런 형식적인 의미 외에도 정치·사회적으로 함축된 의미도 있었다. 다름 아니라 고려 왕조가 신라의 전통을 계승하고 있었다는 사실이다.

고려는 물론 왕건이 918년 궁예를 몰아내고 고려 왕조를 개창할 때부터 고구려 전통 계승원칙을 표방했다. 고려라는 국호를 고구려에서 따온 것도 그렇고, 고구려의 수도인 평양을 서경이라 하여 왕도처럼 여겼던 것도, 서경을 전진기지로 한 북진정책의 추진도 모두 고구려 계승의식의 발로였던 것이다. 하지만 그렇다고 고려가 고구려의 전통

만을 계승한 것은 아니었다. 신라에 대한 전통 계승의식도 그에 못지않게 강했다. 몇 가지 예를 들어보자.

왕건이 후삼국 통일전쟁 과정에서 견훤의 후백제와는 달리 친신라 정책을 지속적으로 전개했다는 점, 935년 신라가 망할 때 마지막 왕 경순왕(김부)은 신하들과 협의하여 그대로 고려에 귀부했다는 점, 이후 고려는 김부를 고려 왕족으로 대우하고 신라의 지배계층, 특히 6두품 세력을 고려의 지배계층으로 수용했다는 점 등이다. 따라서 고려 왕조에는 고구려 전통 계승의식도 있었지만, 그 이상으로 신라 전통 계승의식도 강했다고 할 수 있다.

고려 사회에 내재되어 있는 이런 양쪽의 전통 계승의식은 갈등과 조화를 이루면서 고려 전기 동안 공존해왔다. 이러한 양자의 균형을 깨뜨린 사건이 1135년(인종 13)에 일어났던 묘청의 난과 그 진압이었다.

묘청이 내세웠던 서경 천도, 금의 정벌, 칭제건원 등은 모두 고구려의 전통 계승을 표방한 것이었다. 반면 이를 진압하기 위해 일어선 김부식 등의 개경 세력은 신라의 전통 계승의식을 갖고 있었다. 김부식 자신이 경주 김씨로 신라 6두품 세력의 후예라는 점도 의미 있는 사실이다.

묘청의 난에서 묘청 세력을 서경파, 김부식 세력을 개경파라고 부르는데, 결국 개경파가 승리함으로써 묘청 일파의 의도는 무위로 끝났다. 그런 의미에서 묘청의 패배는 고구려의 전통 계승의식이 좌절되는 중요한 계기가 되었다. 이것은 이후 신라의 전통 계승의식이 더욱 우세하여 고려의 정치·사회 분위기를 주도할 가능성을 키워준 것이다.

이런 과정을 거치면서 옛 신라의 수도였던 경주나 그곳 출신의 관리들은 고려 왕조나 왕실에 대해 애착이 많았을 것으로 보인다. 이런 성향은 묘청난 이후에 갑자기 나타난 현상은 아니다. 다만 묘청난의 진압은 그러한 사회 분위기를 조금 고양시켜주지 않았을까 싶다.

그런데 무신정변 때 경주로 낙향한 문신관료들이 상당수 있었다. 화를 피해 내려온 이들은 대부분 경주 출신의 관리들이었다. 경주로 낙향한 관리들 중에는 왕위에서 쫓겨난 의종의 초상화를 그려 초당에 모셔놓고, 날마다 예를 올린 사람도 있었다. 이들은 무인정권을 비판하면서 저항하고 있었음이 분명하다. 경주의 상류층 사람들은 대부분 그런 분위기에 동조하고 있었을 것이다.

간단히 말해서 김보당이 난을 일으키면서 전왕 의종을 다른 곳이 아닌 경주로 모셨던 것은, 경주가 신라 천년 왕조의 수도로서 고려 왕조와 유대관계가 깊었다는 점과, 경주의 지역 정서가 무인정권에 대해 갖고 있는 반감을 이용하자는 것이었다. 반무인정권의 기치를 내건 그들로서는 자연스런 선택이었던 것이다.

정중부와 이의방 등 정변의 주역들은 장순석의 무리가 전왕 의종을 모시고 경주로 나왔다는 소식을 접하고 몹시 긴장했다. 당시, 김보당의 난이 일어난 명종 3년 8월 무렵에는 무신란의 중심인물 중 정중부와 이의방만이 남아 있었고, 그중 이의방이 권력의 핵심에 있었다. 정중부는 권력의 핵심에서 밀려나 있었지만 긴장하기는 마찬가지였다.

전왕의 경주 입성은 무신란에 의해 폐위된 의종을 복위시키기 위한 것이다. 따라서 그것이 힘을 얻게 되면 무인정권에 가장 치명적인 타격이 될 것은 뻔했고, 성공하기라도 한다면 무신란 자체가 수포로 돌아가 모든 것이 원상 복귀될 수 있는 절박한 문제였다. 정중부나 이의방이 각자의 이해득실을 따질 계제가 아니었던 것이다.

무엇보다도 급박한 일은 김보당 등이 동계에서 거병한 반군보다도 전왕을 모시고 경주에 들어온 장순석과 유인준 세력을 제압하는 일이었다. 장순석 등이 이끌고 내려간 군사는 대단한 병력은 아니었지만 군사 숫자가 문제가 아니라 중요한 것은 경주라는 특별한 지역 정서였다. 초기에 진압하지 않으면 걷잡을 수 없는 상황이 올 수도 있었다.

그렇다면 그 토벌대장으로 누구를 보낼 것인가가 중요한 문제였다. 고심을 거듭한 끝에 토벌대장으로 결정된 인물이 장군 이의민과 산원 박존위였다. 이의민이 토벌대장, 박존위는 부대장으로 임명되었다.

이 두 사람이 발탁된 것은 그만한 이유가 있었다. 먼저 이 두 사람 모두 무신란에서 행동집단으로 문신들을 주살하는 데 앞장섰던 인물이었다. 주동집단의 핵심인 이의방의 측근 인물들이었던 것이다. 특히 이의민은 천민 출신으로 무신란 당시 별장으로 있었는데, 정변 과정에서 사람을 많이 죽인 것으로 유명했다.

그런데 이의민의 고향이 바로 경주였다. 이의민을 토벌대장으로 삼았던 것은 무엇보다도 이 사실이 가장 중요하게 고려되었다. 그 점 때문에 이의민은, 전왕과 장순석 등의 반군 세력이 은거한 경주를 진압하는데 적격의 인물로 보였던 것이다.

김보당 세력의 진압과 제2차 무신란

정중부, 이의방 등은 이의민을 경주로 보내는 한편 서해도에 군사를 파견해 동계의 김보당 세력과 서해도의 배윤재 세력이 합류하는 것을 막았다. 반군의 주력부대인 이들을 방치하면 수도 개경이 곤경에 처할 수 있었기 때문이다.

배윤재는 당시 내시로 있었는데, 내시가 김보당 세력에 가담한 것으로 보아 동계 지역뿐만 아니라 중앙에서도 김보당의 난에 호응한 자들이 있었다는 것을 알 수 있다. 하지만 이들은 대단한 세력을 이루지는 못했다. 서해도(지금의 황해도)에 파견된 내시 배윤재가 얼마나 그 역할을 해낼 수 있을지 의문인 것이다.

김보당, 한언국, 이경직 등은 동계에서 거병하여 북계로 향하면서, 서해도에 파견된 배윤재 세력이 호응해주기를 기다렸다. 그러나 배윤재는 미숙한 군사 경험과 서해도 군민의 협조 부족으로 거병하는 데 실패했다. 이렇게 되니 주력부대인 김보당 세력은 상승기류를 타지 못하고 위축될 수밖에 없었다.

이런 상태에서는 개경을 향해 무작정 남하하기도 곤란한 일이었다. 여기에 정중부, 이의방 등이 파견한 진압 세력은 북진해오고 있었다. 김보당 등의 반란 세력은 북계의 안북도호부(지금의 평남 안주)에 머물러 있을 수밖에 없었다. 진퇴양난이었던 것이다.

김보당 등의 반군 세력이 주춤거리고 있는 사이에 결국 북상해온 진압 세력에 의해 한언국이 잡혀 죽고, 곧이어 안북도호부마저 무너지고 말았다. 그리고 김보당과 이경직은 포로가 되어 개경으로 압송되어왔다. 이의방은 직접 나서서 이들을 국문하고 저잣거리에서 죽였다. 별다른 저항도 하지 못한 채 김보당의 주력부대는 거병한 지 한 달도 못 되어 진압되었던 것이다.

그런데 사태가 여기서 그치지 않은 것은 김보당 등이 국문을 당하면서, 이번 거사는 대부분의 문신들이 미리 알고 있었다고 말해버린 것이었다. 김보당은 난을 일으키면 무신란에 불만을 품고 있던 많은 문무 관리들이 호응해주리라 믿었다. 특히 이의방 정권에 반감이 컸던 문신들이 적극적인 협조를 아끼지 않을 것으로 기대했다. 그러나 막상 난을 일으켰는데도 특별한 호응이나 지원이 없었다.

김보당 세력이 그렇게 허무하게 무너졌던 것은 처음부터 세력이 미약한 탓도 있었지만, 예상 밖으로 안에서의 호응이나 협조가 거의 없었다는 데 더 큰 원인이 있었다. 김보당이 국문당하면서 여러 문신들을 걸고 넘어졌던 것은 그러한 비협조에 대한 배신감을 표현한 것으로서 사실상 보복이나 다름없었다.

김보당이 국문당하면서 뱉은 이 말은 큰 파장을 일으켰다. 무신란에서 살아남았던 많은 문신들이 김보당의 난과 연루된 것으로 오해받아 또다시 죽음을 당했다. 김보당의 난과 전혀 무관한 인물들도 문신이라는 이유 하나만으로 죽음의 도마 위에 올랐다.

무신란에서 화를 면했던 윤인첨과, 금나라에 사신으로 가서 외교적 공로를 세웠던 유응규도 이때 이름도 없는 군졸들에게 잡혀 죽을 위험에 처했다. 무신란이 다시 재현되는 듯했다. 또 한 차례 살육을 몰고왔던 것이다. 그래서 사서에서는 이를 계사년에 일어났다고 하여 계사의 난이라고 기록하고 있으며, 경인년에 일어난 무신정변과 합하여 경계의 난이라고 부른다.

그런데 계사의 난에서 또 한번 문신들이 죽음으로 몰렸던 것은 정권을 잡고 있는 이의방이 김보당의 난을 이용한 측면도 무시할 수 없다. 이고와 채원이 제거당하고 주동집단 중에서 홀로 남게 된 이의방은, 경인년의 무신란에서 무차별 살상을 자행했다는 비난을 한몸에 받게 되었다. 정국이 안정을 찾아가면서 이의방이 반대 세력들의 표적이 된 것이다.

그렇다고 이의방이 이 반대 세력들을 제거하기 위해 이고나 채원이 했던 것처럼 적극적으로 다시 난을 일으킬 수도 없었다. 그러던 중 발생한 김보당의 난은 이의방에게 반대 세력들을 제거할 수 있는 좋은 구실을 제공했다고 할 수 있다.

이의민의 경주 입성

한편 이의민 등 토벌군 세력은 경주 근교에까지 별 장애 없이 접근했다. 이의민이 경주에 이르자 경주의 주민들 사이에 이런 소문이 떠돌았다.

'전왕이 이곳에 들어온 것은 우리들의 의사가 아니고 장순석, 유인준 등에 의한 것이다.'

이의민에게는 뜻밖의 일이었다. 경주 지역의 분위기가 전왕 의종의 거취에 대해 달갑지 않게 여기고 있었던 것이다. 게다가 이 지역 토착 세력가 몇 명은 이의민을 찾아와 이렇게 제안하기도 했다.

"무리를 보니 수백 명에 불과하고 그들은 오합지졸입니다. 그 괴수만 제거하면 나머지 무리들은 모두 무너져 달아날 것이오. 청하건대 조금만 여기서 머물러주시면 우리들이 일을 도모하겠으니 고을 사람들에게는 죄를 묻지 않기를 바랍니다."

이런 제안은 앞의 소문과 결부시켜볼 때 정말 예상치 못한 일이었다. 경주의 지역 정서로 보아 이의민의 토벌군 세력을 적대시하지만 않아도 다행스런 일일진대, 오히려 한술 더 떠 자신들이 앞장서 진압을 도모하겠다고 하니, 그 이유가 궁금하지 않을 수 없었다.

장순석 무리를 토벌하겠다고 제안한 사람들은 자신들이 전왕을 끌어들였다는 오해를 받는 것이 가장 두려웠다. 그래서 자신들의 결백을 증명하기 위해 토벌을 돕겠다는 것이었다. 그러면서도 고을 사람들에

■ 김보당의 난 관련 지도

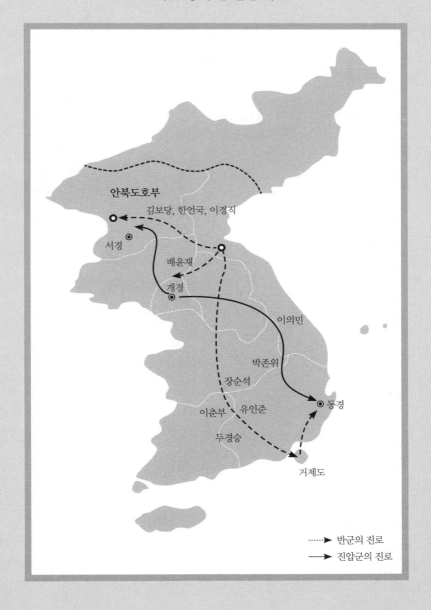

안북도호부

김보당, 한언국, 이경직

서경

배윤재

개경

이의민

박존위

장순석

이춘부 유인준

두경승

동경

거제도

------▶ 반군의 진로
——▶ 진압군의 진로

게는 죄를 묻지 말기를 간청하고 있는 데서 알 수 있듯이, 이들 가운데 전왕의 경주 입성에 대해 지지했던 부류가 있었음을 스스로 인정하고 있다.

이것은 전왕의 경주 입성에 대해 이 지역 사람들의 여론이 크게 두 부류로 양분되었음을 보여주는 것이다. 전왕의 경주 입성을 반대 혹은 조심스럽게 관망하는 부류가 있었는가 하면, 적극적으로 환영한 부류도 있었다는 뜻이다.

실제로 장순석 등이 남로병마사가 되어 전왕을 경주로 모시는 과정에서 남방의 여러 고을에서는 대단한 호응이 있었다. 전왕이 처음 쫓겨 가 있던 거제도에서 경주로 나오려면 옛 신라 영역의 중심지를 지나야 한다. 남방에서 전왕의 일행에게 호응했다는 것은 옛 신라 지역에서의 호응이었던 것이다.

남방의 호응이 의외로 커지자 이의방은 이의민과는 별도로 이들 지역민을 회유하기 위해 남로선유사를 파견했다. 여기에 임명된 사람이 이춘부李椿夫와 두경승杜景升이었다. 이춘부는 이의방의 종형이었고, 두경승은 무신란에 적극 참여하지는 않았지만 무신란 후 순검군의 지휘관으로 발탁되어 이의방의 신임이 두터운 자였다. 이런 정황으로 보아도 경주의 일부 지역민들이 전왕 의종의 입성을 환영했을 가능성은 매우 크다.

경주 지역 사람들은 이의민의 토벌군을 두려워했다. 그것은 이의민의 악명 때문이었다. 이의민은 무신란 때 사람을 많이 죽인 것으로 유명했다. 타고난 담력과 장대한 신체, 출신 신분에서 오는 과격하고 무모함은 무신란에서 유감없이 발휘되었다.

무신란과 관련된 이의민의 악명은 그의 고향 경주에 이미 널리 퍼져 있었다. 게다가 전왕을 경주로 끌어들였다는 오해를 충분히 받을 만한 고향 사람들로서는 이의민의 토벌군이 두렵지 않을 수 없었던 것이다. 여기까지만 해도 이의민은 이름값을 톡톡히 했다고 볼 수 있다.

경주 토착 세력들의 제안을 받은 이의민은, 고향 사람들이 갖고 있는 두려움에 대해 우선 안심시켰다. 그러자 토착 세력의 대표는 경주로 들어가 여러 군중을 모아놓고 이렇게 외쳤다.

"장순석 무리는 지금의 왕이 보낸 것이 아니다. 죽인들 무슨 일이 있겠는가."

이 말에서 알 수 있는 것은, 애초에 장순석의 무리가 전왕을 경주로 모셔올 때 현 국왕의 후원이 있었던 것처럼 거짓으로 선전했다는 사실이다. 처음에 경주 사람들이 전왕의 경주 입성을 크게 환영했던 것은 이런 선전에도 힘입은 바 컸다. 그러나 이의민의 토벌군이 들이닥치면서 장순석의 선전은 거짓임이 드러나고 형세가 급반전된 것이다.

장순석 무리는 이의민의 토벌군이 밀어닥친 후, 갑자기 적진의 한가운데에 낙오된 꼴이 되고 말았다. 게다가 김보당 등 난의 주모자들은 모두 잡혀 주살된 마당에 버티어낼 의지도 상실해버렸다.

경주의 토착 세력들은 밤이 되기를 기다렸다가 장순석의 무리를 포위, 공격하여 무력화시켰다. 경주의 토착 세력들은 경주의 지방군인들이 주축이었다. 이들은 처음부터 전왕의 경주 입성을 크게 반기지 않았던 부류였다. 무신란을 피해 경주로 낙향한 관리들이나 경주 상류층의 정서와는 조금 달랐다고 할 수 있다. 결국 장순석의 무리는 궤멸당하고 전왕은 경주 사람들에 의해 객사에 갇히는 신세가 되고 말았다.

1173년(명종 3) 10월 초하루, 김보당이 거병한 지 한 달여 만에 이의민 등은 경주 군인들의 안내를 받으며 순조롭게 경주에 입성했다. 장순석의 무리는 이미 소탕되어 더 손쓸 일이 없었지만 전왕 의종이 문제였다. 정변의 과정에서부터 국왕 의종의 시해 문제는 주동집단과 온건집단 사이의 중대한 쟁점이었다.

김보당이 이 의종을 다시 세우겠다고 난을 일으키자 이제는 살려둘 이유가 없었다. 온건집단에서도 반대할 수 없는, 전왕을 시해할 확실한 명분을 비로소 얻은 것이다. 이의민은 경주로 내려오면서 이의방의 밀명을 받고 이미 전왕의 시해를 목표에 두고 있었던 것이다.

이의민은 경주의 객사에 갇혀 있던 전왕을 끌어내 칼도 쓰지 않고 완력으로 무참하게 살해했다. 프롤로그에서 그려진 곤원사의 참사이다. 며칠 후 경주의 어느 향리 한 사람이 비밀리에 사람들을 모아 관을 갖추어서 시신을 연못 위에 매장했다.

이때 의종의 나이 47세였다. 의종을 죽인 이의민은 이로부터 10년 후 고려의 최고집권자에 오른다.

중방과 지방관을 장악하라

고려의 군사조직

무신정변이 성공하자 정변의 주역들은 권력을 장악하는 방법으로 기존의 중방重房을 이용했다. 이것은 중방이 본래부터 군사권과 관련이 있는 기구였기 때문이다.

중방을 이해하려면 먼저 고려의 군사조직에 대해 살펴볼 필요가 있다. 고려의 군사조직에 대한 연구는 학계에서도 의견이 분분하다. 지금까지 학계에서 대략 정리된 의견만을 간략히 소개하면 이렇다.

고려의 중앙군 체제는 2군 6위라고 부르는 8개의 부대로 구성되어 있었다. 그 2군에는 응양군과 용호군이 있고, 6위에는 좌우위·신호위·흥위위·금오위·천우위·감문위 등 여섯 부대가 있었다.

각 부대의 임무나 기능에 대해서는 정확히 알려진 바가 없다. 다만 2군은 궁궐과 왕실의 경비를 주로 맡고 6위는 수도 경비나 국방을 맡았을 것으로 대강 설명되고 있을 뿐이다. 2군은 고려 초의 국왕 친위군을 확대 개편한 것으로, 당연히 6위보다는 정치적 비중이나 군사권에서 우위에 있었다고 보고 있다.

2군 6위의 8개 부대는 총 45령으로 편성되었다. 1령領은 1천 명의 군사 편제를 말하니까, 2군 6위의 총 군사 수는 4만 5천 명인 것이다. 이 4만 5천 명을 고려의 법정 상비군인 중앙군이라고 부른다.

이 중앙군은 군반 씨족에 의한 직업군인의 성격을 띠고 있었다. 어떤 학자는 2군만이 직업군인이고, 6위는 지방군에서 충원되어 상경 근무하는 병농일치제의 군인, 즉 의무병으로 보는 견해도 있다. 혹은 2군과 6위를 가리지 않고 중앙군은 직업군인과 의무병이 혼성된 것으로 보기도 한다.

이러한 중앙군 외에 또 지방군이 있었다. 5도에 있는 지방군을 주현군이라 하고, 양계에 있는 지방군을 주진군이라 한다. 주현군과 주진군은 주로 해당 지역의 농민이나 토착민으로 구성된 의무병이었지만, 다른 부류의 사람들도 섞여 있어 그 구성이 단순치 않았다.

주진군에는 중앙에서 파견된 군인(방수군)도 있었고, 주현군에서 올라온 군인도 있었다. 주현군에는 중앙의 통제를 직접 받는 직업적인 군인도 있었고, 단순한 노역 군인도 있었다. 전술한 대로 주현군의 일부가 상경 근무하여 2군이나 6위를 구성한다는 견해가 있다.

중앙군 2군 6위의 8개 부대는 군사 수가 각각 다르다. 예를 들면 국왕의 신변 경호를 주임무로 하는 응양군은 1령, 즉 1천 명으로 구성된다. 하지만 좌우위의 경우는 13령 1만 3천 명이고, 흥위위는 12령 1만 2천 명, 신호위는 7령 7천 명이었다. 이 세 부대가 그 군사 수로 보아 중앙군의 핵심이라고 할 수 있다.

중앙군 각 부대의 사령관은 상장군이 맡고 부사령관은 대장군이 맡았다. 그리고 1령, 즉 1천 명 단위 부대의 지휘관은 장군이 맡았고 중랑장이 보좌했다. 그 1령은 200명 단위부대 다섯 개로 조직되었는데(명칭은 불명), 그 지휘관은 낭장이 맡고 별장과 산원이 보좌했다. 또 그것은 50명 단위부대 네 개의 오伍로 조직되고 그 지휘관은 교위가 맡았다. 1오伍는 25명씩으로 된 두 개의 대隊로 조직되고 그 지휘관은 대정이 맡았다.

중방은 2군 6위의 상장군과 대장군으로 구성된 무신들의 최고회의 기구였다. 이런 중방 외에도 장군들로 구성된 장군방이나, 낭장들로 구성된 낭장방, 산원의 산원방, 교위의 교위방 등도 있었다. 그러니까 각 단위부대의 지휘관들은 각자의 회의체를 구성하고 있었던 것이다. 중랑장이나 별장, 대정 등의 지휘관들도 나름의 회의체를 지니고 있었겠지만 사료상에는 나타나지 않는다. 지금까지의 설명을 알기 쉽게 표로 만들면 다음과 같다.

고려의 군사조직

단위부대	2군 6위	령		?		오	대
군사 수	각각 다름	1,000명		200명		50명	25명
지휘관	상장군 대장군	장군, 중랑장		낭장, 별장, 산원		교위	대정
합의기구	중방	장군방	?	낭장방	? 산원방	교위방	?

중방의 정체

중방이 설치된 시기는 현종 대(1009~1031)로 보고 있다. 설치 목적은 군사적 업무를 효율적으로 운용하기 위한 것이었다고 말한다. 현종 대에 거란의 침략이 있었던 것도 중방의 설치와 관련된 것으로 보고 있다.

중방회의의 주재자는 상장군 가운데 서열이 가장 높은 응양군의 상장군이 맡았으며 합의 방식은 만장일치제였다고 한다. 중방은 그 회의체나 구성원을 가리키기도 하고, 회의 장소, 즉 청사를 의미하기도 한다. 이것이 지금까지 알려진 중방에 대한 학계의 일반적 견해이다.

그러나 중방을 이렇게 볼 경우 몇 가지 문제가 있다. 우선 현종 대에 중방이 설치되었다면, 왜 150여 년이 지난 의종 대에 가서야 중방에 대한 이야기가 처음으로 나오는가 하는 점이다. 더구나 군사적 업무의 효율성을 위한 것이었다면, 여진 정벌이 있었던 예종 대(1106~1122)에는 중방에 대한 언급이 사서에 나올 법한데 전혀 그렇지 않다.

또한 중방 설치를 국방상의 이유로만 설명하는 것도 개운치 않다. 중방의 설치는 군사권의 향방과 분명 관련이 깊은 것인데, 이런 중대사를 결정하면서 정치성이 배제될 수 없다고 본다. 군사권은 왕조시대뿐 아니라 현대의 민주국가에서도 권력의 운용이나 행사에 직접 영향을 미치고 있다. 그래서 중방을 설명할 때 정치적인 목적이 더 비중 있게 다뤄져야 하는 것이다.

우선, 중방에 관련된 기사가 의종 대에야 사서에 나타난다는 것을 주목할 필요가 있다. 앞서 여러 차례 언급한 대로 의종 대는 왕권강화를 위해 무척 애를 쓰던 시기였다. 그래서 중방의 설치는 의종 대의 왕권강화 정책과 어떤 관계가 있지 않을까 하는 생각을 해볼 수 있다.

그 설치 시기도 의종 대일 가능성이 많다고 본다. 설사 중방이 현종 대에 설치되었다고 해도 그것은 별 의미가 없다. 의종 대부터 사서에 자주 언급되고 있기 때문에 의종 대의 중방이 문제인 것이다.

중방과 관계된 최초의 기사는 의종 21년(1167) 9월에 나타난다. 같은 해 8월, 의종은 남경(지금의 서울)에 행차하여 머물고 있던 때였다. 이곳에서 의종은, 밤에 내시와 중방에게 활쏘기 시합을 시키고 과녁을 맞힌 자에게 비단을 하사하였다고 한다. 이것이 중방에 대한 최초의 언급이다.

여기서 중방은 회의기구를 말하는 것이 아니고 중방 소속의 무신들을 가리키고 있다. 그리고 수도 개경을 떠난 곳에서 내시와 함께 언급되고 있다는 사실도 눈길을 끈다. 내시는 국왕의 측근 세력으로 의종이 왕권강화를 위해 양성한 무리들이었다.

그러면 중방 역시 왕권을 강화하는 과정에서 만들어진 것이 아닐까. 내시나 중방 모두 국왕의 친위 세력기구로 볼 수 있다는 것이다. 국왕이 행차할 때 모두 호종하고 있는 점도 그러한 생각을 굳히게 한다.

현종 대에 설치된 중방을 의종이 왕권강화를 위해 친위 세력기구로 이용했는지, 아니면 의종이 그러한 목적을 가지고 처음으로 중방을 만들었는지는 분명치 않다. 전자일 가능성이 크지만, 중요한 것은 의종 대의 중방은 분명히 친위군 세력과 깊은 관련이 있다는 사실이다.

그렇다면 중방을 국방 업무의 효율성을 위한 것이라든지 국방과 관련된 고위 무관들의 합의기구로만 보기는 힘들다. 오히려 국왕에 대한 시위나 경호 혹은 의장과 관련된 쪽으로 생각이 기운다. 그 모임 장소도 당연히 왕궁 내에 두었다. 적어도 의종 대에 등장한 중방은 그랬다.

그래서 의종 대의 중방은 국방 문제보다는 친위군의 조직이나 효과

적인 관리 통제를 위한 기구로 여겨진다. 즉 국왕의 친위군과 국가상
비군, 그중에서도 왕실 경호를 맡고 있는 2군을 연결시켜 통합 운영할
필요에서 만든 것이었다. 수도방위사령부를 통제하고 있는 지금의 대
통령 경호실 정도를 연상하면 크게 틀리지 않을 것이다.

그러면 의종이 이런 목적의 중방을 만들게 된 계기는 무엇이었을까.
의종은 많은 친위군을 양성했다. 그 종류도 다양했다. 자주 언급되는
친위군으로 순검군과 견룡군이 있었다. 여기다 중방의 기사가 나오기
직전인 의종 21년(1167) 정월에는 별도의 내순검군이 또 조직되었다.
중방은 이렇게 다양한 종류의 여러 친위군을 기존의 상비군과 통합 운
영할 필요에서 만들었다고 본다.

권력의 핵심기구, 중방

무신정변은 중방 휘하의 친위군 세력이 주동이 되어 일으킨 사건이었
고, 정변 과정에서도 중방을 이용했다. 특별히 비호해야 할 사람이 있
을 경우, 중방의 군사를 동원하여 보호해주기도 했다. 그래서 그 성공
은 자연스럽게 중방을 권력의 중심에 올려놓았다.

무신란이 성공한 후 처음으로 중방이 권력의 전면에 등장한 것은 정
변 셋째 날이었다. 이의방 등 정변의 주도 세력들은 살아남은 모든 문
신들을 입궐하도록 했던 것이다. 이런 결정과 명령은 중방을 통해 무
신란에 참여한 무신들이 내린 것이다. 새로운 왕으로 명종이 즉위했지
만 그의 재가도 받지 않은 것이었다.

무신란 직후 주동집단 3인 중 가장 먼저 주도권을 잡기 위해 권력욕
을 드러낸 자가 이고였다. 이고가 승려나 불량배 등 자신의 독자적인

세력을 확보하고 맨 먼저 홀로서기를 감행할 수 있었던 것은 어쩌면 힘의 미세한 상대적 우위에서 가능한 일이었는지도 모른다.

이때까지만 해도 중방은 주동집단 3인 중 어느 한 사람에 의해 독점되지는 않았다. 미세한 우위에 있던 이고도 중방을 홀로 독점하지는 못했다. 이고는 오히려 중방에서 소외되어 있었다. 어쩌면 이고의 힘이 상대적 우위에 있었다는 것도, 그가 먼저 권력의 독점을 기도한 현상의 결과에 불과한 것인지도 모른다.

결국 이고의 세력은 채원과 이의방의 연합에 의해 제거되고 말았다. 이고를 제거하는 데 이용된 세력은 순검군이었다. 순검군은 중방 휘하의 친위군이다. 채원과 이의방이 중방 휘하의 친위군을 이용하여 이고의 세력을 제거하는 데 성공했다는 것은 이후 중방을 좀 더 확고한 권력의 중심기구로 자리잡게 했던 것이다.

그런데 이고가 제거된 직후 다시 채원이 이고의 전철을 밟고 제거당했다. 이때도 역시 채원은 독자 세력을 가지고 거사했고, 이를 진압한 이의방은 순검군을 이용했다. 다시 중방의 정치적 위상은 강화되었고, 이의방은 자연스럽게 중방을 독점할 수 있었던 것이다.

그러니까 이의방이 중방을 확실하게 장악하게 된 것은 이고와 채원의 반란이 중요한 계기였다. 이 두 사람의 반란 기도와 실패는 중방의 위상을 더욱 강화시켜주었고, 아울러 중방을 통한 이의방의 권력 기반도 좀 더 확고해졌던 것이다.

이의방이 권력투쟁 과정에서 이고와 채원을 제거하고 중방을 장악했다는 것은 그가 이제 실질적인 권력의 정상에 올랐다는 것을 의미한다. 주동집단 내의 권력투쟁에서 한발 뒤처졌던 그가 최후의 승자가 된 것이다.

이후 이의방은 자신의 권력을 유지하고 행사하는 데 중방을 이용했다. 중방은 무인정권에 반발하는 세력을 색출하고 제거하는 작업을 주로 맡으면서 가장 강력한 권력의 핵심기구가 되었다. 이러한 중방의 위상은 약간의 부침은 있었지만, 최충헌崔忠獻이 집권하여 권력 구조를 개편할 때까지 약 20여 년간 계속 유지된다.

1인자 이의방

1173년(명종 3) 4월 20일, 명종은 원자 숙璹을 왕태자로 삼았다. 당시 이 태자는 21세의 장성한 나이였는데, 태자책봉은 정중부의 건의로 이루어졌다.

이의방은 이고와 채원을 제거한 후 갈수록 정치적 위상이 높아가고 있었다. 이의방의 권력강화는 정중부에게 결코 달갑지 않은 일이었을 것이다. 하루 속히 왕통을 세우고 왕실의 안정을 기하는 것만이, 그나마 이의방의 횡포를 막고 그를 견제하는 수단이었다.

그런데, 당시 권력을 쥔 이의방은 태자책봉을 어떻게 받아들였을까.

이의방의 입장에서도 태자책봉을 반대할 이유가 없었다. 당시는 김보당의 난이 일어나기 직전으로 전왕 의종은 거제도에 생존해 있었다. 온건집단의 반대로 전왕을 시해하는 데는 실패했지만, 전왕의 존재는 이의방에게 여간 신경 쓰이는 문제가 아니었다. 추방당한 무력한 한 인간에 불과한 것이 아니었다. 유사시 자신에 대한 반대 세력들의 구심점 역할을 할 수 있기 때문이다. 김보당의 난은 그것이 현실로 나타난 것이다.

그렇다고 이제 와서 전왕을 제거하기에는 명분도 부족했다. 따라서 당시의 정치상황에서 가장 유력한 차선책은 새로운 왕 명종과 그 왕통을 확고히 해두는 것이었다. 소극적이지만 그것만이 전왕의 복위를 노리는 세력, 즉 자신에 대한 반대 세력에 대처하는 길이었다.

또한 자신의 권력 유지를 위해서도 다음 왕위계승권자를 명확히 해두는 것은 나쁘지 않았다. 왕정을 부정할 수 없는 한 어차피 이의방도 왕실에 기댈 수밖에 없기 때문이다. 정중부가 그 길을 열어준 것이다.

정중부와 이의방은 각자 다른 목적을 가지고 태자책봉을 서둘렀고 그것을 적극적으로 수용했다. 동상이몽이었던 것이다. 명종의 입장에서도 사양할 이유가 없었다. 하지만 이 태자는 왕위를 잇지 못하고 훗날 최충헌이 명종을 폐위하면서 강화도로 축출되고 만다.

태자책봉이 이루어진 날 국왕은 잔치를 베풀고 밤늦도록 축하 헌수를 받았다. 무신란의 성공으로 왕위에 오른 명종은 원자로 후계자까지 책봉하고 느긋한 기분이 되었던 모양이다.

이의방도 이에 질세라 따로 중방에 여러 무신들을 초대하고 기생까지 동원하여 술잔치를 베풀었다. 시끌벅적한 북소리, 장구 소리와 함께 질탕한 분위기가 밤늦게까지 계속되었다. 낭자한 웃음소리가 대전에까지 들렸으나 어느 누구도 개의치 않았다. 이날 밤 이의방은 1인자로서의 위상을 유감없이 드러내었다.

태자가 책봉되고 이어서 김보당의 난을 진압한 후, 명종 3년 10월 이의방은 새로운 관직을 차지했다. 그것은 위위경·흥위위·섭대장군·지병부사였다.

위위경은 왕실의 의장관계를 담당하는 위위시의 관직인데, 이것은 무신란 직후 이고가 맡던 것이었다. 이고를 제거한 뒤 그의 관직을 차지한 것이다. 이 위위시는 고려 말에 중방에 통합되었다. 기능상 유사했기 때문이다. 이것으로 보더라도 중방이 국왕의 경호나 의장과 관련된 업무를 맡았을 것으로 본 앞의 설명은 일단 수긍할 수 있을 것이다.

이의방이 대장군으로서 맡은 흥위위는 중앙군 2군 6위 가운데 6위의 하나다. 이 부대는 12령, 즉 1만 2천 명의 병력으로 구성된 부대로, 중앙군의 핵심이었다. 지금의 수도방위사령부에나 해당될지 모르겠다. 이의방이 이 부대의 부사령관인 대장군을 맡은 것은 중앙군의 군사지휘권을 장악하기 위한 것이었다. 그리고 지병부사는 병부의 종3품직으로 무관의 인사 문제를 통제하기 위한 것이었다. 지금의 국방부 차관쯤 될 것이다. 이렇게 이의방은 중방 외에도 자신의 권력 유지에 필요한 중요한 거점을 확보했다. 이의방이 차지한 관직들은 그가 권력의 정상에 올랐음을 보여주는 것이다.

이의방 정권이 확고한 기반을 다지는 데 김보당의 난의 성공적인 진압은 큰 기여를 했다. 난을 구실 삼아 의종을 시해함으로써 화의 근원을 영원히 없앴다. 또한 이 반란 진압으로 무신란에서 의종의 시해를 반대했던 정중부를 비롯한 온건집단은 운신의 폭이 좁아질 수밖에 없었다. 정치적 라이벌 관계에 있는 정중부를 견제할 수도 있었으니 덤으로 얻은 효과도 컸다.

무신으로 교체되는 지방관

김보당의 난을 진압한 이의방 정권은 거칠 것이 없었다. 1173년(명종 3) 10월, 3경을 비롯해서 가장 말단의 역驛, 진津, 관館에 이르기까지 전국의 모든 지방행정구역에 파견되는 지방관을 무신으로 충당하도록 했다.

고려시대 관료체제에서 지방관은 문신이 맡도록 했었다. 모든 문신들은 지방관직을 거친 다음에야 조신에 임명되는 것이 원칙이었다. 그러니까 무신이 지방관직에 나아가는 것은 특별한 경우를 제외하고는 없던 일이었다. 이의방 정권은 그러한 전통 법제를 과감히 무시했던 것이다.

무신란의 성공으로 자신들이 정권을 잡았으니 무신들이 두루 관직에 나아가는 것은 어쩌면 당연한 일일지도 모른다. 문신 중심의 귀족 사회에서 억눌렸던 사회적 진출의 욕망이 일시에 분출했다고 볼 수 있다. 그런데 왜 하필 지방관직이었을까.

무신들의 지방관 진출은 김보당의 난과 직접적인 관련이 있다. 김보당은 문신으로서 동북면병마사를 맡고 난을 주도했다. 문신들은 무인 정권에 대한 잠재적인 저항 세력이었다. 이러한 문신들을 대책 없이 지방관에 임명하는 것은 위험하다고 판단했을 것이다. 더구나 양계의 병마사는 군사권을 장악하고 있었고, 중앙에서 이를 통제할 길도 막연했다.

남방 5도에 있는 말단 군현의 지방관도 평시에는 해당 주현군의 지휘를 맡고 있었고, 그 지역 민심의 동향을 좌우할 수도 있었다. 이를 통제하지 못한다면 이의방 정권에는 큰 위기가 닥칠 수 있었다. 중앙의 관료나 군사들은 통제할 수 있었지만, 교통과 통신이 발달하지 못한 그 시대에 중앙에서 각 지방을 낱낱이 통제한다는 것은 힘든 일이었다.

그래서 이의방은 자신이 신임할 수 있는 무신들로 전국의 지방관을 교체토록 했던 것이다. 이는 또 다른 효과도 있었다. 무신란에서 자신과 함께 적극 참여했던 하급장교들을 대거 발탁해주고 그 공로에 보답하는 길이기도 했다. 아울러 이의방 정권의 저변 확대를 노릴 수도 있다.

이의방 정권이 지방을 통제하기 위한 조치는 이전에도 있었다. 1172년(명종 2) 6월, 이의방의 형 이준의는 좌승선으로 있으면서 주현의 관할하에 있는 전국의 속현 53개소에 감무監務를 파견하도록 주장했다. 어전회의에서 주청한 것이었는데, 국왕을 비롯한 어떤 관료도 여기에 이의를 달지 못했다. 이준의는 동생 이의방의 권력을 등에 업고 이때 이미 제2인자의 위치에 있었다.

고려시대 중앙에서 지방관이 파견되는 가장 말단의 행정구역이 주현主縣이다. 그런데 지방관이 파견되지 못한 속현屬縣이 더 많았다. 지방관이 파견되지 못한 이유는 해당 속현의 영세한 생산력이나 인구 규모, 교통 지리적 조건 등 여러 가지가 있다. 이는 중앙집권화가 이루어지지 못했다는 중요한 증거이기도 하다.

이런 속현은 중앙에서 파견된 지방관이 없어 그 지역 토착 세력들이 지배하고 있었다. 속현은 토착 세력이 워낙 강하여 중앙에서 지방관을 파견할 수 없는 곳이라고 말할 수도 있다. 따라서 토착 세력들에 의한 착취나 횡포에 속현의 주민들은 그대로 노출되었다. 이러한 폐단을 조금이나마 줄이기 위해 속현은 지방관이 파견되어 있는 인근 주현에 소속시켜 그 지배를 받도록 했다. 그래서 속현이라 부른 것이다.

감무는 바로 이러한 지방행정조직의 단점을 보완하기 위한 것이었다. 즉 지방관이 파견되지 못한 속현에 파견되는 임시방편적인 관리였다. 이 감무가 하는 일은 주로 흩어진 유민의 안집이나 조세 공물의 징수와 관련된 것이었다.

간단히 말해서 감무는 중앙집권화가 제대로 이루어지지 못한 고려시대에, 중앙집권화를 추진하는 과정에서 나타나는 과도기적 관리였던 것이다. 이 감무의 전통을 이은 것이 조선시대의 현감이다.

이런 감무의 파견은 예종 대(1105~1122)부터 시작되었다. 왜 하필 이때 감무가 파견되기 시작했을까 하는 문제는 감무의 기능과 관련되어 중요한 사실을 암시한다. 감무 파견은 이 무렵 향촌사회가 사회·경제적으로 큰 변화를 겪고 있었다는 징표가 될 수 있다.

그것은 유민의 발생이다. 이 시기 역사 기록에는 십실구공十室九空이라는 표현이 있다. 열 집 가운데 아홉 집이 비었다고 하니 유민 발생의 심각성을 엿볼 수 있다. 그렇다면, 왜 이때 그렇게도 많은 유민이 발생했을까 하는 의문이 다시 꼬리를 문다.

이 문제에 대한 답을 구하는 것은 간단치 않다. 지방관의 조세 수탈이나 정치적 격변, 농업 기술의 발전, 새로운 경지의 개간 등 많은 문제가 걸려 있기 때문이다. 그 답을 당장 여기서 찾기는 곤란하지만, 당시 농민의 유망이 심각했다는 것만은 분명하다. 감무는 이런 농민 유망을 막기 위한 것이 주목적이었고, 예종 대부터 그런 감무 파견이 시작된 것이다.

감무 파견은 무신란 이후에 나타난 특별한 조치는 아니었던 것이다. 하지만 이의방 정권하에서 이루어졌던 감무 파견은 특별한 목적이 있었다고 보인다. 어쩌면 이때의 감무 파견은 이의방 정권의 물적 기반을 확보하기 위한 것이 아니었을까 싶다. 그것은 감무가 하는 일이 조세나 공물의 징수였다는 것을 감안할 때 그렇다.

이와 더불어 지방사회에 대한 통제도 겸하고 있었다. 감무의 본래 기능이 유민의 안집에 있었다는 점에서 짐작되는 바다. 유민의 방치는 지방사회를 불안하게 만들고 이는 또한 이의방 정권에 대한 위협으로 작용할 수 있기 때문이다.

감무 파견은, 모든 지방관을 무신으로 대체했던 조치와 함께 이의방 정권의 지방통제 정책을 보여주는 획기적인 조치였다. 이로 인해 지방 사회는 새로운 변화를 겪게 되고, 향촌 세력들 간의 대립이나 갈등도 심화된다. 무인집권기의 수많은 민란도 이와 무관치 않다. 이것은 고려 왕조의 중앙집권화 과정에서 역사적으로 중요한 의미를 지니는 것이었다.

정상적인 왕정하에서도 미온적인 이런 중앙집권화 정책들이 이의방 정권하에서 전격적으로 실시되었다는 것은, 이 정권이 상당히 강력한 통치권을 행사했음을 알려주는 대목이다. 무신란을 성공시키고 권력 투쟁에서 승리한 힘을 바탕으로 그것이 가능했을 것이다.

사원 세력의 향방

귀법사 승도들의 정면 도전

무인정권이 들어서면서 사원 세력은 동요하고 있었다. 왕실이나 귀족 가문과 유대가 깊었던 사원일수록 더욱 그랬다. 또한 승려들도 소속 사원에 따라 혹은 소속 종파에 따라 정치적 성향이 같지 않았고 무인 정권을 대하는 태도도 달랐다.

이의방이 홀로 집권한 후, 사원 세력은 이의방 정권에 반기를 들었다. 1174년(명종 4) 정월, 귀법사歸法寺의 승도 100여 명이 성의 북문을 부수고 들어가 승록사의 관리 한 사람을 살해한 사건이 일어났다. 명종 4년이면 이의방 정권이 김보당의 난을 진압하고 안정된 기반을 마련한 때인데, 사원 세력이 무인정권에 반기를 든 것은 이것이 최초였다.

귀법사의 승도들이 승록사의 관리를 살해한 이유는 분명치 않다. 승록사의 기능이 승적의 관리나 불교 행사를 주선하는 관청이었음을 감안할 때, 이와 관련된 어떤 불이익 때문이 아니었을까 생각된다. 즉 귀법사의 승려들이 무인정권이 성립한 후 승록사로부터 모종의 부당한 대우를 받게 되자 이에 격분하여 그 주무 관리를 살해하지 않았을까 여겨지는 것이다.

귀법사의 승도들이 성에 난입하자 이의방은 군사 1천여 명을 거느리고 진압에 나섰다. 난동에 가담한 무리들과 전투를 벌여 승도 수십 명을 살해하고 나머지 무리들도 해산시키는 데 일단 성공했다. 하지만 이 과정에서 이의방 측 군사들도 살상자가 적지 않았다. 일개 사원의 승도들이 난동을 부린 것에, 군사를 1천여 명이나 동원했다는 것은 승도의 세력이 만만치 않았음을 알 수 있다.

그러나 사원 세력의 난동은 이것으로 끝나지 않았다. 이의방 측 군사와 충돌이 있었던 그 다음날 중광사·홍호사·귀법사·홍화사 등 여러 사원의 승도 2천여 명이 다시 일어났다.

이들 승도들은 성의 북문이 폐쇄되자 동문으로 집결했다. 동문 역시 폐쇄되자 이들은 인근 민가에 방화했다. 그래도 성문이 열리지 않자 숭인문을 불태우고 쳐들어왔다. 이들은 이의방을 죽이겠다고 성 안 곳곳을 누비고 다니며 외쳤다. 승도들이 이의방 정권에 정면으로 도전한 것이다.

승도들의 난동이 계속되자 이의방은 다시 군대를 동원하여 진압에 나섰다. 이번에는 난에 참여한 승도들의 세력도 커서 쌍방 간에 사상자가 많았다. 진압 과정에서 참살당한 승도만도 100여 명이 넘었고 이의방의 군사들도 이에 버금가는 사상자가 나왔다. 성 안은 온통 승도와 군대의 전투로 전쟁터와 다름없었다.

난동을 진압하고 승도들을 성 밖으로 축출하는 데 일단 성공한 이의방 측 군사는 모든 성문을 굳게 닫고 승도들의 출입을 통제했다. 그리고는 군대를 보내 이번 난동에 참여한 사원을 모조리 파괴해버렸다. 이에 그치지 않고 이의방은 절을 불태우고 재물과 살림살이까지 약탈하는 만행을 자행했다. 그야말로 초토화시켜버린 것이다.

이의방 측 군대의 파괴, 약탈, 방화에 대해 승도들도 격렬하게 저항했다. 다시 각 사원에서 승도들과 군대 사이에 난투극이 벌어졌다. 이런 과정에서 이의방 측 군대의 사상자가 의외로 많았다. 승도들이 무자비한 탄압에 목숨 걸고 저항했던 탓이었다.

이의방 정권에 반기를 들었던, 그리고 그 여파로 파괴·약탈당했던 사원들은 모두 화엄종 계통의 사원이었다는 공통점이 있다. 이 한 가지 사실만 가지고 사원 세력이 무인정권에 반기를 든 이유를 모두 설명하기는 곤란하지만, 화엄종이 이 사건에 관련된 것만은 분명해진다. 그 화엄종의 중심 사원이 귀법사였고, 귀법사는 무인정권에 대한 반기에서 맨 처음 선두에 섰던 것이다. 왜 화엄종 사원이 맨 먼저 무인정권에 반기를 들었을까.

화엄종이 무인정권에 반기를 든 이유

화엄종은 교종의 다섯 종파 가운데 하나로 신라시대부터 왕권강화에 기여한 종파였다. 불교의 화엄사상은 속세의 왕권을 상징하는 것이었다. 그래서 화엄사상은 왕권을 뒷받침해주었고 왕권은 화엄종을 후원해주는 상보적인 관계였다. 신라시대 왕권이 최고조에 달한 시기에 화엄종 역시 가장 번영했던 것이다.

그 후 고려 초 왕권강화 정책을 펼치면서 화엄사상의 필요성이 다시

대두되었다. 이때가 호족 세력을 누르고 왕권강화를 펼치던 광종 때였다. 광종은 왕권강화 정책을 펼치면서 불교계와 손을 잡았다. 왕권강화를 위한 사상적 뒷받침이 절실하게 요구된 것이다. 이때 균여均如가 등장하여 963년(광종 14) 귀법사를 창건하고 화엄종의 융성을 도모한다.

귀법사는 화엄종의 핵심 사원으로 광종 대 왕권강화의 견인차 역할을 했던 사원이다. 균여나 귀법사, 화엄종 등은 광종 대 왕권강화의 이데올로기로 작용했던 것이다. 따라서 화엄종이나 귀법사는 고려 왕실과 유대관계가 깊은 사원 세력이라고 할 수 있다.

이의방 정권에 반기를 든 당시 개개의 사원들이 구체적으로 왕실과 어떤 관계를 맺고 있었는지는 불확실하다. 다만 그런 사원들이 모두 화엄종의 사원이라는 점, 그리고 화엄종은 고려 초부터 왕실과 관련되어 있었다는 점에서, 이들 사원들이 무인정권에 반기를 든 이유를 가늠해볼 수 있는 것이다.

무신정변은 고려 왕실에 타격을 주었고, 왕실과 전통적으로 유대관계를 맺어오던 화엄종 사원은 그러한 무인정권을 환영할 수 없었다. 게다가 이의방 정권이 자리를 잡아가면서 그런 화엄종 사원을 후대했을 이유도 없다.

이의방이 승도들의 난동을 진압하고서도, 이에 그치지 않고 난에 관계된 화엄종 사원을 파괴해버리고 약탈 방화했다는 것은 그 적대감정이 얼마나 컸는지 짐작케 한다. 이 기회를 이용해 아예 적대적인 사원 세력을 뿌리 뽑겠다는 의도를 숨기지 않았던 것이다.

이의방과 이준의

이의방 정권이 김보당의 난을 진압하면서 정중부 등 온건집단을 누르고 강력한 통치권을 행사하기는 했지만 그렇다고 장애가 전혀 없었던 것은 아니다. 문제의 장본인은 바로 이의방의 친형인 이준의였다. 정적은 항상 가까이 있는 법이다.

이준의가 조정에서 발언하거나 주장한 것은 아무도 이의를 제기하지 못할 정도였다. 국왕조차 그랬다. 하지만 동생 이의방은 이를 달갑게 여기지 않았다. 자신의 권력 유지에 보조적인 역할 이상은 원하지 않았기 때문이다.

이준의의 권세는 동생 이의방의 권력에 힘입은 바 컸고, 이의방 역시 처음에는 이준의를 자신의 큰 동조 세력으로 간주했다. 그러나 이의방 정권이 안정기에 접어들고 이준의의 권력이 지나치게 커지자 형제간에는 틈이 벌어지기 시작한 것이다. 이준의와 이의방 형제간에 갈등이 생기게 된 것은 승려들의 난에서 보인 이의방의 무자비한 탄압이 계기가 되었다.

이의방의 강경한 사원 탄압은 일시적으로는 사원 세력의 반발을 잠재울 수 있었지만 결국에는 사원 세력 전체를 이의방 정권의 적대 세력으로 만들어버렸다. 이의방과 이준의, 형제간의 틈이 벌어진 것도 이러한 대사원 정책을 놓고 강경론과 온건론으로 차이를 보인 때문이었다. 이준의는 정치적 접근을 통한 온건론을 주장했지만, 이의방은 이를 무시하고 강경한 사원 탄압을 자행하여 정권의 고립을 자초한 것이다.

재산 약탈과 방화는 무신란 당시부터 주동집단이 상습적으로 저질러온 수법이었다. 이러한 재산 약탈에는 대궐이나 국왕의 별저, 왕실의 금고 등도 예외가 아니었다. 주동집단에게는 저항 세력을 무력화시키고 자신들의 부를 일거에 축적하는 효과도 있었다.

형제간에도 예외 없는 권력투쟁

그런데 이의방은 정권이 어느 정도 자리 잡은 후에도 여전히 그런 수법을 자행했던 것이다. 이런 약탈과 방화에 대해 이준의는 반대했다. 그러나 이의방은 전혀 개의치 않고 자신의 뜻대로 밀고나갔다. 형의 의견을 수용해봤자 형의 권력만 키워준다고 생각했을 것이다. 이준의도 자신의 의사를 좇지 않는 동생의 권력 독점을 달가워하지 않았다.

이준의는 동생의 지난 잘못까지 새삼스럽게 거론하면서 정면으로 맞섰다. 특히 세 가지를 열거하여 비난했는데, 그 내용은 다음과 같다.

하나, 왕을 내쫓아 시해하고 그 재산과 희첩을 약탈한 죄.
둘, 태후의 여동생을 협박하여 간통한 죄.
셋, 나라의 정치를 오로지 제 마음대로 한 죄.

동생의 치부를 노골적으로 들춘 것이었다. 이의방은 대노하여 칼을 빼들고 이준의를 죽이려고 덤벼들었다. 친형이라는 혈연도 의미가 없었다. 대궐 안이라는 장소도 개의치 않았다. 오직 권력의 독주에 장애물이 된다는 생각뿐이었다.

곁에 있던 문극겸이 "아우로서 형을 죽임은 이보다 더 큰 죄악이 없다"고 만류하여 겨우 칼부림은 면했다. 문극겸은 이의방의 동생 이린의 장인이 되는 인물로, 이의방 형제와도 가까운 사이였다. 이준의는 이 틈에 궁문 밖으로 달아났다. 하지만 이의방은 화가 풀리지 않아 길길이 날뛰었다. 칼로 자신의 가슴을 찌르는 자해 소동까지 벌였다.

대궐 밖으로 달아난 이준의는, 싸움 소식을 듣고 달려온 정중부와 마주쳤다. 정중부는 이준의를 붙잡아놓으려다 따로 생각이 있었는지 그냥 놔두었다.

이의방 형제의 충돌은 일단 큰 불상사 없이 끝났지만 정치적 타격은 컸다. 특히 이준의의 타격이 컸으니, 그의 세력은 흩어져 점차 쇠락의 길로 접어들었다. 이의방 역시 권력 유지는 가능했지만 가장 믿을 만한 동조자를 잃었다는 점에서 손실이 적지 않았다. 그 후에 아쉬운 이준의가 먼저 손을 내밀어 화해가 되었지만 형제간에 생긴 감정의 골은 다시 회복할 수 없었다.

우리 속담에 사촌이 논을 사면 배가 아프다는 말이 있다. 이 말처럼 인간의 심리를 속 시원히 갈파한 말이 또 있으랴. 생판 모르는 남이 논을 사면 아무렇지도 않지만, 사촌이 논을 사면 내 존재에 대한 압박으로 다가온다. 때로는 강한 스트레스를 받을 수도 있다. 사촌은 남이 아니니까 나의 실존과 관계가 있기 때문에 그런 것이다. 그것이 인간의 보편적인 존재 모습이 아닐까. 권력도 마찬가지고 더욱 심한 배앓이로 나타날 수 있다. 이의방 형제가 그랬다.

형과 결별한 이의방은 형의 좌승선까지 차지하고 권력의 칼날 위를 독주했다. 곧이어 1174년(명종 4) 3월 이의방은 자신의 딸을 태자비로 삼는 과욕을 부렸다. 고려 귀족사회에 든든한 뿌리를 내리기 위한 발버둥이었지만 이것이 오히려 여론의 비난을 받는 화를 자초했다. 이의방에게는 그만큼 고려 귀족사회의 벽이 높았으리라.

그리고 같은 해 12월, 동생 이린을 집주로 임명하여 이준의를 대신한 권력의 파트너로 삼았다. 하지만 이것은 같은 해 9월에 시작된 조위총 난의 와중에서 큰 정치적 힘을 얻지 못했고, 권력의 신장에도 도움을 주지 못했다.

조위총의 난을 넘지 못한 이의방 정권

난의 진원지, 서경

김보당의 난이 진압된 지 1년 만인 1174년에, 조위총趙位寵은 서경(평양)에서 무인정권에 반기를 들었다. 조위총이 서경에서 난을 일으킨 이유를 알기 위해서는 우선 서경이 고려 정치·사회에서 차지하고 있던 위상을 먼저 살펴보아야 한다.

서경은 앞서 언급했지만 수도인 개경(개성)과 옛 신라의 수도였던 동경(경주)과 함께 3경의 하나였다. 이 서경은 수도 개경과 대등하게 짜인 행정체계를 갖추고 있어 준 왕도로서의 정치·사회적 위상을 지니고 있는 곳이었다. 쉽게 말해서 서경은 북계 지방의 수도와 같은 곳으로 굳이 지금과 비교하자면 특별히 계획된 수도와 같은 것이었다.

고려 왕조에서 서경을 준왕도로서 중요하게 여겼던 것은 몇 가지 그럴만한 배경이 있었다.

먼저, 왕실의 배후 세력을 양성하기 위한 것이었다는 점을 들 수 있다. 태조 왕건은 고려를 통일하고도 각 지방에 근거하고 있는 호족 세력의 견제를 많이 받았다. 이러한 호족 세력과 대항하기 위해서는 왕건도 나름대로의 지역적 기반을 가질 필요가 있었다. 물론 개경도 왕도로서 국왕의 세력 기반이 되는 곳이지만 이곳은 지배층 모두가 공유하는 의미도 있어, 왕건으로서는 별도의 세력 기반이 필요했다. 그래서 서경을 개국 초부터 의도적으로 후원, 관리했던 것이다.

다음으로, 고구려 계승의식의 표출이라는 점을 들 수 있다. 옛 고구려의 수도인 서경을 후원함으로써 고구려 전통을 계승, 발전시키겠다는 의도였다. 이 과정에서 북진정책이 추진되었고 그 전진기지로서 서경을 지정학적으로 매우 중요시했던 것이다. 하지만 고구려 계승의식이나 북진정책은 거란의 침략과 같은 외침이 있을 때 중요하게 작용했고 평시에나 고려 내정에서는 별다른 의미가 없었다.

그리고 풍수지리설도 서경을 중요하게 여겼던 이유로서 빼놓을 수 없다. 서경은 풍수지리설로 볼 때 왕도가 될 만한 충분한 길지吉地였고, 이곳을 소홀히해서는 고려의 왕업이 오래도록 번창할 수 없다는 것이었다. 그래서 왕도 개경에 버금가는 준왕도로 대접했던 것이다. 물론 이것은 고려 왕조에서 서경을 중점적으로 경영할 목적으로 풍수지리설에서 그 이념적 근거를 찾았다는 측면도 있다. 서경을 육성, 발전시킬 명분으로서 풍수지리설을 끌어들인 것이다.

그런데 이와 같은 서경의 정치·사회적인 위상은 묘청의 난이 실패로 끝난 후 크게 변화되었다. 이 같은 풍수지리설을 끌어들여 서경이 반란의 중심지가 되었기 때문이다. 서경을 예전처럼 대접하지도 않았고, 그 위상도 예전 같지 않았던 것이다. 이로 인해 서경과 그 지역 사람들은 불만이 커져갔다. 무신란은 그런 불만을 드러내는 계기로 작용했다.

무인정권이 들어선 직후 서경을 비롯한 북계 지역의 주민들이 드러낸 심상치 않은 움직임은 그것을 보여준 것이었다. 평북의 창주와 철주, 평남의 성주와 강동 등에서는 조위총의 난 이전에 벌써 주민들이 동요하면서 중앙정부에 저항하고 있었다. 1172년(명종 2) 6월, 당시 서북면병마사를 맡고 있던 정중부의 사위 송유인이 병마사의 해임을 자청한 것은 이런 반란을 제어하지 못한 두려움 때문이었다.

그렇지 않아도 달갑지 않은 지역에서 일어나는 이런 저항은 무인정권에서도 이 지역을 더욱 소외시키고 홀대하게 만들었다. 서경유수였던 조위총이 바로 이 서경에서 무인정권에 반기를 들었던 것은 그러한 정치·사회적 분위기를 배경으로 하고 있었다.

지역감정에 불을 지른 조위총의 격문

조위총이 이의방 정권에 반기를 든 것은 1174년(명종 4) 9월이었다. 조위총의 난은 김보당의 난과는 비교할 수 없을 정도로 세력이 컸다. 1176년(명종 6) 6월 조위총이 사로잡혀 죽을 때까지 이 반란을 진압하는 데 2년 가까이 소요되었다.

조위총이 거병한 데는 그 개인으로서의 정치적 불만도 작용했다. 조위총이 난을 일으켰을 때 그의 관직은 병부상서(정3품) 겸 서경유수였다. 서경유수는 서경의 행정을 총괄하는 시장과 같은 것이다. 그런데 이 관직은 무신란이 일어나기 전, 의종 말에 이미 주어졌던 관직이었다.

무신란이 성공한 후에도 그의 관직은 변화가 전혀 없었다. 이것으로 보면 그는 무신란에 적극적으로 참여하지는 않았다고 볼 수 있다. 하지만 무신란에 적극 반발하지도 않았다. 무신정변에 반대할 의사가 있었다면 이미 정변 과정에서 서경유수라는 적절한 직위를 이용하여 얼마든지 실행에 옮겼을 것이다.

조위총은 1173년(명종 3) 8월에 일어난 김보당의 난에도 무관심했다. 이때도 조위총은 서경유수로 있었다. 김보당의 반군이 동북면에서 일어나 서북면으로 향하면서, 전왕의 복위를 외치고 호응을 기다렸지만 조위총은 움직이지 않았다. 조위총의 이런 태도는, 그가 애초에는 무인정권에 반발할 의사가 없었다는 뜻이다.

이러한 조위총이 무신란이 성공한 4년 후에야 무인정권에 반기를 들었다는 것은 다른 쪽에서 쌓인 그의 개인적인 불만이 강하게 작용했음을 말해준다. 그 불만은 자신이 서경유수에 최소한 4년 이상 그대로 머무르고 있었다는 데 기인했다. 게다가 그 직책마저 무신란 후에는 정치·사회적 기류에 따라 소외되었고 정치적 위상도 예전 같지 않았다.

그러나 조위총이 주장한 반란의 명분은 그것이 아니었다. 조위총이 서경에서 거병하면서 내세운 반란의 명분은 그가 동북 양계 지방에 보낸 다음과 같은 격문에 잘 나타나 있다.

> 서울의 중방에서 결의하기를 "북계의 사람들은 성질이 포악하니 마땅히 토벌을 해야 한다" 하고, 군사를 이미 동원했으니 가만히 앉아서 어찌 주륙을 당하겠는가. 모든 성에서는 병마를 규합하여 속히 서경으로 나오라《고려사절요》 12 명종 4년 9월조).

1174년(명종 4) 9월 25일의 일이다. 중방의 결정이란 무인정권의 결정을 의미한다. 무신란 후 중방은 권력의 핵심기구로 자리잡았기 때문이다. 그래서 조위총이 중방의 결정을 거론한 것은 무인정권, 즉 이의방 정권에 대한 반발이었다고 할 수 있다.

북계 지역을 토벌하라는 중방의 결정이 실제 있었는지는 의문이다. 무신란 후 북계 주민들의 동향이 심상치 않았던 것은 사실이지만, 그렇다고 군사까지 동원하여 토벌할 준비는 하지 않았다고 생각된다. 조위총의 격문은 북계 지방의 주민들을 규합하고 군사를 끌어모으기 위한 선동에 불과했던 것이다.

그 선동은 큰 효력을 발휘했다. 이런 선동이 먹혀들 수 있었다는 것 자체가 북계 지방의 동태가 심상치 않았다는 것을 말해준다.

이 선동으로 북계의 40여 성이 조위총의 격문에 즉각 호응했다. 현재의 평안남북도 지방의 거의 모든 성들이 참여한 것이다. 오직 유일하게 연주延州(평북 영변)만이 호응하지 않았다. 그 연주의 군사 책임자는 그 지역의 도령으로 있던 현담윤玄覃胤과 그의 아들 현덕수玄德秀였다. 도령都領은 토착 세력으로 그 지역의 군대 지휘관이다.

연주가 홀로 호응하지 않자 조위총은 1174년 10월 초, 연주에 사자를 보내 하루 속히 군대를 일으켜 서경으로 나오라고 통첩했다. 그러나 서경에서 보낸 이 사자는 현덕수에 의해 죽음을 당하고 만다. 조위총에 호응하지 않겠다는 강력한 의사 표시였다.

조위총이 연주의 호응을 받지 못한 것은 반군의 중심지인 서경의 배후에 적군을 두고 있는 꼴이었다. 배후에 적을 남겨놓고 개경을 향해 남하할 수 없는 일이니 매우 신경 쓰이는 문제가 아닐 수 없었다. 할 수 없이 조위총은 절령(평남과 황해도의 경계가 되는 자비령)을 경계로 하여 일단 진압군의 북진에 대비한 방위선을 구축했다. 절령은 당시 북계의 남방한계선에 해당하는 곳이었다.

반군의 세력 확대

1174년 10월 5일, 개경의 무인정권은 조위총의 거병 소식을 듣고 진압군을 편성했다. 그 진압군의 총사령관에는 중서시랑평장사(정2품)로 있던 윤인첨을 임명했다. 그리고 부사령관에는 정중부의 아들 정균鄭筠을 앉혔다. 아울러 예부랑중(정5품) 최균崔均을 동북로지휘사로 삼아 동북면 방면의 여러 성들을 순회하여 민심을 안정시키도록 했다.

윤인첨을 진압군의 총사령관으로 삼았던 것은 그럴만한 이유가 있었다. 윤인첨은 윤관의 손자로 문신의 우두머리[文臣之長]라는 칭호를 들을 정도로 문신의 중심적인 인물이었다. 이런 윤인첨을 진압군의 맨 앞에 내세운 것은 조위총의 반군을 진압하는 주체가 무인정권이 아니라 고려 왕실이라는 대외적인 선언이라고 할 수 있다.

정중부의 아들 정균을 부사령관에 앉힌 것은 권력을 쥐고 있던 이의방의 책략이라고 볼 수 있다. 권력의 핵심은 이의방이 차지하고 있지만 그래도 정중부는 이의방에게 가장 강력한 정치적 라이벌이었다.

조위총의 반군을 무난히 진압하면 그로서는 좋은 일이고, 만약 진압에 실패하거나 어렵게 되면 정중부를 끌어넣을 수 있으니 그것도 괜찮은 일인 것이다. 그러니까 정균은 정중부에 대한 견제장치로서 일종의 볼모라고 할 수 있다.

진압군을 출발시키기 전에 무인정권에서는 먼저 반란이 일어난 서북면 지역의 군사를 책임지고 있는 서북면병마사를 이용했다. 이때 서북면병마사는 차중규車仲圭라는 자가 맡고 있었다. 그는 북방을 순시

■ 조위총의 난 관련 지도: 1차

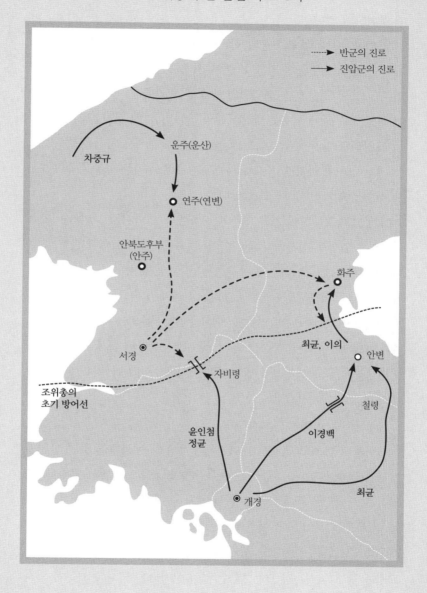

하던 중 조위총의 거병 소식을 듣고 본영이 있는 안북도호부로 돌아가지 못하고 있었다.

그 안북부(안주)는 조위총의 반군에 호응하여 본영으로서의 기능을 계속 수행하기 힘들게 되었다. 이에 차중규는 몇몇 속료들을 이끌고 연주를 향해 출발했다. 조위총의 반군에 유일하게 버티고 있는 연주를 본영으로 삼아 서경을 배후에서 압박하기 위한 것이었다. 그런 다음 개경의 진압군 주력부대를 북진시켜 위아래에서 서경을 협공하자는 작전이었다. 하지만 병마사 차중규는 연주로 가는 도중 운주(평북 운산) 사람들에 의해 살해되고 말았다.

이에 그 속료들만이 겨우 연주에 도착했다. 병마사의 자리가 비었으니, 우선 임시로 선지별감장군 현이후玄利厚가 병마사의 일을 대행했다. 현이후는 연주에서 반군에 저항하고 있던 현덕수의 동생이다. 이렇게 임시로 서북면병마사를 앉히고 그 아래의 속료들도 임시방편으로 구성하여 엉성하나마 연주에 서북면병마사 본영을 세웠다.

1174년(명종 4) 10월 중순경 윤인첨은 부장 정균과 함께 진압군의 주력부대를 이끌고 개경을 출발하여 자비령에 이르렀다. 자비령은 조위총의 반군이 저지선으로 삼고 있는 곳이었다.

진압군이 자비령에 이르자 눈보라가 몰아쳐 앞을 분간할 수 없었다. 눈보라를 무릅쓰고 고개를 내려가는데 양쪽에 매복하고 있던 반군이 갑자기 급습을 했다. 진압군은 순식간에 반군에 포위되고 말았다. 윤인첨은 포위망을 무너뜨리기 위해 적군 속에 뛰어들려고 했다. 목숨을 건 무모한 짓이었다. 이번 반란에 대한 진압은 그의 정치적 운명을 좌우할 중요한 순간이기도 했기 때문이다. 보다 못해 부장 정균이 말고삐를 잡고 저지하자 그는 별 수 없이 살아남은 군사를 거두어 퇴각하는 수밖에 없었다. 이렇게 진압군은 최초 반군과의 전투에서 무참히 패배했다.

진압군의 패배는 이것만이 아니었다. 개경을 향해 남진해오지는 않았지만 조위총의 반군은 동북면에까지 세력을 뻗쳐오고 있었다. 이에 무인정권에서는 급히 중랑장 이경백李景佰을 동북면에 보내, 동북로지휘사로 임명받아 이 지역의 민심을 회유하고 있던 최균을 동북면병마부사로 고쳐 임명하고, 병마사 이의李儀와 함께 동북면병마사의 본영을 고수하도록 명했다. 그 본영은 화주(함남 영흥)에 있었는데, 병력은 수백 명에 불과하여 성문을 굳게 닫고 지켜내는 도리밖에 없었다.

반군은 이 소식을 듣고 화주로 쳐들어왔다. 그런데 어느 하급장교하나가 반군에 내응하여 성문을 열어주는 바람에 이의, 최균을 비롯해병마사의 속료들은 모두 포로가 되어 살해되고 말았다. 이로써 화주의 본영이 함락되고 동북면 일대도 조위총의 반군에게 점차 넘어가고 있었다.

반격, 재반격

개경의 이의방 정권은 초조했다. 새로운 대비책을 강구할 필요가 있었다. 우선 동북면을 반군으로부터 회복해내야 했다. 그대로 방치해두면 반군의 여세가 어디까지 미칠지 예측할 수 없었기 때문이다.

그리하여 새로이 추가 진압군을 편성했다. 장군 두경승을 동로가발병마부사로 삼아 5천의 군사를 주어 동북면으로 급파했다. 여기에 이의민과 석인石隣을 특별히 딸려 보냈다. 두경승은 김보당의 난 때 남로 선유사로서 남도 일대를 평정한 공을 인정받고 있었다. 이의민과 석인은 무신란 때 행동집단으로 참여했던 인물들로, 이들을 두경승과 함께 보낸 것은 이의방의 특별한 조처였다. 지휘부를 모두 무신들로만 구성한 것도 이전의 진압군 조직과는 달랐다.

그래서 그랬는지는 몰라도 이때의 진압군은 대단한 전과를 올렸다. 동북면의 본영이 있는 화주를 비롯한 동계의 북부 지방을 다시 반군으로부터 회복할 수 있었고, 아울러 이 일대의 여러 성들도 차츰 관군에게 돌아오도록 할 수 있었다.

진압군은 그 여세를 몰아 북계의 맹주(평남 맹산)까지 쳐들어가 함락시켰다. 이어서 덕주, 무주까지 수복하여 유일하게 반군에 저항하고 있던 연주와도 근접하게 되었다. 우선 급한 것은 서북면병마사 본영이 있는 안북부(안주)를 탈환하는 것이었다. 하지만 그 길목에 있는 연주(평남 개천)를 함락시키지 못해 그것은 성공할 수 없었다.

이 전투에서 조위총의 반군은 대패했으니, 죽은 자만도 1천 4백여 명에 달했다. 이의민의 용맹은 이 전투에서 유감없이 발휘되었다.

서경에 본진을 둔 조위총의 반군은 수세에 몰렸다. 무엇보다도 아직도 버티고 있는 연주가 골칫거리였다. 연주가 두경승의 진압군과 좌우에서 서경을 협공해온다면 대책이 막연했기 때문이다. 이에 조위총은 연주를 끌어들이기 위해 다시 협박 편지와 함께 사신을 연주로 보냈다. 반군에 계속 호응하지 않으면 1만의 군사로 토벌하겠다는 내용이었다.

연주로 갔던 사신은 돌아오지 못하고 목이 잘려 성문에 효수되고 말았다. 이제는 어쩔 수 없었다. 군사를 출동시켜 연주 공략에 나섰다. 연주성을 포위한 후, 성문을 열고 나와 항복하지 않으면 성민을 모두 도륙하겠다고 외쳤다. 연주를 지키고 있던 현덕수는 군사를 몰고 나와 오히려 반군을 공격하여 격퇴시키고 말았다.

조위총의 반군은 마지막 수단으로 개경을 바로 공격하기로 했다. 자비령까지는 반군들이 장악하고 있어 남진하는 데는 큰 문제가 없었다. 반군에 끝까지 저항하고 있는 연주를 믿고, 개경을 먼저 공략하지는 못할 것으로 생각하고 있는 무인정권의 허점을 역으로 이용하자는 계산이었다. 그리하여 반군은 개경의 서쪽까지 다가갈 수 있었다. 여기까지는 별다른 저항을 받지 않았다.

반군이 개경 근교에까지 이르렀다는 소식을 접한 이의방은 깜짝 놀랐다. 이들을 막아내는 일보다는 혹시 개경에도 이들 반군과 내통할 무리가 있지 않을까 하는 불안에 휩싸였다.

서경 출신 관리들은 문무를 가리지 않고 모두가 조위총의 반군과 내통하고 있는 것처럼 보였다. 조위총이 서경에서 거병했을 때부터 이의방은 반군과 서경 출신 관리들 사이에 어떤 연결이 있지 않을까 하는 의구심으로 전전긍긍했다. 반군이 개경까지 밀고 내려왔다는 소식을 접한 이의방은 이제 서경 출신의 관리들을 그냥 놔둘 수 없었다.

이의방은 상서 윤인미尹仁美, 대장군 김덕신金德臣, 장군 김석재金錫材 등 서경 출신의 고급관리와 무관들을 모두 잡아다 주살하고 머리를 시가지에 효시했다. 이들이 조위총의 반군과 내통했다는 증거는 나타나 있지 않다. 이의방의 초조한 마음을 보여주는 것이기도 하지만, 내통을 사전에 차단하기 위한 공포 분위기 조성일 수도 있었다.

서경 출신 관리들을 주살한 후에야 이의방은 개경을 공략하려는 반군에 대한 대응에 나섰다. 이번 일은 누구에게도 맡길 수 없어 자신이 직접 나섰다. 먼저 기병 수십 명으로 반군의 진영으로 돌진하도록 하여 선두를 교란시켰다. 그 기세를 타고 주병력으로 격파하니 어렵지

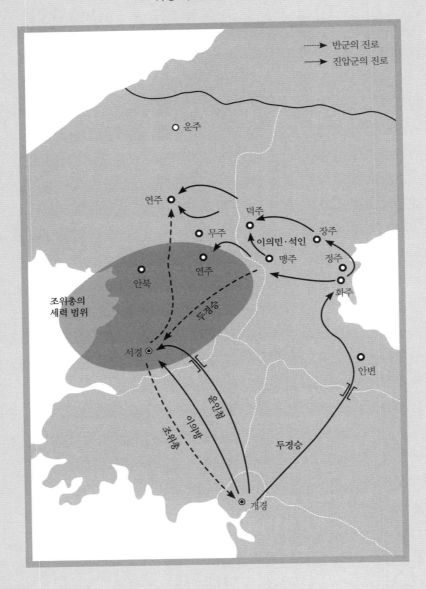

■ 조위총의 난 관련 지도: 2차

않게 반군을 퇴각시킬 수 있었다.

이의방은 여기서 멈추지 않고 계속 반군을 북으로 밀어붙여 대동강 이북으로 퇴각시키는 데 일단 성공했다. 반군은 다시 서경에 들어가 항거를 계속했다. 이의방은 여기서 회군하지 않고 성 밖에 군사를 주둔시켜 계속 서경 공략을 시도했다. 이번에 완전히 서경을 함락시키고 말겠다는 의지였다.

그러나 서경은 그렇게 만만한 곳이 아니었다. 이의방은 1174년 10월 말부터 한 달 이상을 서경에 머물면서 수십 차례 공략을 했다. 한때 조위총의 아들을 사로잡아 주살하는 등 전과를 올리기도 했지만 끝내 서경 함락에는 실패했다. 더구나 11월 말의 한겨울 날씨는 더 이상 버티기도 어렵게 하여 결국 서경의 반군에게 격퇴당하고 말았다.

정권 교체와 진압의 지연

이의방의 관군이 서경에서 퇴각한 직후인 1174년(명종 4) 11월 말, 개경 에서는 다시 진압군을 전면적으로 재편성했다.

윤인첨을 원수, 기탁성을 부원수, 진준을 좌군병마사, 경진慶珍을 우 군병마사, 최충렬崔忠烈을 중군병마사, 조언趙彦을 전군병마사, 이제황 李齊晃을 후군병마사로 삼아 좌군·우군·전군·후군·중군 등 5군을 조 직했다. 아울러 정균 등 3인을 지병마사로 임명하고, 동북면 방면의 전 투에서 승리하고 돌아온 두경승을 후군총관사로 삼아 진압군을 뒤에 서 후원하도록 했다.

이번의 진용은 외적의 침입 때나 할 수 있었던 거국적인 원정군의 편제와 같았다. 진압군에 참여한 군졸들에게는 1인당 쌀 1석씩을 내주는 특혜도 베풀었다. 그 만큼 조위총의 반군 세력이 막강했고 이를 진압하는 일이 무엇보다도 시급했다는 뜻이다.

또한 원수 윤인첨뿐만 아니라 기탁성, 진준, 경진은 모두 재상급 고위관리들이었고 나머지 각 군의 사령관도 모두 무신의 최고 계급인 상장군으로 조직했다. 기탁성, 진준, 경진 등은 무신란 때 온건집단에 들었던 인물들이다. 이들 중 경진은 훗날 정중부를 제거하고 최고집권자가 된 경대승慶大升의 아버지가 되는 사람이다.

1174년(명종 4) 11월 27일, 진압군 총사령관인 윤인첨은 이 거국적인 진용의 일부를 떼어 반군의 본거지인 서경을 향해 출발시켰다. 그리고 진압군의 일부는 서교에서 군사 훈련에 들어갔다. 이들은 승려들로서 정규군이 아니었기 때문에 바로 진압에 투입할 수 없었기 때문이다.

그런데 중요한 정치적 사건이 터졌다. 이의방이 정중부의 아들 정균에게 참살되고, 이의방의 동생인 이린도 정균의 군사들에게 잡혀 주살되고 말았다. 아울러 이의방의 측근 세력들도 모두 제거된 것이다. 이의방의 정권은 한순간에 막을 내렸다. 1174년(명종 4) 12월이었다.

이후 권력은 정중부에게 돌아갔다. 이의방의 세력을 제거하는 데는 진압군에 참여했던 승려들을 이용한 것이었는데, 이 부분에 대한 이야기는 다음에 자세히 후술할 것이다.

출정을 준비하고 있는 상황에서 벌어진 정권 교체는 작전에 많은 차질을 가져왔다. 군사들의 동요로 진압 작전에 총력을 다할 수 없었을 뿐만 아니라, 윤인첨 자신도 혼란의 와중에서 죽을 고비를 맞기도 했다. 다행히 정중부의 비호로 윤인첨은 화를 면하고 다시 진압군을 정비하여 연주를 향해 출발했다. 하지만 작전이나 전투가 원활하게 진행될 수 없었다.

이후 1175년(명종 5)에 접어들면서부터 진압군과 반군 사이의 전투는 산발적으로 계속되었지만 양편 모두 지지부진한 상태에 빠져들게 되었다. 이로부터 1년 반 동안 유일하게 반군에 저항했던 연주延州, 그리고 서경을 비롯한 서북면의 각 성들에서는 밀고 밀리는 지루한 공방전이 계속되었다.

마침내 1176년(명종 6) 6월, 서경이 함락되고 조위총은 참수되지만 그 잔여 세력은 1179년(명종 9) 무렵까지 저항을 계속했다. 이 부분은 다음의 정중부 정권에서 언급할 것이다.

조위총의 난에서 전사한 사람의 수는 서경이 함락될 때까지만 쳐도 무려 5천 6백여 명에 달했다. 이 숫자는 반군 측의 전사자만 헤아린 것이니 양쪽을 모두 계산하면 얼마나 될지 알 수 없는 일이다.

지역 차별에 의한 민란

조위총의 난은 민란의 성격도 띠고 있었다. 반군에 호응한 40여 성들은 군대의 합류만을 의미하지 않고 그 지역에 사는 지역민들의 호응까지 포함하는 것이다. 조위총의 반군이 2년 가까이 버틸 수 있었던 것은 그 때문이었다.

서북면 사람들은 정치·사회적으로 심한 차별대우를 받아왔다. 조위총의 반군에 끝까지 저항한 현덕수마저 중앙의 요직에는 임명될 수 없었다. 난이 평정된 후 현담윤은 장군(정4품)에, 그의 아들 현덕수는 내시지후(정7품)에 임명받았다. 현담윤은 이를 수락했으나 아들 덕수는 고신장을 돌려보내고 과거에 응시할 수 있게 해달라고 요구했다. 하지만 조정에서는 허락하지 않았다. 북계 지역 사람들은 과거 응시에도 제한을 받았던 것이다.

게다가 양계의 주진군 장교들은 경제적 처우 면에서도 중앙군의 장교와 비교하여 차별받았다. 가령 주진군의 도령에 임명되는 중랑장은 녹봉이 40석인데 반해 중앙군의 중랑장은 120석이었다. 이러한 차별 대우에 주진군의 장교들은 불만이 많았을 것이다. 그래서 이들은 기회만 주어지면 언제든지 중앙정부에 반기를 들 소지가 있었다.

무신정변은 이렇게 불만이 누적된 양계 주진군의 장교들을 흥분시키기에 충분했다. 쿠데타로서 군인들이 정권을 장악했다는 사실에 고무되지 않을 수 없었을 것이다. 이들 양계 주진군 장교들이야말로 무신란에 참여한 무신들 못지않게 세상을 한번 바꿔보고 싶은 욕망에 불타고 있었다.

마침 조위총의 거병과 지역감정을 자극한 격문은 이런 서북면 주진군들의 동요에 불을 붙여준 격이었다. 조위총은 이 지역의 분위기를 충분히 고려하여 이를 절호의 기회로 이용했던 것이다.

그런데 이런 지역 차별 문제가 정치·사회적으로 표출되어 정치 문제화되려면 그럴만한 계기가 있어야 한다. 그 계기가 오지 않으면 가해자는 당연하게 여기고 피해자는 저항하기보다는 감수해버리기 쉽다. 무신란은 북계 지역민들의 지역 차별에 대한 불만을 표출시키는 계기였고 그것이 조위총의 난으로 폭발했다고 할 수 있다.

서북면에 대한 차별대우는 조위총의 난이 평정된 후에도 사라지지 않는다. 그럴 수밖에 없는 것이, 반란을 일으킨 지역에 대한 중앙정부의 시선이 고울 리가 없을 테니까 말이다. 조위총이 참수된 후에도 그의 잔여 세력이나 혹은 별개의 세력에 의해 산발적으로 이어졌던 이 지역의 반란은 그런 차별과 무관치 않았다.

조위총의 난은 이를 진압하는 과정에서 이의방이 제거되었다는 사실을 가장 주목할 필요가 있다. 이의방 정권은 조위총의 난을 넘지 못하고 무너진 것이다. 하지만 정중부 정권은 출발부터 조위총의 난을 그대로 등에 지고 있었다.

3 은인자중의 보수적인 노장

—정중부(1106~1179)

鄭仲夫

정중부는 웅위한 외모를 지녀 보는 사람을 압도했다고 한다.
그러나 그는 외모와는 달리 매우 신중하고 조심스런 인물이었다. 집권 기간 동안
강력한 통치권을 행사하기보다는 일신상의 보신이나
정권유지에 급급했다는 인상을 지울 수 없다.

정중부의 집권

승도를 이용한 집권

조위총의 난이 초동 진압의 실패로 확산되면서 진압군의 충원은 한계에 직면했다. 전선이 확대되면서 병력의 수요는 늘어나는데 동원 가능한 인원은 한정되어 있었기 때문이다. 더구나 난으로 인해 정국이 혼란할수록 개경의 주요 병력은 정권의 안전보장을 위해서 진압군에 투입할 수가 없었다. 이런 상황에서 새롭게 진압군에 동원된 병력이 바로 사원의 승도들이었다.

1174년 9월, 조위총의 난이 일어난 이후부터 진압군이 계속 밀리면서 같은 해 11월 진압군의 진용을 대대적으로 확대 개편한 직후였다. 다시 총사령관에 임명된 윤인첨이 개경의 서쪽 교외에서 군사를 조련하고 있던 12월이었다.

이 무렵 이의방은 성 밖을 나오지 않고 있었다. 종군하고 있던 승도들의 불만을 감지했기 때문이다. 그런데 이날은 우연히 선의문을 나서서 군사들의 조련장으로 향했다. 조위총 난의 진압이 다급하여 훈련을 독려하기 위해 나섰는지도 모르겠다.

선의문은 개경 외성의 남서쪽 문인데 이 문을 나서면 바로 넓은 운동장이 펼쳐져 있다. 이곳을 서교라고 부르는데 격구장이나 군사 훈련장으로 많이 이용된 곳이다(개경의 내부 구조 참조). 이곳에서 윤인첨은 새로이 편성된 진압군을 조련하고 있었다.

이렇게 새롭게 편성된 진압군에는 승도들이 대거 동원된 상태였다. 전투 경험이 많지 않은 승도들을 대상으로 한 조련이 군사훈련의 주 내용이었던 것이다. 이런 훈련을 강제로 동원된 승도들이 반겨할 리 없었다.

정중부의 아들 정균도 대장군으로서 이 훈련에 참여하고 있었다. 정균은 조위총 난의 초기부터 난의 진압에 묶인 상태였다. 이의방이 정중부를 견제하기 위한 정치적 계산에서 그랬던 것인데, 이것이 오히려 화근이 된 것이다. 이번 훈련에 참가하면서 정균은 승도들의 불만을 피부로 느끼고 있었다. 정균은 함께 훈련에 참가하고 있던 승려 종참宗旵이라는 자를 회유했다. 종참은 이전부터 조위총의 반군 진압에 참여했는데, 정균과는 미리 밀약을 맺어놓고 있었다.

이날 마침 이의방이 선의문을 나와 모처럼 성 밖으로 움직였으니 절호의 기회였다. 이의방은 호위병 10여 명만을 대동한 채 조련 중인 군대를 살펴보고 있었다. 이 기회를 놓치지 않고 정균은 종참을 시켜 이의방을 참살하는 데 성공한 것이다. 여기에는 종참이 사전에 조직해두었던 승도 수십 명이 동원되었다. 이어서 이준의와 이린 등 그 도당들을 모두 잡아다가 죽이고 정균은 국왕에게 보고했다.

보고를 받은 국왕은 깜짝 놀랐다. 국왕이 놀란 것은 이의방을 제거했다는 사실보다는 훈련 중인 군사들이 동요하지 않을까 하는 염려에서였다. 실제 이의방이 살해되었다는 소문을 들은 군사들은 평온할 수 없었다.

이의방 정권을 추종했던 군사들이야 말할 것도 없겠지만, 이의방 정권에 불만이 컸던 승도들도 술렁였다. 어찌 평온할 수 있었겠는가. 더구나 조위총의 반군을 진압하기 위한 출정을 목전에 두고 있는 군사들에게는 앞으로 자신들의 거취가 가장 큰 관심거리였다.

동요는 이의방 정권을 추종했던 군사들에게서 가장 먼저 나타났다. 국왕은 유응규를 보내 술렁거리는 군사들을 타일렀다. 동요하고 있던 군사들은 유응규를 보자 문신들을 의심했다. 문신들이 승도 세력을 부추겨 변을 일으킨 것이라고 판단한 것이다. 군사들은 윤인첨을 이번 정변의 주모자로 생각하여 에워싸고 포박하려 했다.

뜻밖에도 윤인첨이 군사들에게 포위되어 긴급한 상황이 되자 유응규는 곧바로 정중부에게로 달려갔다. 정중부는 아들 정균으로부터 며칠 전에 이미 이의방 제거 계획을 듣고 집 안에서 초조하게 일의 결과를 기다리고 있었다.

유응규가 정중부를 찾은 것은 정확한 판단이었다. 1인자였던 이의방이 제거되고 진압군 총사령관인 윤인첨은 무력한 힘의 공백 상태에서 군사들은 동요하고 있었다. 상황을 타개할 수 있는 인물은 국왕은 분명 아니었다. 그러니까 유응규가 정중부에게 달려온 것은 정중부의 위상을 감안한 것이기도 했지만, 이의방을 제거한 배후 핵심을 찾은 것이기도 했다.

유응규로부터 사건 현장의 소식을 접한 정중부는 일단 안심했다. 자신에 대해 위협적인 사태는 아니라고 판단한 때문이었다. 정중부는 즉시 측근의 한 사람에게 밀지를 주어 동요하고 있던 군사들을 달래도록 현장에 보냈다. 밀지 내용은 그동안 이의방의 횡포를 낱낱이 거론하여, 그를 제거하지 않을 수 없었던 불가피한 상황을 설명하는 것이었다. 이후 군사들의 동요는 잠잠해졌다.

군사들의 동요가 쉽게 가라앉을 수 있었던 것은 조위총의 난을 진압하기 위한 지휘부의 편성과도 관계가 있었다. 진압군의 지휘부에는 정중부의 아들 정균을 비롯하여 기탁성, 진준, 경진 등 무신란에서 온건집단으로 분류된 인물들이 포진하고 있었다. 이는 물론 이의방이 조위총 난을 진압하는 데 온건집단의 인물들을 이용하자는 속셈으로 동원한 것이었다. 이들 온건집단의 무신들은 이의방의 제거를 암묵적으로 지지했다고 보인다. 정균이 그렇게 쉽게 일을 성사시킬 수 있었던 것도 이 때문이었다. 진압군의 지휘부에는 이의방의 측근 인물이 없었거나, 있었다 해도 힘을 쓸 수 있는 상황이 아니었다는 뜻이다. 이의방으로서는 자신이 파놓은 함정에 자신이 걸려든 꼴이었다. 1174년(명종 4) 12월의 일이었다.

해주 출신의 풍채 좋은 무인

정중부는 해주 출신이라는 것 외에 가문이나 선대에 대해서는 사서에 특별한 언급이 없다. 그의 출신 신분은 평민 이하의 한미한 것이었다고 보인다.

정중부가 군인의 길로 들어선 것은 예종 대 말로, 그의 나이 10대 후반쯤의 일이었다. 그가 군인의 길로 들어선 계기는 자의에 의한 것이 아니었다. 그에게 군인의 길은 거의 강요된 것이었으니 재미있는 일이다. 고려시대에 군인이 되는 길에는 세 가지가 있었다.

첫째, 군인의 가문에서 태어나 직역으로서 군인 신분을 세습하는 길이다. 이들을 군반 씨족이라 부른다. 이들은 일종의 직업군인으로서 국가에서는 이들의 이름을 군적에 올려 관리했다. 아울러 군역에 복무하는 반대급부로 토지를 지급받아 일반 농민보다 사회적 신분이 높았다. 중앙군의 핵심부대는 대부분 이런 군인들로 편성되었다.

둘째, 농민으로서 군인이 되는 병농일치제의 군인이다. 이들은 의무병들인데 지방군은 대부분 이런 농민으로 구성된다. 어떤 경우 이들 중 일부가 중앙으로 올라가 중앙군을 구성하기도 한다.

셋째, 첫째의 경우에 결원이 생길 때, 즉 군반 씨족에 결원이 생길 때 수시로 군인을 선발하여 군인이 되는 길이 있다. 이럴 때 특별히 신분에 구애받지 않았고 군인으로 일단 선발되면 군적에 등록되어 군반 씨족이 되는 것이다. 이를 선군급전選軍給田이라고 한다. 군인으로 선발하여 토지를 지급한다는 뜻이다.

정중부가 군인이 되었던 것은 세 번째의 길이었다. 당시 해주의 지방관은 정중부를 군적에 올리고 그의 팔뚝을 묶어 개경으로 올려 보냈다. 그를 결박시켜 압송하다시피 보낸 것은 정중부가 군인으로 선발되는 것을 거부하여 반항했기 때문이다. 개경에서 군인을 선발하는 관리는 정중부의 결박된 모습을 보고 위로하며 공학금군에 소속시켰다.

정중부가 군인이 되는 것에 저항했던 이유는 분명치 않다. 확실하지는 않지만 고려 중엽에 들어서면서 문란해진 군제와 관련이 있는 것 같다. 즉 군인으로 선발되더라도 토지 지급이 제대로 이루어지지 않는 등 경제적 처우 문제에 대한 불만을 가졌을 것으로 추측된다.

정중부가 처음으로 소속되었던 공학금군은 순검군과 비슷한 부대로 궁궐의 수비나 국왕의 신변 경호를 담당하는 친위군이었다. 그가 군인으로 선발되자마자 국왕 가까이에서 근무하는 친위군에 소속되었다는 것은 그의 인생에서 첫 번째 행운이었다. 하지만 그것은 순전히 그의 신체적 조건 때문이었다.

정중부는 뛰어난 신체적 조건을 갖추고 있었다. 그의 신장은 7척이 넘었다고 한다. 지금의 수치로 약 180센티미터 정도 되지 않았나 싶다.

1척의 길이에 대해서는 의견이 분분하다. 시대에 따라 주척, 당척, 고구려척이 달리 사용되었다. 또한 용도에 따라 토지를 측량하는 양전척, 옷감을 재는 포백척, 건축에 쓰이는 영조척이 달랐다. 지금까지의 연구에서 1척의 길이를 가장 작게 보는 경우 19.423센티미터이고, 가장 크게는 35.5센티미터까지 보고 있다. 따라서 고려시대 1척의 길이를 정확히 추산해낸다는 것은 간단한 일이 아니다.

지금까지 1척의 길이를 가장 정확히 밝힌 사람은 일본인 요네다 미요지米田美代治였다. 그는 석굴암을 측량하여 그 조영 시 당척이 사용되었으며 1척의 길이를 29.7센티미터라고 계산해냈다. 이 당척으로 계산하면 정중부의 신장은 2미터가 넘는다. 그의 신장을 180센티미터로 본 것은 추정일 뿐이다.

정중부는 뛰어난 신체적 조건으로 인종 대에 들어서 곧바로 견룡군의 대정으로 발탁되었다. 대정은 지금의 소위 계급에 해당하니까 말단 군졸에서 장교로 임관한 것이다. 그러나 인종 대에는 이 계급에서 한 발짝도 승진을 못했다.

정중부가 어린 김돈중에게 수염을 태우는 수모를 당한 것은 인종 22년(1144), 그의 나이 40을 바라보던 때였다. 이때까지도 그는 대정에 머물러 있었으니 20여 년 동안 승진하지 못했던 것이다. 그의 인생에서 가장 암울했던 시기였다.

그가 비약적인 승진을 시작한 것은 40대 이후, 인종의 뒤를 이어 의종이 즉위한 다음부터였다. 의종을 만난 것은 그의 인생에서 두 번째 행운이었다. 의종이 즉위하고 정중부는 바로 승진하여 교위가 된다.

이후 순탄한 승진을 계속하여 의종 18년에는 대장군이 되었다. 평균 3년에 1계급씩 쉼 없이 승진한 것이다. 이렇게 그가 착실히 승진한 것은 격구와 수박희를 잘하여 의종의 눈에 들었기 때문이다. 의종이 왕권강화를 위해 친위군을 양성한 것은 정중부에게 든든한 출세의 배경이 되었던 것이다.

정중부는 또한 수려한 외모를 지니고 있었다. 그의 용모는 하얀 얼굴에 수염이 아름다웠으며 7척이 넘는 키와 잘 어울려 웅위했다. 여기에 넓은 이마 밑의 날카로운 눈동자로 바라보기만 해도 두려움을 느낄 정도였다고 한다. 정중부의 이런 비범한 외모는 무신란 당시 65세라는 나이와 잘 조화되어 더욱 중후한 분위기를 풍겼을 것이다. 여러 무신들의 중심인물로 주시의 대상이 되었을 법하다.

의종 18년에 대장군이었던 정중부는 의종 24년 무신란이 일어날 때까지 그대로 대장군에 머물러 있었다. 6년여 동안 진급이 없었던 것이다. 이는 한가닥 의문으로 남는다. 아마 의종 재위 후반기에 들어, 국왕이 문신들과 외유생활에 치중하면서 무신들을 소외시킨 결과가 아닌가 한다. 그렇다면 이 점은 정중부가 무신정변에 뛰어든 중요한 동기로 작용했을 수 있다.

정변 과정에서 정중부의 행동을 보면 이고나 이의방처럼 성급하지 않고 의외로 침착한 면을 보인다. 이런 그의 행동은 정변이 성공한 후에도 무척 신중한 대응으로 나타났다. 주동집단이 권력을 독점하는 데도 별다른 저항을 보이지 않았다. 이고나 채원이 제거되는 권력투쟁에도 정중부는 전혀 개입하지 않았다. 오히려 자신에게 화가 미칠까 은 인자중했던 것이다.

정중부의 이런 행동은 힘의 열세 때문이기도 했지만 그의 침착하고 신중한 태도와도 무관하지 않았다. 조용히 엎드려 기회를 엿보면서 바람이 지나가기만을 기다렸던 것인데, 이런 그가 이의방을 제거하고 정권을 잡은 것이다.

득세하는 온건집단

이의방을 제거한 정중부는 그 직후, 1174년(명종 4) 12월에 있었던 인사에서 드디어 문하시중(수상)에 오른다. 이때의 인사발령을 보면 다음과 같다.

6인의 인사발령 내용이 사서에 언급되어 있는데, 송유인을 제외하고는 모두 무신란 당시 온건집단에 섰던 인물들이다. 송유인은 무신란

성명	인사발령 내용
정중부	문하시중(종1품)
양 숙	참지정사(종2품)
경 진	지문하성사(종2품)
기탁성	지추밀원사(종2품)
송유인	추밀원부사(정3품)
이광정	추밀원부사·어사대부(정3품)

에 참여하지도 않았으니 온건집단에 들 수 없는 사람이다. 하지만 그렇다고 해서 송유인을 정중부와 무관한 사람으로 보는 것은 잘못이다.

송유인은 난의 참화를 피하기 위해 본래의 부인을 버리고 정중부의 사위가 되었던 사람으로, 정중부의 측근 중의 최측근이었다. 결국 이 인사발령은 온건집단을 비롯한 정중부 일파가 정부의 요직을 장악한 것이라 할 수 있다.

그런데 온건집단이 정부의 요직을 장악하기는 했지만, 중요한 것은 군대에 대한 장악이었다. 위의 인사발령을 통해서도 볼 수 있듯이 무관직을 겸하고 있는 인물은 하나도 없다. 이것은 정중부 정권의 가장 큰 약점이었다.

사실 온건집단의 인물들은 대부분 무관의 고위직을 이미 역임했고, 무신란 직후에 이미 문관직으로 전환한 상태였다. 따라서 정중부가 정권을 잡았다고 새삼스럽게 무관직을 맡을 만한 여건이 아니었던 것이다. 게다가 나이로 보더라도 상대적으로 연로한 인물들이 많았기 때문에 명예로운 문관직을 차지하여 승진하는 것에 연연해하는, 보수성을 띨 수밖에 없었다.

정중부가 수상직에 오른 1년 후인 1175년(명종 5), 그의 나이 70세였으니 이제 벼슬을 그만둘 나이였다. 이것을 치사致仕라고 하는데, 지금으로 말하면 정년과 같은 것으로 통상 70세가 적용되었다. 이의방을 제거하고 수상직에 오른 정중부가 1년 만에 물러나야 한다면 조금은 억울했을 것이다.

정중부는 정년을 피하기 위해 얄팍한 계책 하나를 동원했다. 왕으로부터 궤장, 즉 안석과 지팡이를 하사받았던 것이다. 궤장을 하사받으면 70이 넘어도 치사하지 않는다는 한漢의 고사를 빙자한 것이었다.

이것마저 슬며시 예관을 부추겨서 강제로 이루어낸 것이었다. 이에 모든 관리들이 그의 사저에 나아가 축하했고, 정중부는 실질적인 제 1인자의 위상을 차지했다.

그런데 한 가지 재미있는 사실은 이런 정중부의 행동이 강력한 집권자로 비추어지는 것이 아니라 오히려 그 반대로 보인다는 점이다. 그가 정말로 강력한 최고의 통치자였다면 정년이나 나이가 무슨 문제가 되었겠는가. 문하시중이라는 수상직도 연연해할 필요가 없었다.

기존의 질서에 구애받지 않고 권력을 행사할 수 있어야 진정한 통치자라고 부를 수 있지 않을까. 정년이나 관직에 연연했다면 그의 권력은 기존의 정치 질서에 의탁한 것일 수밖에 없다. 집권을 위한 자생력이 부족했다고 말할 수 있다. 정중부의 이런 면은 권력 기반이 취약했음을 보여주는 한편, 기존의 질서를 가능하면 온존하려는 보수적인 성향도 드러내는 것이다. 이의방 정권과 확연히 다른 점이기도 했다.

더구나 70이 다 된 나이에 권력을 잡은 정중부에게 큰 변화를 기대한다는 것은 힘들었다. 65세라는 나이에 정변에 뛰어들었다는 것 자체가 대단한 모험이었을 것이다. 그래서 정중부 정권에서는 아들 정균과 사위 송유인에게 많은 권력이 모아졌다. 하지만 이 두 사람은 무신란에서 아무런 공이 없었다는 정치적 한계가 있었다.

이의방을 마지막으로 이제 주동집단의 핵심은 모두 제거되었다. 남은 것은 새롭게 권력을 잡은 온건집단과 과격했던 행동집단이었다. 군대에 대한 통제력이 미흡한 온건집단과 과격한 행동집단, 이 두 정치세력 간의 역학관계는 정중부 정권의 향방을 결정짓는 문제였다. 정중부 정권이 이런 행동집단을 견제할 목적으로 추진했던 것이 이미 시해당한 의종을 복권시키는 것이었다.

의종 복권에 담긴 정치적 의도

정중부가 집권한 후 맨 먼저 했던 정치적 작업은 전왕 의종에 대한 상사를 발표한 것이었다. 의종이 죽은 지 1년 7개월 만인 1175년(명종 5) 5월의 일로, 일종의 국상이 선포된 셈이다.

의종은 이의민에게 경주에서 무참하게 시해당한 후 왕실이나 정권 차원에서 그 어떤 사후조치도 받지 못했다. 그 시신이나마 수습되었는지 알 수 없는 일이었다. 국왕으로서의 정통성을 인정하지 않겠다는 이의방 정권의 고의적인 방치였던 것이다.

그런데 정중부가 의종의 국상을 갑작스레 선언한 것은 두 가지 중요한 정치적 의도를 담고 있었다. 하나는 아직까지 진압되지 않고 있는 조위총의 난에 대한 대응으로서다. 또 하나는 앞선 이의방 정권에 대한 비판과 극복을 위한 것이었다. 이 두 가지가 서로 밀접하게 관련되어 있음은 물론이다. 조위총은 이의방 정권에 반발하여 난을 일으켰기 때문에 이의방 정권을 비판, 극복한다는 것은 조위총의 난에 대한 하나의 대처일 수 있었던 것이다. 조위총의 난을 의식한 국상 발표는 난의 명분을 없애자는 의도가 깔려 있었다. 조위총이 처음 난을 일으킬 때, 이의방 정권이 왕을 시해하고도 장사를 치르지 않았다는 점을 들어 난의 명분으로 삼았기 때문이다.

정중부는 이의방을 제거하고 정권을 잡자마자 국왕 명종을 종용하여 조위총의 난을 효유하는 조서를 내리도록 했다. 조서를 가지고 조위총의 군진에 파견된 인물은 유응규였다. 이때가 1175년 1월의 일이다. 이의방을 제거했으니 다시 국왕에 충성하라는, 즉 항복하는 것이 어떻겠느냐는 내용의 조서였다.

조위총은 이 조서를 받고 즉시 항복의 뜻을 밝히면서 표문까지 지어 유응규에게 쥐어 보냈다. 그러나 곧바로 후회하여 유응규를 뒤쫓았으나 놓치고 말았다.

이 일이 있은 지 며칠 후, 조위총은 자신의 부장 서준명徐俊明을 개경에 보내 이의방 제거를 축하한다는 사신을 보내온 적도 있었다. 새로 들어선 정중부 정권에 대한 화친의 신호라고 해석할 수도 있는데, 이 서준명은 억류당하고 말았다.

조위총과 정중부 정권과의 이러한 일련의 줄다리기는 재미있는 현상으로 여러 가지로 해석할 수 있다. 가장 확실한 것은 이의방이 제거되고 정중부 정권이 들어선 후, 조위총의 무리들이 난의 진퇴를 놓고 흔들리고 있었다는 증거가 아닐까 싶다.

1175년 5월, 이런 상황에서 전왕 의종의 국상을 발표한 것은 정중부 정권이 조위총의 무리에게 보내는 마지막이자 가장 의미 있는 정치적 메시지였던 것이다. 조위총이 스스로 항복해올 수 있는 명분을 제공하고, 이를 거부했을 때는 가차 없이 진압하겠다는 뜻이었다. 그러나 조위총은 이의방 정권에 이어 정중부 정권과도 맞서는 길을 택했다. 조위총이 항복해왔을지라도 정중부는 그를 살려두지 않았겠지만.

조위총의 반군 세력은 이후 기세가 한풀 꺾여 관군과의 전면전을 피하고 국지적인 교란작전으로 나아갔다. 관군과 국지적인 일전일퇴를 거듭하던 조위총의 반군은 1175년 9월, 봉황두 전투에서 3천여 명이나 전사하는 참패를 당해 재기할 수 없는 치명타를 입었다.

이런 밀고 밀리는 전란의 와중에서 조위총은, 1175년(명종 5) 6월과 7월 그리고 10월, 세 차례나 금나라에 접근했다. 자비령 이북의 40여 성을 들어 금나라에 내속하겠다는 것이었다. 즉 북계·지역 전체를 금나라에 바치고 투항하겠다는 것이었는데, 금나라에서 들어주지 않아 무위로 끝났다. 관군과의 무력 싸움에서는 계속 밀리고, 새로 들어선 정중부 정권과의 명분 싸움에서도 우위를 확보하지 못한 조위총으로서는 마지막 선택이었던 것이다.

결국 1176년(명종 6) 6월, 서경이 함락되고 조위총과 그 측근 인물 10여 명이 사로잡히면서 2년 가까이 끌던 조위총의 난은 일단 진압되었다. 서경을 함락시킨 윤인첨과 두경승은 같은 해 7월 11일, 참수당한 조위총의 머리를 함에 넣고 그 처자와 포로 100여 명을 끌고 개선했다. 윤인첨은 이 공로로 추충정난광국공신이라는 공신호를 제수받았지만 같은 해 12월 공신의 지위를 제대로 누려보지도 못한 채 67세로 죽었다.

서경의 반군 세력은 조위총의 죽음으로 일단 끝난 듯했지만 그 잔여 세력은 이후에도 계속 정중부 정권을 괴롭혔다. 이들이 완전히 소탕된 것은 1179년(명종 9) 무렵이 되어서야 가능했다.

정중부 정권이 전왕 의종의 국상을 선언한 데는 이의방 정권에 대한 비판과 국면 전환을 위한 포석도 깔려 있었다. 이전 정권과의 차별성을 부각시킬 필요가 있었던 것이다. 이러한 정치적 요구에 가장 잘 부합되는 것이 시해당한 전왕의 국상을 치르는 일이었다.

조위총과의 싸움에서 우위를 차지하고 자신감을 얻게 된 정중부 정권은 국상 발표 직전인 1175년 4월, 국왕 명종으로 하여금 조서를 반포하도록 했다.

무신정변에서 조위총의 난에 이르기까지 무고한 살상과 전란을 반성하고 인심을 화합하여 새로운 사회를 만들어가자는 내용이었다. 여기에서 빠질 수 없는 내용이 정치 기강의 문란과 혼란상을 나열하여 이의방 정권을 비난하는 것이었음은 물론이다.

　이런 국왕의 조서가 인심을 추스르고 정중부 정권의 정당성을 확보해가는 데 얼마나 효력이 있었는지는 모르겠지만, 일단 시의적절한 것이었음은 분명해 보인다. 다만 국왕 명종으로서는 자신의 치세 기간을 자신의 조서로써 비판하는 모순을 드러내었으니 개운치 못한 일이었다. 실권이 없는 국왕으로서는 어쩔 수 없는 일이었겠지만.

　조서 반포에 이어 정중부는 1175년(명종 5) 5월 국상을 선언한다. 며칠 후 모든 관리들에게 사흘 동안 검은 갓에 흰옷으로 상복을 입도록 했다. 복상 기간이 끝난 후, 내시 10명에게 명하여 출상하는 데 장사를 호행하도록 했다. 그 능을 희릉禧陵, 시호를 장효莊孝, 묘호를 의종毅宗이라고 했다. 그리하여 의종은 죽은 지 1년 7개월 만에 고려 국왕으로서 정통성을 부여받고 복권되었던 것이다.

　복상 기간 3일, 내시 10명만이 장사 호행. 이는 그야말로 간소하기 이를 데 없는 약식 국상이었다. 국상을 선언한 지 6일 만에 장사를 마친 셈이니 국상이랄 것도 없었다. 성대하게 국상을 치르기에는 뭔가 주저되는 정치 기류가 감지되었던 것일까.

　이의방 정권을 비판하고 국면을 전환하는 데는 전왕의 국상을 치르는 일보다 더 효과적인 방법이 없었다. 일거에 정치·사회 분위기를 일신할 수 있는 획기적인 이벤트가 될 수도 있었다. 하지만 그 이면에는 그 일 자체로 너무나 중대한 정치적 의미가 있고, 매우 민감한 사안이기도 했다.

　국상은 전왕에 대한 복권을 의미했다. 전왕에 대한 복권은 이의방 정권에 대한 비판을 넘어 무신정변 자체를 부정하는 꼴이 될 수도 있었다. 정중부 정권에게도 자승자박하는 결과를 가져올 수도 있는 것이다. 그러니 국상은 극약처방과도 같은 조치였다. 막상 성대하게 국상을 치르기에는 정치적 부담이 적지 않았을 것임에 분명하다.

정중부의 집권으로 이의방 정권은 무너졌지만, 무신란에서 행동집단에 들었던 인물들은 도처에 산재하고 있었다. 이들은 전왕의 국상을 환영할 수 없었다. 더구나 이의방의 밀명을 받아 전왕을 직접 시해했던 이의민과 박존위도 건재하고 있었다.

국상 당시 이의민과 박존위는 조위총의 난을 진압하는 군진에 나가 있었다. 국상 소식을 들은 이들이 어떤 대응으로 나올지 문제이겠지만, 정중부 정권의 국상 선언은 행동집단의 무리들에게 자신들에 대한 반격의 신호로 받아들여질 소지가 많았다고 할 수 있다. 우연의 일치인지는 몰라도, 박존위는 국상 직후 운주(평북 운산)에서 그곳 주민들에게 살해당하고 말았다. 박존위의 피살 소식을 들은 이의민은 초조했을 것이다.

또 하나의 위기, 망이·망소이의 난

난의 배경

조위총의 난을 채 진압하지 못한 정중부 정권이 안정을 찾을 수는 없었다. 그런데 여기에 망이·망소이의 난이 겹치게 되었다.

망이亡伊·망소이亡所伊의 난은 1176년(명종 6) 정월에 일어나, 이들이 사로잡히는 이듬해 7월까지 1년 반 동안 계속되었다. 이 난이 일어난 곳은 공주의 명학소였다. 망이와 망소이 형제는 그곳에 사는 주민이었다. 명학소는 유성에서 동쪽으로 10리쯤 되는 곳이었다고 하니까, 지금의 대전광역시 안에 위치했던 것으로 생각된다.

망이·망소이는 자칭 산행병마사라 하면서 무리를 끌어모아 봉기했다. 그리고 봉기한 지 불과 며칠 만에 공주를 공격하여 단숨에 함락시켰다. 공주는 명학소에서 가장 가까운 군현으로 12개 현을 예속하에 둔, 지방관청 소재지였다. 명학소 역시 이 공주의 예속하에 있었다. 아마 그 예속 상태 아래에서 쌓였던 사회·경제적 불만이 공주의 공격으로 나타났을 것이다.

명학소의 주민만 가지고는 공주를 점령할 정도의 큰 세력을 형성하기 어려웠을 것이다. 그렇다면 망이 형제의 세력에는 명학소의 주민뿐아니라 공주의 예속하에 있던 인근 속현의 주민이 대거 참여했다고 보는 것이 옳다.

공주의 예속하에 있던 12개 군현 가운데 망이 세력이 공주를 함락시킨 1176년 정월 무렵까지 감무가 파견된 현은 7개 현으로, 이들은 이미 속현 지위에서 벗어난 상태였다. 하지만 나머지 5개 현은 여전히 속현 상태에 머물러 있었는데, 이들 5개 속현의 주민이 망이 세력에 합류했다고 보인다. 그래서 망이 형제의 세력은 최소한 수천 명은 되었을 테고, 예상밖으로 쉬웠던 공주 함락은 이런 연합 세력에 힘입은 바 컸던 것이다.

명학소의 망이·망소이 세력에 인근 속현의 주민이 함께 참여한 이유는 그 속현의 지위에서 벗어나기 위한 것이었다. 그러니까 명학소의 주민이나 인근 속현의 주민들은 공통적인 이해관계가 있었던 것이다.

속현과 감무 파견에 대해서는 앞장에서 간략히 언급한 바 있지만, 여기서 망이·망소이의 난의 배경과 관련시켜 좀 더 살피고 넘어갈 필요가 있다.

고려시대 전국의 군현 수는 총 500여 개인데, 이 가운데 지방관이 파견된 군현은 100여 개에 불과했다. 지방관이 파견되지 않은 나머지 400개 가까이 되는 속현은 지방관이 주재하고 있는 인근의 주현을 통해 중앙과 연결될 수밖에 없었다. 그래서 주현과 속현은 상하 예속관계가 형성되고 속현의 주민은 조세, 공납, 역의 분담 등 경제·사회적 측면에서부터, 그리고 주현까지 왕래해야 하는 폐단 등 교통·지리적 측면에 이르기까지 불이익이나 차별대우를 받아왔다. 향·소·부곡과 같은 특별행정구역은 이러한 속현보다도 한 단계 더 낮은, 최말단의 지방행정구역이라고 생각하면 된다.

명학소의 소所라는 것은 향·소·부곡의 소를 말하는 것으로 지방의 특수행정구역이었다. 향·소·부곡은 집단적인 천민 거주 지역으로 보고, 그 발생 기원도 전쟁포로의 집단적 수용 지역이나, 반역 등 중대한 범죄를 저질러 강등된 지역으로 보아왔다. 하지만 최근에 이들 지역의 주민이 천민이 아니라는 주장도 점차 제기되고 있다. 다만 이러한 특수행정구역은 지방행정조직의 말단에 위치하여 인근 주현의 지배를 받아 사회·경제적으로 예속 상태에 있었다는 것은 인정되고 있다.

이런 향·소·부곡이나 속현의 주민들은 자신들의 불이익을 개선하기 위해 중앙정부에 지방관의 파견을 요구하곤 했다. 어떤 때는 권력자에게 뇌물을 쓰면서까지 지방관의 파견을 요구할 정도였으니, 그 현실적인 불이익이 컸던 모양이다.

지방관이 파견되면 주현으로부터 당연히 독립할 수 있게 되고, 아울러 이것은 행정구역의 승격을 의미한다. 그런데 지방관을 파견하려면 관리들이 상주하고 행정 사무를 수행할 치소로서 지방관청이 마땅히 설치되어야만 한다. 여기에 들어가는 유지비용이 만만치 않아 잘못했다간 속된 말로 배보다 배꼽이 더 커버리는 경우가 올 수 있다. 감무는 이럴 때 파견되는 임시방편적인 지방관인 것이다.

고려시대 이러한 감무의 파견은 1172년부터 1176년 사이, 즉 이의방 집권기에 집중적으로 이루어졌다. 앞장에서 살핀 바 있지만, 1172년(명종 2) 6월, 이의방 정권은 53곳이나 되는 속현에 대대적으로 감무를 파견했고, 이어서 정중부가 집권하면서 10여 곳에 추가로 파견했다. 그래서 그 5년 사이에 모두 66곳의 속현에 감무가 파견되었는데, 이것은 고려 전 기간에 파견된 250곳의 4분의 1이 넘는 수이다.

하지만 무인정권 초기 이렇게 집중적으로 파견된 감무는 지방민의 고충을 해결하기 위한 제도 개혁적인 측면에서 이루어진 것이 아니라, 정권유지 차원의 정치적 고려에서 이루어졌다는 데 문제가 있었다. 여기에 감무가 파견되지 않은 속현 지역의 주민들이 자극을 받을 수밖에 없었던 것이다.

진압 실패와 명학소의 승격

망이 세력에 의해 공주가 함락당하자 개경 정부는 우선 회유책을 썼다. 공주가 함락된 지 5일 후 문·무반 각 1인으로 구성된 선유사를 공주로 급파하여 회유토록 한 것이다. 그러나 망이 세력은 이 회유에 응하지 않았다.

개경 정부가 회유책을 먼저 생각한 것은 조위총의 난이 아직 진압되지 않고 있었기 때문이다. 이 무렵 조위총의 세력은 많이 위축되어 있긴 했지만, 아직도 서경에 포진한 채 윤인첨과 두경승의 진압군에 저항하고 있었다.

이런 마당에 다시 군사를 일으켜 공주의 망이 세력을 친다는 것은 현명한 계책이 못 되었다. 개경을 중심으로 남과 북에서 동시에 군사 작전을 전개해야 하는 부담이 크기 때문이었다. 아울러 그럴만한 여력도 없었던 것이다. 다행히 망이의 세력은 정권의 타도를 외치는 정치적 변란이 아니라는 점도, 먼저 회유로 접근할 수 있는 여유를 갖도록 했다.

망이·망소이 세력이 회유에 불응하자 그 10여 일 후, 1176년 2월 장사 3천 명으로 편성된 토벌대를 출발시켰다. 토벌군 사령관으로는 대장군 정황재丁黃載, 부사령관으로는 장군 장박인張博仁이 임명되었다. 하지만 이 진압군은 망이 세력에 참패하고 말았다. 진압군이 참패를 당한 것은 망이 세력이 의외로 강한 탓도 있었지만, 진압군 내부에도 문제가 많았기 때문이다. 우선 진압에 동원된 장사 3천 명이 임기응변식으로 급조된 군대였다는 점을 들 수 있다.

조위총의 난을 진압하는 데 상비군 대부분이 동원된 상태였고, 이로 인해 개경에 잔류하고 있는 상비군도 빈약할 수밖에 없었다. 게다가 정권 안보와 유지를 위해 최소한의 군대는 개경에 확보해두어야만 했기 때문에 상비군을 모조리 쓸어다 진압군에 투입할 수도 없는 노릇이었다. 이러한 상황에서 망이 세력을 진압하기 위해 동원된 3천 명의 병력이 제대로 훈련을 받은 상비군일 수는 없었다. 이러한 진압부대가 반군 세력과 맞서 적극적으로 싸웠을 리 없으니, 진압군의 참패는 어쩌면 당연한 결과였다.

별다른 묘책이 없는 가운데 시간만 흘러갔다. 그러던 1176년 6월, 망이의 고향인 명학소를 충순현으로 승격한다는 결정이 갑자기 내려졌다. 아울러 현령을 임명하는 조치도 뒤따랐다. 소를 현으로 승격하는 데 그치지 않고 현령까지 임명한 것은 충순현이 속현이 아닌 주현으로 승격되는 것을 의미한다. 망이 세력이 개경 정부에 무엇을 요구했는지는 모르지만 이 정도면 파격적인 회유조치라고 할 수 있다. 하지만 이것으로 망이 세력이 해산할지는 알 수 없는 일이었다. 문제는 그 실천 여부였다.

현으로 승격되고 지방관이 상주하려면 인구와 토지, 농업 생산력, 재정 상태 등 여러 조건이 충족되어야만 가능한 일이다. 명학소가 충순현으로 승격되었다고 해서 당장 이러한 조건들이 갖추어졌을 것 같지는 않다. 이렇게 보면 현으로의 승격은 명실상부한 실천을 전제로 한 것이 아니라는 것을 알 수 있다.

그렇다면 정중부 정권은 왜 실천 가능성도 별로 없는 결정을 내렸을까. 여기에는 다른 정치적 의도가 있었다. 그것은 망이 세력을 물리적으로 진압하기 어려운 상황에서 일단 반란의 확대를 막고 시간을 벌기 위한 것이었다. 이것은 선택의 여지가 없는 불가피하고 임시방편적인 대처였다.

정중부 정권은 이의방 정권으로부터 조위총의 난을 그대로 떠안고 출발했다. 여기에다 남방에서는 토착 세력들이 중앙관리들과 연계되어 반란을 모의하다가 들통나 많은 사람이 피해를 보는 사건이 일어났다. 1175년(명종 5) 8월의 일이었다. 또한 이 사건은 완전히 꺼지지 않고 같은 해 11월 재현되어 중앙정계를 계속 술렁이게 했다.

정권 내부에도 문제가 많았다. 집권한 온건집단과 행동집단 간의 부조화로 대립 갈등의 조짐이 점차 커지고 있었다. 여기에 망이·망소이의 난이 일어나자 정중부 정권은 엎친 데 덮친 격이었다. 내우외환에 시달리고 있었던 것이다.

게다가 난이 일어나자 곧바로 군대를 동원하여 진압에 나섰지만 실패하고 말았다. 진압에 실패한 직후 정중부는 자신이 맡고 있던 수상직을 그만두려고 해임을 자청할 정도였다. 그의 해임 자청은 이후에도 자주 써먹은 수법으로 그 정치적 의도가 의심스러운 것이지만, 어쨌든 급박한 심정을 짐작케 해준다. 명학소를 충순현으로 승격시킨다는 결정은 이러한 진퇴양난의 어려움 속에서 내려진 일종의 고육지책이었다.

손청 세력의 등장과 재진압

망이·망소이의 반군 세력은 충순현으로 승격시켜준다는 정부의 소식을 듣고 어떤 반응을 보였을까. 웬일인지 그 후 3개월 동안 아무런 움직임도 사서에 기록돼 있지 않다. 소강 상태에 접어들었던 모양이다. 어쩌면 정부의 회유책을 놓고 해산할 것인가, 말 것인가 고민에 빠졌는지도 모르겠다.

그러던 1176년(명종 6) 9월, 정중부 정권은 선유사를 보내 남적을 다시 회유했다는 기록이 나온다. 그런데 이 남방의 도적은 망이 세력을 가리키는 말이 아니었다. 또 다른 세력이었다. 이 남방의 도적은 회유에 불응하고 엿새 후 예산현을 공격하여 함락시켰으며, 그곳의 감무를 살해했다. 예산은 천안의 속현으로 있다가 무신란 이전에 감무가 파견되었던 곳이다.

예산을 점령하고 감무까지 살해한 남방의 도적은 손청孫淸이 이끄는 세력이었다. 손청은 예산의 토착 세력이었는데 망이·망소이와는 별도로 반군 세력을 이끌고 있었다. 그들은 어떻게 등장했으며 망이·망소이 세력과 어떤 관계가 있을까. 이에 대한 사료는 엉성하지만 상상력을 조금 허용해준다면 다음과 같은 설명을 해볼 수 있다.

망이 세력이 공주를 점령하자 1176년 2월 정부에서는 3천 병력으로 토벌을 시도한 바 있었다. 이때 병력을 공주까지 움직이는 데 육로가 아닌 해로를 이용했다. 당시는 정비되지 않은 육로보다는 수로나 해로가 교통이나 수송에 훨씬 편리했다. 세곡미 운송을 위한 조운과 조창

제도는 수로와 해로를 이용한 운송 방법으로 그 점을 잘 보여주는 것이다.

개경에서 해로로 공주에 이르는 길은 육로를 이용하는 것보다 우선 거리를 단축시킬 수도 있었다. 즉 예성강 하구에서 출발하여 강화도를 지나 경기만을 따라 내려오면 곧바로 아산만에 이른다. 아산만에서 지금의 삽교천을 따라 거슬러 올라가면 바로 예산이 나온다. 예산에서 공주까지는 30여 킬로미터 정도로 육로를 이용하면 된다. 바로 이 예산은 공주를 장악하고 있는 망이의 반군 세력을 진압하는 데 적격의 위치였던 것이다.

그런데 문제는 그 예산이 해로를 통해 내려온 정부 진압군의 기착지였고, 나아가서는 주둔지 역할까지 했다는 점이다. 이 과정에서 그곳 주민들에 대한 진압군의 착취나 행패, 재산 약탈 등이 자행되었던 것이다.

이럴 때 지방의 말단 수령(감무)으로서는 진압군의 행패를 제지하는 데 역부족일 수밖에 없다. 오히려 농민의 입장에 반하는 진압군의 탄압과 착취에 일조하기 쉽다. 어쩌면 진압군은 그 지역 주민들을 망이의 세력과 한통속으로 묶어 살인이나 방화 등 약탈 행위를 더욱 가혹하게 자행했을 가능성도 많다. 게다가 그 진압군들이 강제로 징발되어 불만이 많은 군대라고 생각할 때 그런 일은 상상하기 어렵지 않다. 이런 일이야 우리 역사 속에서 다반사가 아니었는가. 항상 진압군의 만행은 난을 확대하는 데 큰 역할을 했었으니까.

해당 지역 주민의 원망과 저주를 산 진압군이 망이의 반군 세력을 패배시킬 수는 없었을 것이다. 승리는 당연히 망이 세력에게 돌아갔고, 여기에는 진압군에 피해를 본 예산 지역 주민들의 참여나 협조가

■ 망이·망소이의 난 관련 지도: 1차 봉기

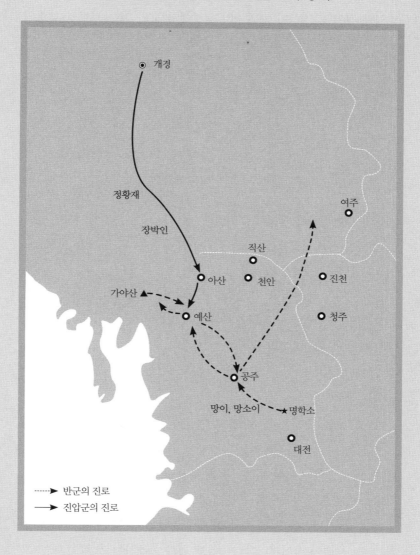

개경

정황재

장박인

직산

아산   천안

진천

가야산

예산

청주

공주

망이, 망소이   명학소

대전

-----▶ 반군의 진로
───▶ 진압군의 진로

여주

크게 작용했다. 예산 지역의 주민과 망이의 반군 세력은 하나가 될 수 있었던 것이다. 정부나 진압군의 입장에서 보면 이들 모두가 남방의 도적이라는 하나의 무리로 보였을 법하다.

명학소를 충순현으로 승격시켜준다는 소식을 들은 반군 세력은 망설이게 되었다. 여기서 해산을 해야 할지, 아니면 계속 밀어붙여야 할지 기로에 섰던 것이다. 이런 파격적인 조치는 자신들의 요구를 충분히 수용한 것으로, 해산을 한다 해도 별 불만은 없을 듯했다. 하지만 문제는 그리 단순치 않았다.

망이의 반군 세력에는 명학소나 공주 부근의 속현 주민뿐 아니라, 예산의 주민들까지 참여하고 있었다. 전자는 처음부터 참여하여 공주를 점령한 세력이었고, 후자는 진압군이 출동한 뒤 참여한 세력으로 미묘한 입장의 차이가 있었다.

전자는 감무 파견이나 주현으로 승격되면 만족할 수 있었지만, 후자는 아니었다. 진압군의 착취와 행패에 분노하여 반군 세력에 가담했던 예산의 주민들은 망이의 세력이 현으로의 승격에 만족하는 데 동조할 수 없었던 것이다. 이 무렵 손청이 예산 지역의 반군을 대표하는 중심인물로 부상하였다.

1176년 9월, 손청은 독자적으로 예산을 점령하고 감무를 살해해 망이 세력이 정부와 화해하려는 움직임에 반발했다. 같은 해 11월, 손청은 예산 부근의 가야산에 본거지를 두고 스스로 병마사라 칭했다. 이것으로 손청은 독자노선을 선언한 셈이다.

반면 망이 세력은 정부 측과 화해하고 난을 종결지을 뜻을 드러냈다. 손청 세력이 떨어져나간 후, 정부 측과 화해하는 것은 이제 별 문제가 없었다. 시간이 흐를수록 반군의 분위기는 더욱 화해와 해산 쪽으로 기울었고 결속력도 약화되고 있었다.

그런데 정중부 정권의 생각은 조금 달랐다. 망이 세력이 설사 항복하고 해산한다 해도 가야산에 웅거하고 있는 손청 세력이 문제였다. 군사적 대응을 준비하지 않을 수 없었던 것이다.

1176년 12월, 개경 정부는 다시 진압군을 편성했다. 이때 편성된 진압군은 손청 세력뿐 아니라 망이 세력까지 염두에 둔 편성이었다. 그리하여 대장군 정세유鄭世猷와 이부李夫를 처치병마사로 삼아 좌·우도로 나누어 가서 치게 했다. 이 진압군은 개경 근교의 개국사 앞에서 한 달 이상이나 훈련을 받은 후 출발했다는 점도 예사롭지 않았다. 좌도병마사 정세유는 망이의 세력을, 우도병마사 이부는 손청의 세력을 목표로 한 것이었다.

진압군이 다시 편성되었다는 소식을 접한 망이의 세력은 다급해졌다. 정부와 화해하고 해산하자는 쪽으로 분위기는 이미 기울고 있었지만 막상 토벌을 위한 진압군이 편성되었다는 소식을 들으니 당황하지 않을 수 없었다. 아무런 사후 대비 없이 해산했다가 어떤 탄압이나 위협이 가해질지 예측할 수 없었다. 하지만 느슨해진 세력을 다시 수습하여 진압군과 항전을 한다는 것도 쉬운 일이 아니었다.

망이 형제는 화해 쪽을 택했다. 1177년(명종 7) 정월, 망이 형제는 반군 세력을 그대로 남겨놓고 개경으로 향했다. 정부 측과 화해와 협상을 위한 것이었지만 항복으로 보일 수도 있었다.

망이 쪽에서는 애초의 약속을 실천하고 반군들에 대해 보복하지 말 것을 촉구했다. 정부 쪽에서는 조속한 해산을 요구했을 법하다. 양자의 화해가 잘 되었는지 망이 형제에게는 약간의 곡식까지 하사되었다. 그리고 감찰어사로 하여금 망이와 망소이를 고향으로 압송하도록 했다.

개경까지 제 발로 들어온 망이 형제를 잡아두거나 혹은 처형해버리지 못한 이유는 반군 세력이 흩어지지 않고 개경의 상황을 지켜보고 있었기 때문이다. 반군 세력은 망이 형제가 개경으로 들어갈 때, 일부 흩어져 귀가한 무리들도 있었지만, 대강 두 그룹으로 나뉘어 세력이 유지되고 있었다.

하나는 공주 인근에 머물면서 망이 형제를 기다리는 세력, 또 하나는 망이 형제를 따라 계속 북상한 세력이었다. 북상하던 세력은 진압군이 남하해온다는 기별을 접하고 진압군을 피해 북상을 일단 멈추었다. 아마 지금의 경기도 남부 지역 정도에서 머물렀던 것으로 보인다.

망이·망소이 형제와 화해한 개경 정부는 충순현으로의 승격과 지방관의 파견이라는 애초의 약속을 형식적이나마 지켰다. 그런데 남하해온 진압군이 또 다른 문제를 일으켰다. 이들 진압군은 공주 부근에 머무르고 있던 망이의 일부 세력을, 이미 화해가 이루어진 상태였음에도 불구하고 무리하게 토벌했다. 게다가 망이의 어머니와 아내를 인질로 잡아 가두어버렸다.

2차 봉기

망이 형제가 개경에 들어가 협상하고 돌아온 지 40여 일 후인 1177년 (명종 7) 2월 초, 망이 형제는 다시 일어섰다. 제2차 봉기였다.

망이 형제는 공주 부근에 흩어져 있던 반군 세력을 수습하여 예산으로 향했다. 먼저 예산으로 방향을 정한 것은 가야산에 있는 손청 세력과 연합해보려는 의도에서였다. 하지만 일은 마음처럼 쉽지 않았다. 벌써 예산 방면에는 우도병마사로 남하해온 이부의 진압군이 장악하고 있었기 때문이다.

우도병마사 이부는 앞서 진압군들이 예산 지역 주민들에게 저질렀던 행패나 탐학을 막기 위해 무척 애를 썼다. 군사를 엄정하게 통솔하는 한편, 주둔지를 고을에서 멀리 떨어진 가야산의 가야사 부근으로 정했다. 민가에 대한 약탈을 미연에 막기 위한 것이기도 했고, 가야산의 손청 세력을 견제하는 데 가장 좋은 위치이기도 했기 때문이다.

손청 세력과 연합하는 것이 쉽지 않다고 판단한 망이 형제는 우선 가야사의 진압군 본거지를 침공해 들어갔다. 하지만 이 공격은 실패하여 큰 타격을 주지 못했다. 이제 최선의 선택은 경기도 남부 지역에 머무르고 있는 자신의 본래 세력과 합류하는 길이었다. 망이 세력은 가야산을 뒤로하고 천안 쪽을 향해 북상해갔다.

한편 경기 남부 지역에 머무르고 있던 망이의 일부 세력은 정부와의 화해가 깨진 것을 알고 벌써 움직이고 있었다. 이들은 같은 해 2월 중순경 이광李光의 지휘하에 독자적으로 황려현(경기 여주)을 치고 진주(충북 진천)를 공격해 들어갔다. 북상하는 망이 세력과 합류하기 위해 남하하면서 파상적으로 공격했던 것이다. 여기 이광이라는 인물은 정체를 잘 모르겠는데, 아마 망이 형제가 개경으로 들어갈 때 새로운 지도자로 부상한 사람으로 생각된다.

이광 세력이 남하하면서 파상적으로 펼쳤던 공격이 얼마나 성공했는지는 모르지만, 지금의 경기 남부 일대와 충북 북부 일대로 반군의 세력을 확대시키는 데는 큰 효과를 거두고 있었다. 정부 측에서는 이를 우려하여 다시 양익경梁翼京이라는 자를 좌도병마사로 임명하여 새로이 남하시켰다.

그리고 먼저 좌도병마사로 진압군을 이끌고 내려왔던 정세유를 남적처치병마사로 고쳐 임명하여 청주를 고수하도록 하고 좌·우도병마사를 통제 지휘하도록 했다. 청주는 목사가 주재하는 양광도(충청도)의 거점 도시로, 이곳이 함락되면 중부권 전체가 적의 수중으로 떨어질 수 있었다.

망이 세력이 계속 북상하는 와중에 가야산의 손청과 그 핵심 세력은 사로잡혀 참수당하고 말았다. 우도병마사 이부가 이끄는 진압군의 급습을 받아 참패를 당한 것이다. 1177년 2월 말로, 2차 봉기가 시작된 지 20일도 안 된 시점이었다. 이 기별을 받은 망이 형제는 아쉽지만 계속 북상할 수밖에 없었다. 그럴수록 떨어져 있는 북쪽의 이광 세력과 합류를 서둘러야만 했다.

북상을 계속하던 망이 세력은 천안을 지나서 직산에 있는 홍경원弘慶院을 침략해 들어갔다. 1173년 3월 초의 일이다. 남하해오는 이광 세력과 아직 합류하지 않은 상태에서 공략을 시도한 것은, 이곳 홍경원이 호남과 영남의 갈림길로 사람의 왕래가 잦은 요충지였기 때문이다.

홍경원은 고려 현종 때 국왕의 명령으로 세운, 200여 간에 달하는 거대한 사찰로 넓은 들판의 한가운데 자리잡고 있다. 그 서쪽에는 80간의 객관을 지어 지나가는 행인들에게 편의를 제공했었다. 망이 형제는 아마 이곳을 거점으로 하여 이광 세력과 합류한 다음 세력을 재정비할 계산이었던 것 같다.

망이 세력은 홍경원을 점령하는 데 그치지 않고 절을 불태웠으며 살고 있던 승려 10여 명을 주살했다. 홍경원은 처음 지을 때부터 노동력이나 필요한 물자를 국가에서 전혀 조달해주지 않고 인근 백성들의 희생에 의존했다. 게다가 인종 때 이자겸이 이곳을 중수한 적이 있었는데, 역시 인근 주현의 장정들을 강제 징발하여 그 폐해가 매우 컸다.

따라서 인근 백성들에게 많은 원성을 샀던 곳이었다. 망이 세력이 홍경원을 불태워버리고 승려까지 주살한 데는 그때의 원성이 남아 있던 탓이었다.

홍경원을 점령한 망이 형제는 그곳 주지승을 협박하여 자신의 서신을 가지고 개경으로 가도록 했다. 그 서신 내용은 이런 것이었다.

> 우리 고을을 현으로 승격시켜주고 수령을 보내 위무하게 하고는, 다시 군사를 동원하여 토벌하는 이유는 무엇인가? 더구나 나의 어머니와 아내를 잡아 가두었으니 그 의도는 또 무엇인가? 차라리 칼날 아래 죽을지언정 항복하는 포로는 결코 되지 않을 것이다. 반드시 군사를 몰고 왕경에 이르고야 말 것이다(《고려사절요》 12 명종 7년 3월 조).

짧은 문장에 단호한 의지가 담겨 있는 글이다. 개경까지 이르고 말겠다는 의지의 표명에서 이제는 신분해방이나 경제·사회적 불평등을 벗어나겠다는 정도가 아니라, 개경 정부의 타도를 염두에 두고 있었음을 알 수 있다.

홍경원을 장악한 지 일주일 후, 반군 세력의 향방을 결정시켜줄 중요한 사태가 일어났다. 진주(진천)를 치고 남하하던 이광 세력이 좌도병마사 양익경이 이끄는 진압군에 의해 궤멸되고 말았던 것이다. 이광과 중심인물 10여 명은 포로가 되었다. 겨우 도망쳐 나온 패잔병으로부터 이 소식을 접한 망이 형제는 망연자실했다.

홍경원을 거점으로 이광 세력과 합세한 후 전열을 가다듬고 개경으로 향하려던 망이의 생각은 이제 그대로 밀고 나가기가 곤란하게 되었

■ 망이·망소이의 난 관련 지도: 2차 봉기

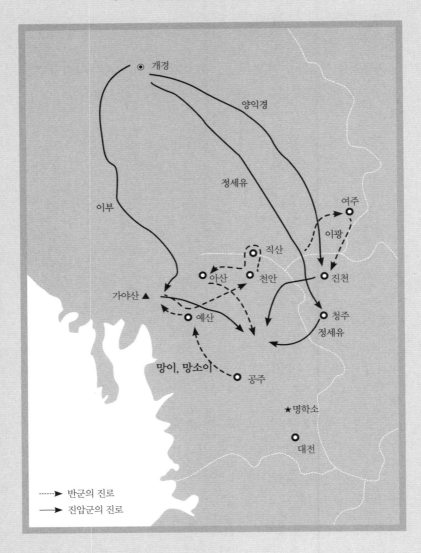

다. 전력상 차질이 빚어졌을 뿐 아니라, 좌도병마사 양익경의 진압군에 의해 북상하는 길도 여의치 않게 되었기 때문이다. 다시 한번 기로에 서서 선택을 해야 했다. 그래도 북상할 것인가, 아니면 그만둘 것인가, 이것이 문제였다.

북상을 포기한다 해도 홍경원에 그대로 머물러 있을 수는 없었다. 청주를 새로운 목표로 하여 진격해갈 수도 있었지만 그 길도 쉬운 일이 아니었다. 청주에는 남적처치병마사 정세유가 이끄는 진압군이 포진하고 있을 뿐 아니라, 좌도병마사 양익경이 또한 남하해오고 있었기 때문이다. 진퇴양난이었다.

망이 형제는 하는 수 없이 북상하던 길을 되밟아 다시 남하해가기로 작정했다. 그 길이 가장 안전했기 때문이다. 홍경원에서 다시 출발하여 바로 아래의 천안을 공략하고, 계속 남하하여 아주(충남 아산)를 함락시켰다. 1177년 4월 초였다. 다시 남하해오는 길은 거칠 것이 없었다.

이로써 청주를 제외한 청주 관내 대부분의 군현을 장악하는 데 성공했다. 지금의 충청남도 공주의 북쪽 지방 정도를 장악한 것이다. 그러니까 그 세력 범위가 얼마나 컸던가를 알 수 있다.

망이·망소이의 항복

아산을 점령한 망이 세력은 다시 공주로 향했다. 예산 쪽으로 가지 않은 이유는 그곳에 좌도병마사 이부가 이끄는 진압군이 주둔하고 있었기 때문이다. 공주를 향해 남하하던 망이 형제는 또 한 차례 실망스런 소식을 들었다. 정부에서 조서를 내려 충순현을 삭제했다는 소식이었다. 명학소를 현으로 승격한 조치를 취소한다는 뜻이니 원상복귀를 의미했다. 1177년 5월 중순경의 일이다.

정부의 충순현 삭제조치가 내려진 지 한 달 후, 갑자기 망이 형제는 개경에 사람을 보내 항복을 요청했다. 그 한 달 동안 사서에는 망이 세력의 동정에 대해 어떤 기록도 나타나 있지 않다. 그리고 다시 한 달 남짓 지난 후, 그러니까 1177년 7월 말경, 망이 형제는 병마사 정세유에게 사로잡혀 청주의 감옥에 갇히고 만다. 아마 이때 반군 세력 전체가 궤멸당하지 않았나 싶다.

이상한 일이었다. 아산을 점령할 때만 해도 승승장구하던 망이의 세력이 그 3개월 후에 궤멸해버린 것이다. 충순현을 삭제한다는 조치가 반군 세력의 동향에 어떤 타격을 주었을까. 그것은 아닌 듯 싶다. 충순현 삭제조치는 진압군이 반군 세력을 진압할 자신감이 섰기 때문에 내려진 결정이었다. 진압군이 반대로 어려운 국면이었다면 반군 세력을 자극할 그런 조치를 내릴 이유가 없기 때문이다.

그렇다면 진압군이 자신감을 갖게 된 배경이 궁금해진다. 다시 말해 망이 세력이 갑자기 어려운 국면에 처하게 된 이유가 무엇인가 하는 점이다. 망이 세력의 패인은 직산의 홍경원에서 북상을 계속하지 않고 남하했다는 데 근본적인 이유가 있었다. 당시 남하하는 남쪽 방향에는 예산 부근의 우도병마사 이부의 진압군과, 청주에 본영을 두고 있는 처치병마사 정세유의 진압군이 양쪽에서 포진하고 있었다. 천안·아산을 거쳐 공주 방향으로 남하하던 망이 세력은 진압군의 중앙을 향하여 스스로 들어온 격이었다. 게다가 새로이 파견된 좌도병마사 양익경의 진압군은 남하하는 망이 세력을 배후에서 추격해오는 형국이었다. 그러니 시간이 흐를수록 스스로 포위망에 갇히면서 세 방향의 협공을 당할 수밖에 없었던 것이다.

대세를 뒤집을 만한 뾰쪽한 수가 없는 상황에서 어찌할 수 없었다. 망이 형제가 갑자기 항복을 요청한 이유는 거기에 있었다. 진압군 측에서는 그 제안을 받아들일 필요가 없었다. 그런 가운데 일부는 투항하고, 일부는 도망치거나 해산하고. 그리고 일부는 끝까지 싸우다 전사하고. 망이 형제도 이런 절박한 상황에서 사로잡히고 말았다.

청주 감옥에 갇힌 망이·망소이는 병마사 정세유의 승첩 보고 후, 개경으로 압송되지 않고 청주 감옥에서 참수당했다. 망이 형제에 대해서는 알려진 바가 전혀 없다. 그들의 신분이나 조상, 명학소라는 특별행정구역에 살게 된 배경 등 궁금한 문제가 한두 가지 아니지만 사서에는 아무런 언급이 없다.

전통 왕조시대 대부분의 민란 지도자들이 그렇듯이 그 개인적인 사항이 전혀 기록에 남아 있지 않다. 평민 이하의 신분일 경우, 이름이나마 전하는 것은 그나마 다행이랄까. 이름 몇 자라도 사서에 남겨준 지배층의 아량에 오히려 고마워해야 할지 모르겠다. 망이와 망소이가 형제간이라는 것도 사서에는 없는 추측일 뿐이다.

민란시대의 개막

망이·망소이의 난이 1년 반 동안이나 계속된 것은 정말 놀랄 만한 일이었다. 전왕을 다시 세우겠다고 일어난 김보당의 난도 불과 2개월 만에 끝난 것을 감안하면 더욱 그렇다.

명학소라는 말단 촌락민들이 주동이 된 반란치고는 그 세력이 상상외로 엄청났다. 시작되자마자 공주를 점령한 그 폭발력은 한 가닥 의문으로 남지만 이런 망이 세력의 폭발적인 확대에는 그럴만한 이유가 있었다.

먼저, 망이 세력이 가는 곳마다 그곳 지방 농민의 대대적인 지지를 받았다는 점이다. 각 지방의 농민들이 망이 세력에 지지를 보낸 것은 여러 가지 이유가 있었겠지만, 지방관의 탐학과 착취가 가장 중요한 영향을 미쳤다. 전통 왕조시대 지방관의 탐학이나 착취는 어느 시대의 민란에서나 약방의 감초 격으로 등장한다. 하지만 각 시대마다 지방관의 탐학이나 착취를 가능하게 하는 정치·사회적인 배경은 각각 달랐다.

망이·망소이의 난이 일어난 무인집권 초기의 지방관의 탐학이나 착취는 무인들을 대거 지방관으로 발탁한 데 원인이 있었다. 무신란 이전에는 문관만이 맡을 수 있었던 지방관을 무신란 후 대거 무인들로 교체했었다. 이런 갑작스런 무인의 지방관 임용은 자격 미달의 지방관을 양산하게 되고, 지방 농민에 대한 탐학과 착취를 불러왔다.

그런데 무인들이라고 모두 자질이 부족하여 특별히 탐학과 착취를 일삼으라는 법은 없다. 여기에는 당시의 시대적 분위기가 보다 더 중요하게 작용했다. 지방관으로 발탁된 무인들은 대부분 무신란에서 일정한 기여가 있었던 자들이었다.

무인들이 지방관으로 부임하면서 어떤 생각을 했을까. 한마디로 자신들의 세상이 왔다고 생각했을 법하다. 전체적으로 사회 기강이 문란해졌다고 할 수 있다. 이러한 시대 분위기 속에서 지방관으로 나간 무인들이 탐학이나 착취를 일삼는 것은 어쩌면 당연한 일이었는지도 모른다.

다음으로, 망이 세력의 확대에는 지방의 군인들이 많이 참여한 탓도 컸다. 이 점은 사서에 언급된 것이 없어 추측에 불과하지만 그럴만한 개연성은 충분하다. 고려시대 각 지방에는 그 지역 출신으로 구성된 주현군이라는 지방군이 있었다. 이들은 평시에는 생업에 종사하고 유사시에는 군에 동원되는, 지금의 향토예비군과 성격이 비슷하다. 이런 주현군들이 망이·망소이의 세력에 호응했을 가능성이 많은 것이다.

무신란의 원인으로 말단 군인들의 사회·경제적 불만을 거론한 바 있다. 군인들의 사회·경제적 불만은 중앙군이나 지방군을 막론하고 마찬가지였다. 하지만 무신란에 참여하여 기여했던 군인들은 주로 중앙군이었다. 지방에 있는 군인들이야 무신란에 참여하고 싶어도 불가능했을 테니까. 그래서 무신란 후 그 공으로 혜택을 받은 군인들도 역시 중앙군이 대부분이었다. 이로 인해 지방의 군인들은 무신란이라는 정치적 격동기에도 자신들의 처지를 전혀 개선시키지 못했던 것이다.

지방 군인들의 반란 참여는 망이·망소이의 난보다는 그 이후의 반란에서 더욱 두드러지게 나타난다. 직접 지방의 군인들이 주동이 된 난도 적지 않았다. 이런 지방의 군인들은 군대조직이나 그들이 소유한 무기를 이용하여 쉽게 난을 주도할 수 있었고, 난의 세력을 확대하고 전투력을 고양시키는 데 결정적인 역할을 한 것이다.

마지막으로, 망이·망소이의 난에서 짚고 넘어가야할 사항이 하나 더 있다. 그것은 이 난이 정중부 정권의 잘못이나 무인정권의 폐단만으로 일어난 것은 아니라는 점이다.

고려사회는 무신란이 일어나기 반세기 전인 12세기 초 예종 대부터 큰 변화의 조짐들이 나타나고 있었다. 특히 향촌사회의 변화는 심상치 않은 것이었는데, 대대적인 유민의 발생이 그것이다. 유민이 발생하고 있었다는 것은 당시 향촌사회가 큰 변동을 겪고 있었다는 증거가 되기도 한다. 향촌사회의 변동은 당연히 기층 농민들이 주축이 된 것으로, 이것은 농업 생산력의 변화에 의한 것이었다.

12세기 무렵 고려사회는 새로운 경지가 광범하게 개간되고 있었다. 지금처럼 인구 밀도가 높지 않아 비경작지가 국토의 태반이었다. 이런 모든 땅들이 개간의 대상이었고, 이 시기 유민의 발생은 이런 곳을 찾아 개간하기 위한 농민의 이동이었다. 감무라는 임시 지방관은 이때부터 파견되기 시작했는데, 그러한 유민을 안집安集시키는 것이 주 목적이었다.

이후 나타나기 시작하는 지방관의 착취나 탐학은, 이 시기 새로운 경지의 확대로 인한 농업 생산량의 증대와 관련이 깊다고 본다. 거칠게 표현해서, 착취할 만한 여지가 있었기 때문에 착취나 탐학이 가능하지 않았을까 싶다. 여기에 무신란과 무인정권의 성립은 지방관의 착취나 탐학을 급속히 확대시켰던 것이다.

망이·망소이의 난 이후 농민 반란은 전국적으로 일어나 무인집권 기간 내내 산발적으로 계속된다. 이러한 민란시대의 개막은 무신란 이전부터 진행되던 향촌사회의 사회·경제적 변화가 반영된 것이고, 무신란은 그 방아쇠 구실을 한 것뿐이었다. 망이·망소이의 난은 그 첫 번째 대규모 폭발이었다.

80년대에 민중사학民衆史學이 크게 대두한 적이 있었다. 그 민중이라는 개념이나 범위를 놓고 논란이 있기도 했지만, 당시 한국사회에 대한 변혁의 논리로서 등장한 것으로 기억된다. 그 내용의 핵심은 민중이 역사 발전의 주체이고 그런 방향으로 우리 역사가 연구되어야 한다는 것이었다. 그래서 그 주체 세력의 운동으로서 농민과 천민의 난이 크게 부각되었다.

역사의 주체는 진정 민중이고, 그 민중에 의해서만 역사가 변화되는

■ 무인집권기 농민·천민의 항쟁 지역

★청주(1172)
★의주(1176)
★운주(1174)
★구주(1177)
청주(1172)
★위주(1177)
★맹주(1174)
★가주(1177)
★연주(1177)
★서경(1174)
★성주(1172)
★철원(1162)
★개경(1198)
★명주(1199)
★원주(1257)
★진위현(1217)
★태백산(1203)
★부성(1282)
★가야산(1176)
★충주(1232)
★명학소(1170)
★안동(1186)
★관성(1182)
★동경(1190, 1202)
★미륵산(1177)
★합주
★운문
★조전(1193)
★전주(1182)
(1200)
(1193)
★남원(1200)
★밀성(1200)
★담양(1239)
★진주(1186)

것일까? 민중을 대강 피지배층이라고 볼 때, 피지배층이 역사의 주체인가 하는 문제이다. 지배층에 대한 역사적 불신에서 그런 문제가 나왔다면 조금은 이해할 수 있지만, 학술적으로 규명하려 들자면 간단치 않은 문제이다. 역사 변화가 어느 일방의 힘으로만 이루어지는 것은 도저히 아니기 때문이다.

역사란 상호작용이라고 생각한다. 인간과 인간이 만들어낸 모든 것과의 상호작용이다. 인간과, 자연환경·사회·문화·사상·제도·예술품 등 온갖 것과의 상호작용이다. 가령 사상사는 인간이 사상의 형성에 어떻게 영향을 주고, 인간이 만든 그 사상은 다시 인간에게 어떤 영향을 미치는가를 연구하는 것이다. 일방통행식의 작용이 아니고 상호작용이다. 역사는 또한 인간 개개인의 상호작용이고, 인간과 집단, 집단과 집단 사이의 상호작용이기도 하다. 주로 정치사나 사회사가 그런 분야를 다루는데, 인간과 사회의 관계에서 드러난다. 인간이 사회를 만들지만, 인간이 만든 그 사회 속에서 인간은 형성된다.

지배층과 피지배층과의 관계도 마찬가지다. 지배층이 주체가 되어 피지배층에게 일방적인 영향만을 줄 수 없듯이, 피지배층 역시 일방적인 주체일 수는 없는 것이다. 무인집권시대 수많은 민란을 대할 때도 마찬가지다. 그것은 피지배층이 이 시기 역사의 주체로 등장했다고 해석하기보다는, 그 상호작용이 조금 더 활발해졌다고 보는 것이 균형에 맞는 일이다.

하극상, 그치지 않는 반란의 징후들

장교도 아닌 군졸도 아닌, 기두

온건집단은 무신정변에서 그 역할이 크지 않았다. 특히 행동집단의 눈에는 이 온건집단의 대두가 불만스러운 것이었다. 특별한 공도 없이 논공행상의 대열에 편승하고 이제는 정권까지 장악했으니 말이다.

반면 온건집단은 행동집단의 과격한 폭력이나 무절제한 욕망을 매우 못마땅하게 여기고 있었다. 정변 과정에서의 무차별 살상이나 이의방 정권하에서의 득세가 그랬다. 정권은 바야흐로 온건집단이 차지했지만 이제는 행동집단이 이들의 득세를 못마땅하게 여기고 있었던 것이다.

고려시대에 기두旗頭라는 정체불명의 군인들이 있었다. 이 기두가 그런 행동집단에 드는 부류였다. 기두는 그 용어로 보아 군인의 계급이 아니라 직무와 관련된 것으로 보이는데, 요즘 군대의 향도와 같은 존재로 생각된다. 계급은 지금의 하사관 정도에 해당되지 않을까 싶다. 그러니까 장교급인 무신과 일반 군졸 사이의 어중간한 군인층이라고 할 수 있겠다.

1176년(명종 6) 8월, 장군 김광영金光英이라는 자가 말을 타고 길을 가고 있었다. 이때 우연히 맞은편에서 오던 한 기두가 김광영을 보고도 절을 하지 않았다. 기두가 장군을 보고도 인사를 하지 않았으니 철저한 계급집단에서 좀체 보기 힘든 일임에 분명하다. 김광영은 괘씸하게 생각하여 이 기두를 가구소街衢所에 가두어버렸다. 가구소는 지금의 파출소나 경찰서쯤으로 생각된다.

그러자 어느새 소식을 들었는지 이 기두의 무리들이 떼를 지어 몰려와 감금된 기두를 마음대로 풀어주고 말았다. 이에 그치지 않고 무리들은 김광영의 집으로 몰려가 행패를 부렸다. 김광영은 창을 빼들고 엄포를 놓았지만 무리들의 분노는 그치지 않았다. 아무리 하급자들이라도 집단으로 대드는 데는 두렵지 않을 수 없었다. 김광영은 장군의 체면도 생각할 겨를 없이 담을 넘어 달아나고 말았다. 그러자 이들 무리들은 집 안으로 달려들어 쑥대밭을 만들어버리고 그제야 물러났다.

이 사건은 단순한 해프닝 같지만 중요한 정치적 의미가 담긴 사건으로 보인다. 일종의 하극상이라고 할 수 있다. 사건의 주인공인 김광영은 무신란에서 정중부의 편에 섰던 자였다. 이때 계급이 장군(정4품)인 것으로 보아 그는 무신란 당시에는 하급장교나 그 이하였을 것이다. 그 후 정중부가 집권하면서 김광영은 정중부 정권의 중요 인물로 부상했다. 군대에 몸담고 있는 측근이 부족한 정중부로서는 이런 김광영에게 후원과 총애를 아끼지 않았다. 그러니 길에서 만난 하급자를 인사를 하지 않는다고 감금까지 할 수 있었던 것이다.

반면 행패를 부린 기두의 무리들은 말단 군졸들로서 무신란에 목숨을 걸고 가담했을 것이다. 무신란이 성공한 후 이들은 장교와 군졸 사이의 직제인 기두 등으로 승진할 수 있었다. 하지만 그것은 자신들이 했던 일만큼의 충분한 보상은 아니었다.

그러나 이의방이 제거되고 정중부가 집권하면서 차츰 나아지리라 기대했던 보상에 대한 바람은 더욱 요원하게 되었다. 더구나 새롭게 정권을 장악한 온건집단에서는 이들 행동집단을 보는 시선마저 곱지 않았다. 마침내 정중부 정권에 대한 행동집단의 불만이 그 측근인 김광영을 대상으로 폭발했던 것이다.

1178년(명종 8) 7월에는 기두로 있는 녹상祿尙이라는 자가 정중부에게 밀고하기를, "대장군 장박인張博仁과 그 무리들이 실직배를 모아 밤을 틈타 공의 집을 습격할 것이다"라고 했다. 정중부는 이 밀고를 믿고 장박인을 잡아들이도록 했다.

대장군 장박인은 정중부의 측근 인물로 망이·망소이의 난 때 진압군의 부사령관으로 출동하여 참패했던 자이다. 아마 그 일 이후 정중부와 조금 소원해진 듯하다. 이런 점에서 보면 이들이 밀고의 내용과 같이 모의를 했을 개연성은 충분히 있다. 하지만 구체적인 증거가 없어 일단 감옥에 가둬두고 그 처리를 어떻게 할까 고심하고 있었다. 그런데 그 사이 또 한 차례의 밀고가 들어왔다.

이번에도 역시 어떤 기두의 밀고였다. 80여 명의 기두들이 술집에 모여 장박인 등을 감옥에서 빼내려고 기도한다는 것이었다. 이를 밀고한 기두는 앞서 장박인을 밀고한 기두 녹상과는 반대편에 섰던 자로 보인다. 이 사건 역시 조사를 해보았지만 사실 여부를 가리지 못하고 증거가 없어 결말을 보지 못했다.

하지만 감옥에 있는 장박인 등이 전후의 밀고 사건에서 중요한 핵심에 자리 잡고 있다는 혐의는 충분했다. 정중부는 주저하지 않고 장박인을 섬으로 유배 보내고 나머지 종사자들은 남방으로 내쳐 일을 급히 마무리지었다.

무고 사건이 연달아 일어나 어수선한 상황에서, 역시 기두로 있는 강실康實이라는 자가 또 밀고를 했다. 추밀원에 있는 최충렬이 장박인과 같은 무리로 정중부를 살해하려고 모의한다는 것이었다. 최충렬은 이의방 정권 때부터 상장군으로 있으면서 조위총의 난을 진압할 때 윤인첨의 부장으로 참여한 자였다.

그런데 이상한 일이었다. 1178년 7월 한 달 사이에 연거푸 세 차례나 밀고가 들어온 것이다. 그것도 모두 기두라는 군인들에 의해서 말이다. 이들이 정중부 측근의 고위급 무신들을 밀고하고, 밀고당한 무신을 추종하고, 다시 또 밀고하는 복잡한 분열과 대립의 양상을 드러내고 있었다. 정중부가 집권한 후 기두들이 사건의 중심에서 정국을 회오리로 몰아넣고 있는 것이다.

여기에 의미를 부여하여 해석하려면 어지러운 추측이 난무할 가능성이 많다. 가장 편하게 해석하면, 기두라는 말단 최하급의 무장들이 정중부 정권에 품고 있는 불만의 표출이거나 정중부 정권을 음해하려는 것으로 볼 수 있다.

이런 과정에서 기두들이 단결하지 못하고, 사회 기강의 문란에 편승하여 각자 자신들의 불만이나 사감을 드러낸 것이 아니었을까 싶다. 이는 무신란에서 행동집단에 섰던 기두들이 정중부 집권기에 안정을 찾지 못하고 동요하고 있었다는 증거일 것이다.

정권에 대한 도전

1176년(명종 6) 8월, 장군 김광영이 기두들에게 행패를 당한 며칠 후 상비군에 속한 여러 군인들이 익명으로 도성 곳곳에 방을 붙였다. 정중부와 그의 아들 정균, 그리고 사위 송유인이 정권을 제멋대로 휘두르며 방자하니 군사를 일으켜 이들을 제거하자는 내용이었다. 이런 선동의 배경에는 망이·망소이의 난에 대한 진압군의 징발 문제가 관련되어 있었다.

도성에 남아 있던 군인들이 정중부 일족을 제거하자는 선동은 반란의 진압에 내몰리게 된 군인들의 소행이었다. 이들은 난이 일어난 근원도 정중부와 그 일족들의 횡포와 방자함에 있다고 하며 이 일족을 먼저 제거하고 난을 진압하는 것이 옳다고 선동했다.

선동에 앞장선 군인들은 무신란에서 행동집단에 섰던 자들이기도 했다. 이들 말단 군인들은 각자 나름대로 무신란에서 일조를 했고 무신란이 성공한 후에는 그런 자부심으로 기세등등해 있었다. 이의방 정권까지만 해도 말단 군인이라는 계급 때문에 크게 중용되지는 못했다 해도 천대받지는 않았다.

그러나 정중부 정권이 들어선 후에는 승진은 고사하고 천덕꾸러기 같은 귀찮은 존재로 전락했다. 동족상잔의 반란 진압이나 자신들을 내쫓고 있는 것은 더 이상 설명이 필요 없는 명확한 증거였다. 승승장구 승진을 해도 시원찮을 판인데 찬밥 신세를 면치 못하니, 정중부 정권에 대한 앙심이 클 수밖에 없었을 것이다.

도성 곳곳에 그런 살벌한 방이 붙자 정균은 놀라서 면직되기를 원하고 두문불출했다. 길을 가다 혹시 이들 군인의 무리라도 마주치는 날

이면 어떤 변을 당할지 예측할 수 없었기 때문이다. 게다가 정균은 정중부의 아들이라는 이유로 정권의 핵심을 차지했으니 그 오만함 때문에 표적이 되기 쉬웠다.

정중부와 송유인도 안심할 수 없기는 마찬가지였다. 이들도 외출을 삼가고 몸조심에 들어갔다. 하지만 반항 세력에 대해 이렇게 무기력하게 대응한다는 것은 오히려 그들의 저항을 부채질하는 꼴이 될 뿐이었다. 겁먹고 있다는 허약성을 그대로 보여주었으니까. 언제 군인들이 봉기하여 정면으로 정중부 정권의 타도를 외칠지 알 수 없었다.

1176년 9월, 정중부 정권에 대한 정면 도전이 일어났다. 이의방을 추종하는 장교들이 이의방의 원수를 갚겠다며 일을 벌인 것이다. 장군 이영령李永齡, 별장 고득시高得時, 대정 돈장敦章 등이 그들이었다. 이들은 이의방의 측근 인물이라는 것 외에 개인적인 사항은 알려진 바가 없다. 무신란에서 행동집단에 섰던 군인들로서 이의방에 의해 발탁된 자들이라고 보인다. 특히 이영령은 이의방의 문객이었던 자로 거사의 우두머리였다.

이의방이 제거된 후에도 이들이 살아남을 수 있었던 것을 보면 이의방 정권의 중요한 핵심 측근은 아니었던 모양이다. 그러니까 이의방 정권의 주변부 인물쯤으로 볼 수 있다.

이영령 등이 이의방의 원수를 갚겠다며 난을 일으킨 것은 하나의 구실에 지나지 않았다. 그들이 진정 원수 갚기를 원했다면 이의방이 제거된 직후 일을 벌였어야 옳기 때문이다. 이의방이 제거된 지 2년 가까이 지난 지금에야 그 원수를 갚겠다고 일을 벌인 것은 아무래도 설득력이 부족하다.

이영령 등 장교들이 난을 일으킨 것은 정중부 정권에 대한 불만, 즉 온건집단이 정권을 잡으면서 자신들이 권력에서 소외되었다는 데 있었다. 이들은 무신란에서 이의방 편에 섰던 관계로 정중부 정권에서는 환영받을 수 없었다. 때문에 행동반경이 좁아지고 시간이 흐를수록 위축되었다. 그러다가 하급무인들이 산발적으로 저항하고 정중부 정권이 여기에 무기력하게 대응하자 그동안의 불만을 행동으로 옮긴 것이다.

이들의 거사는 무모한 것이었다. 치밀한 사전 준비도 없었으며 동조세력을 조직적으로 규합하여 시도한 것도 아니었다. 그러니 성공을 기대하기란 어려운 일이었다. 결국 구체적으로 행동에 옮기기도 전에 일이 누설되고, 곧바로 중방에서는 이들 주동자들을 잡아다가 먼 섬에 귀양 보냈다.

중방에서 이들을 귀양 보내는 데 그친 것은 뜻밖의 미온적인 대처였다. 정권에 정면으로 도전한 거사치고는 사후처리가 너무 미약했다고나 할까. 강력하게 대처할 수 없었던 정중부 정권의 내부 사정이 있었다. 그것은 행동집단과 정면으로 대치하는 것을 부담스러워했던 온건집단의 조심성 때문이었다.

임시직 무관들의 준동

1177년(명종 7) 4월, 중방에서는 "동북 양계의 주·진의 판관은 무관으로 임명하는 것을 허락하지 않는다"는 결정을 내렸다. 이 논의를 주도한 사람은 중방에 참여하고 있던 대장군 홍중방이었다. 홍중방에 대해서는 뒤에 자세히 살펴볼 것이다.

중방의 이런 결정은 이의방 정권의 정책을 정면으로 뒤집는 것이었다. 1173년(명종 3) 10월, 당시 이의방 정권은 전국 모든 군현으로부터 말단의 관館, 역驛에 이르기까지 모두 무신을 임용하도록 했었다. 그랬던 것을 정중부가 집권하면서 양계 주·진의 판관(7품)만큼은 무관의 진출을 강력히 저지하여 원래 고려의 법제대로 복구시켰던 것이다.

주·진의 판관은 무관으로 임명하는 것을 허락하지 않는다는 중방의 결정이 있은 지 며칠 후, 하급무신들이 이 조치에 집단적으로 저항하고 나섰다. 무신의 검교장군檢校將軍 이하 산원동정散員同正 이상이 모여 문신의 권무관權務官 자리를 빼앗아 자신들이 차지하고자 모의한 것이다.

본직의 앞이나 혹은 뒤에 검교나 동정이라는 글자를 덧붙여 표시하는 검교직이나 동정직은 실직이 아닌 산직散職으로, 직임이 없는 일종의 허직이다. 이런 산직체계를 따로 운영한 목적은 많은 인원을 관직체계에 수용할 필요성 때문이었다. 일정하게 제한된 관직 수와 관리 정원의 한계를 보완하기 위한 수단이었다고 할 수 있다. 그래서 전쟁에 참여하여 공훈을 세웠다든지, 정변에 뛰어들어 정권을 탄생시켰다든지, 아니면 반란 진압에 공로를 세웠다든지 등 다수에 대한 논공행상이 필요할 때 이런 산직은 유효적절하게 활용되었다.

모의에 참여한 장군 이하 산원 이상의 임시직 무신들은 무신정변에 참여한 대가로 이런 산직을 제수받은 자들이었다. 이들이 실직이 아니라 산직을 제수받은 것은 그 대상자가 워낙 많았던 탓이었다. 익명의 집단으로 언급된 점도 이와 관계있을 것인데, 이들 익명의 무신들은 무신정변에서 다수의 행동집단에 섰던 군인들이었다.

이들 무신들은 산직이 아닌 실직을 고대했다. 이들이 실직으로 나아가려면 전통적으로 문신의 자리였던 지방관직으로 진출하는 방법이 제일 쉬웠다. 이의방 정권 아래서는 그에 상응하는 조치들이 발표되어 기대해볼 만도 했다. 하지만 정중부 정권이 들어서면서 이것은 더 이상 기대하기 어렵게 되었다.

양계 주진의 판관에는 무관을 임명치 않는다는 중방의 조치는 그런 불안이 현실로 나타난 것이었다. 이에 장군 이하 산원 이상의 산직을 제수받은 무신들은 문신의 권무관 자리를 차지하기 위해 집단행동에 들어간 것이다.

권무관은 글자 그대로 임시적인 직무를 맡은 관직을 말한다. 고려에서는 정직 소관 이외의 사무를 처리하기 위해 권무관을 따로 두고 있었다. 이러한 임시직이 곧 고정직으로 변하여 품관과 서리 사이의 중간 직제로 발전한 것이다. 그래서 권무관은 문반직으로 나아가는 징검다리와 같은 성격도 지녔다고 할 수 있다.

장군 이하의 산직을 제수받은 무신들이 이런 권무관을 자신들의 벼슬자리로 하겠다고 집단 모의를 한 것은, 결국 문반으로 진출할 수 있는 길을 모색하기 위한 것이었다. 무신들이 문반으로의 변신을 얼마나 열망하고 있었는가를 알려주는 것이기도 하지만, 보다 중요한 의미는 정중부 정권하에서 일반 무신들의 저항이 집단적이고 조직적이었다는 데 있다. 이 모의에 가담한 무신의 수가 얼마나 되었고, 그 세력이 어느 정도였는지는 모르지만 정중부 정권이 간단히 제압할 수 있는 상대가 아니었다.

무신들이 집단 모의를 하고 있다는 소식을 듣고도, 그리고 그 내용이 고려의 전통 관제를 부정하는 것이라는 점을 알면서도 대간에서는 아무 말도 하지 못했다. 권력의 핵심기관인 중방에서도 이들의 논의를 제지하지 못하기는 마찬가지였다. 오히려 중방은 무신들의 주장을 수용하려는 경향을 보였다. 여러 무신들의 집단적인 저항이 두려웠던 것이다. 오직 한 사람, 무신들의 요구를 정면으로 반박한 사람이 홍중방이었다.

홍중방은 무신란 이후 고려의 문무 관제가 이미 크게 훼손되었음을 말하고, 이제 다시 무신들이 문신의 권무관까지 차지하면 문무 양반의 전통 관제는 남아 있을 것이 없다고 하며 중방을 설득했다. 이로 인해 중방에서도 부정적인 쪽으로 의견이 기울었고, 여러 무신들의 요구도 일단 수그러들었다. 하지만 자신들의 요구가 저지당한 불만은 쉽게 가시지 않았다. 무엇보다도 홍중방이 그 불만의 표적이 되었다.

1177년(명종 7) 4월 어느 날, 홍중방이 퇴청하기 위해 대궐에서 나와 말을 타고 집으로 향하고 있었다. 하급무신들의 행패를 예측할 수 없는지라 말을 타고 다녔지만 등청과 퇴청의 길은 여전히 조심스러웠다. 그즈음 하급무신들의 심상치 않은 움직임에 어떻게 대처해야 할지 고민이기도 했다.

그 순간 갑자기 수십 명의 무사들이 나타나 길을 막고 나섰다. 순식간에 자신을 포위하고 온갖 욕설을 퍼부어댔다. 그대로 머뭇거리고 있다간 어떤 능욕을 당할지 모를 절박한 상황이었다. 홍중방은 말을 몰아 밀어붙이고 간신히 포위를 빠져나왔다. 한숨을 몰아쉰 홍중방은 집으로 가려다가 다시 대궐로 향했다. 집에 들어가도 안심할 수 없어 대궐 안의 중방으로 피신하겠다는 생각이었다.

도망치듯이 대궐로 들어온 홍중방은 중방에 남아 있던 몇몇 무장들에게 방금 맞닥뜨린 봉변을 설명하고 군사를 요청했다. 즉시 군사를 대궐 밖으로 보내 가담자 20여 명을 잡아들일 수 있었다. 그중 주모자급 4~5명은 묵형을 하여 먼 섬으로 귀양을 보내고 나머지 가담자 10여 명도 귀양을 보냈다. 하극상에 대한 응징치고는 소극적인 조치였다.

그런데 이 일이 있은 지 1년 후인 1178년(명종 8) 4월, 무신 산직자들에게 지방관직으로 나아갈 수 있는 길이 제한적이지만 열리게 되었다.

병부에서 무신 산직자들에게 전주(銓奏)로 시험하여 지방관에 보임하도록 했던 것이다. 전주는 국왕에게 올리는 문서의 한 형식인데, 지방관으로서 최소한의 자질만 갖추면 허용하겠다는 뜻이었다. 이 시험에 무신 산직자들이 얼마나 응시하고 통과되었는지는 모르겠지만, 그들에게 지방관으로 진출할 수 있는 길을 열어주기 위한 구실에 불과했다고 보인다.

전주로 시험을 거쳐 지방관으로 부임케 한 것은 무신 산직자들의 요구를 제한적으로 수용한 것이었다. 하지만 정중부 정권도 결국에는 무신들이 지방관으로 나아가는 것을 막지 못하고 허용할 수밖에 없었다는 점에서 의미가 더 컸다.

이것은 정중부 정권이 이의방 정권과는 달리 보수적이었다는 뜻과도 통한다. 그러나 그 보수정책마저 실패했다는 데 더욱 중요한 의미가 있다. 이 조치는 전통 문신귀족들의 반발을 샀고, 하급무신들에게는 자신들의 요구를 충분히 수용하지 못한다는 불만을 샀다.

전통 문신귀족들과 하급무신들, 이 양자의 요구를 모두 수용하려다 양자 모두 만족시키지 못한 것이다. 이를 달리 표현하면, 정중부 정권은 다수의 하급무신들의 지지를 받지도 못했고, 문신귀족들로부터도 외면을 당했다는 뜻이다. 이것은 정중부 정권이 붕괴되는 중요한 배경으로 작용한다.

하극상에 무력해진 중방

여기서 하급무신들의 요구를 번번이 저지했던 홍중방에 대해서 잠깐 살펴보고 넘어가자.

《고려사》 홍중방 열전에 의하면, 그는 성품이 매우 강직하여 아첨하지 않았다고 한다. 잘못이 있는 자는 면전에서 책망을 하여 국왕도 그를 중히 여겼고 여러 관리들도 그에게 신뢰감을 주었다고 한다.

홍중방은 무신란이 일어났을 때 중랑장(정5품)으로서 정중부의 온건 집단에 가담했었다. 정변이 성공한 후 그는 대장군(종3품)으로 특진되었는데, 의종을 시해하는 대신 폐위시키고 명종을 옹립하는 데 공을 세운 결과였다. 이는 의종의 시해를 반대한 정중부에게 큰 힘을 실어준 것으로, 이의방 정권 밑에서는 크게 두각을 나타내지 못한 이유이기도 했다.

그러나 정중부가 집권하고서도 홍중방은 대장군에 그대로 머물러 있었다. 그는 무신란 직후부터 명종 9년 무렵까지 약 9년 동안 대장군에 그대로 있었다. 그 덕분에 그는 대장군으로서 권력의 핵심기관인 중방에 참여할 수 있었다. 여기서 그는 중방의 정책을 주도하여 하급무신들의 무절제한 요구를 저지하는 악역을 맡은 것이다.

홍중방의 이런 정체된 진급은 한가닥 의문으로 남는다. 정중부의 측근이었던 그가 왜 그랬을까 하는 점이다. 이는 정중부와 사전 교감에 의해 이루어진 것으로 보인다. 즉 정중부는 측근 중에 고위급 무신이 부족한 점을 홍중방을 통해 만회하고, 더불어 중방에 대한 장악도 고려한 것으로 볼 수 있다.

하지만 홍중방이 중방을 장악하고 그것을 통해 정국을 주도하기에는 역부족이었다. 집권자 정중부의 후원도 큰 힘이 되지 못했다. 중방 자체가 무력해졌기 때문이다.

정중부가 집권하면서 중방의 위상이 약화된 것은 하급장교들의 반발 때문이었다. 이들 하급장교들은 대부분 행동집단에 섰던 자들이고, 정중부의 집권을 달갑게 여기지 않고 있었는데, 이것이 중방의 위상 약화로 나타난 것이다.

중방은 무신 최고계급인 상장군과 대장군의 회의체였다. 그 중방은 국방 문제보다는 왕실의 경호나 의장에 관계되는 친위군들의 최고회의 기관으로 의종의 왕권강화와 밀접한 관련이 있었음을 앞서 살핀 바 있다.

이의방이 정권을 잡으면서 이 중방은 최고의 권력기관으로 부상했다. 정권에 반대하는 인사들을 감시하고 색출하여 제거하는 것이 주 임무였다. 그래서 집권자는 중방을 장악하는 것이 필수였다.

정중부가 집권할 때에도 이런 중방의 정치적 기능이나 위상에는 변함이 없었다. 온건집단이 권력을 잡으면서 중방은 이들의 영향력 아래 놓이게 되었고, 권력유지의 핵심기관이다 보니 국가의 중요 정책에 관여하게 된 것도 당연했다. 그런데 중방에서 국가의 주요 정책을 결정하면 그 정책이 그대로 시행되지 못하거나 견제당하는 경우가 많았다. 《고려사》에는 이런 기록이 전한다.

중방에서 일을 결정하면 장군방에서 이를 저지하고, 장군방에서 의견을 내면 낭장방에서 이를 저지하니, 서로 모순되어 정책을 시행하려 해도 백성이 따를 바를 알지 못했다(《고려사》, 송저 열전).

장군들의 회의체가 장군방이고, 낭장들의 회의체가 낭장방이다. 그러니까 장군방이나 낭장방은 상장군과 대장군으로 구성되는 중방의 하급기관인 것이다. 그런데 이 중방의 결정을 하급기관인 장군방이나 낭장방에서 저지하여 상하의 위계질서가 무너지고 있었음을 위 기사는 전하고 있다. 이것 역시 하극상이었다.

정중부 정권의 가장 취약한 점은 하급무신들을 충분히 통제할 수 없었다는 데 있었다. 무신란에서 온건집단의 중심인물들은 거의 모두 문반직으로 옮겨 관료조직의 상층부를 장악하고 있었다. 하지만 무반직에 그대로 남아 있는 사람들은 별로 없었다. 이러한 권력 구조를 가지고는 정권의 안정감이 부족할 수밖에 없었다. 군부 쪽의 통제력이 약하기 때문이다. 이런 약점을 보완해주는 인물이 대장군 홍중방이었고 그 권력장치가 중방이었다.

그러나 대장군으로 남아 있는 홍중방이나 중방만 가지고는 군부 전체를 통제하는 데 한계가 있었다. 통수권이 하급무신이나 말단 군졸에까지 미칠 수 있어야 하는데 그렇지 못했기 때문이다. 하사관급인 기두들이나 하급무신들에 의한 하극상은 그 점을 보여주는 것이었다.

중방과는 별도로 장군방이나 낭장방, 심지어는 산원들의 회의체인 산원방, 교위들의 교위방 등이 난립한 것도 이것과 무관치 않았다. 중방에 참여하지 못한 하급무신들이 중방에 대항하기 위해 그런 기구를 만든 것이었다.

결국 중방은 하급무신들에 의해 무력한 상태에 빠져버렸다. 무력해진 중방은 무신란 이후 그나마 국정을 장악하던 것이 어렵게 되어 국가정책의 혼선으로 나타났다. 하급무신들이 문관직을 차지하겠다는 집단적인 움직임에 적극적으로 대처하지 못하고 마침내 그들의 요구를 수용할 수밖에 없었던 것은 그것을 잘 보여준다.

부패하는 정중부 정권

무고·모함

무인집권시대는 새롭게 출세한 사람들이 많았다. 새롭게 출세한 사람들이 많다는 것은 그 사회가 그만큼 심한 변동을 겪고 있었다는 증거이다. 고상하게 표현해서 사회적 계층 이동social mobility이 활발하게 일어나고 있다는 뜻이다. 산업화 이전의 전통 농경사회에서는 정치적 격변이 주로 그러한 기능을 수행했다.

극적으로 출세한 사람들이 어찌 이의방이나 정중부뿐이었겠는가. 무신란에 참여한 사람들 중에는 각자 선 자리에서 크든 작든 출세한 인물들이 수없이 많았으리라. 이들이 갑자기 변한 자신들의 사회적 지위를 가장 손쉽게 확인하는 방법은 권력의 남용을 통한 부정을 저지르거나 사리사욕을 채우는 것이었다. 권력이란 정도보다는 사도로 나아갈 때 더욱 그 힘을 과시할 수 있기 때문이다.

극적으로 출세한 사람과 그것을 통한 권력 남용이 많아지면, 당연히 이를 시기 질투하는 사람들도 늘어날 수밖에 없다. 이들은 권력의 획득이나 남용에서 소외된 사람들로서 사회적 신분 상승에 편승하지 못하고 뒤처진 사람들이다. 무고나 모함, 음해는 이들에 의해 일어나는 일종의 사회적 반작용 현상이라고 할 수 있다. 그래서 무고나 모함이 난무하는 것도 사회적 계층 이동이 활발한 사회상의 한 반영이다.

정중부 집권기가 그랬다. 부정이나 비리, 사리사욕 그리고 무고나 모함이 많았다. 이 시기의 기록을 읽다보면 이런 현상은 쉽게 눈에 띈다. 그런데, 그 이전 이의방 집권기에는 별로 나타나지 않던 이런 현상이 정중부 집권기에 와서야 폭주했던 이유는 무엇일까.

이의방 집권기에는 무신란의 충격이나 파장에서 온전히 벗어나지 못했을 것이다. 따라서 부정이나 비리, 사리사욕을 드러낼 만한 여유를 갖지 못했다. 정중부 집권기에 무고나 부정이 폭주했던 것은 무신란 직후의 사회적 충격이나 긴장감이 점차 해소되었기 때문이다.

무고나 모함에서 가장 극성스러웠던 부류가 앞서 언급한 기두들이었다. 이들이 무신란에서 대체로 행동집단에 섰던 자들이라는 점을 감안하면, 이는 분명 그들의 사회적 불만과 관련이 깊다. 정중부 정권이 들어서면서 신분 상승에서 소외된 자신들의 불만을 그런 식으로 표출시킨 것이다. 게다가 온건집단의 주변 인물들은 권력의 사유화에 더 열성이었다. 축재나 사리사욕을 앞세우고, 사감에 의한 불이익이나 탄압을 가하는 것 등이다. 이는 신분 상승에서 소외된 사람들의 질투나 시기심을 더욱 자극했던 것이다.

정중부가 집권한 후 맨 처음 일어난 무고 사건은 그의 사위 송유인을 상대로 한 것이었다. 1176년(명종 6) 3월, 산원동정으로 있는 최찰송

崔察松이라는 자가 송유인이 반란을 기도한다고 고변했다. 망이·망소이의 난이 일어나고, 파견된 진압군이 반군 세력에게 패배하고 돌아온 직후였다. 조사해보았으나 별다른 혐의점이 없었다. 무고한 최찰송은 묵형을 당하여 섬에 귀양 보내졌고, 그의 가산을 몰수하는 것으로 끝났다.

이 무렵 송유인은 정권의 2인자로 부상해 있었다. 정중부가 정권을 장악한 직후인 1174년 12월, 송유인은 추밀원부사(정3품) 겸 병부상서(정3품)로 발탁되었고, 곧이어 참지정사(종2품)를 거쳐 복야(정2품)로 다시 승진했다. 이는 물론 정중부의 사위라는 개인적인 관계가 중요하게 작용한 것이었다. 송유인은 무신란에 참여하지도 않았으니 그가 무슨 기여를 했을 리 없다. 그러면서도 승진 가도를 달려 정권의 2인자로 급부상했다는 것은 누구에게나 질시의 대상이 되기 쉬웠을 것이다. 송유인의 출세를 가장 질시할 사람은, 무신란에 참여하고서도 응분의 대가를 받지 못한 사람들이었다.

산원동정 최찰송이라는 자가 바로 그런 인물 중의 한 명이었다. 그역시 행동집단에 섰던 인물이지 싶다. 산원동정이라는 벼슬로 보아 무신란에서 그의 역할이 크지는 않았겠지만, 동정직이라는 산직의 꼬리표를 붙이고 있는 것은 그에게 큰 불만이었다.

정중부 집권기에는 특히 검교직이나 동정직에 있는 임시직 무관들의 집단적 저항이나 반발이 많았다. 이들은 무신란에 참여했음에도 실직을 얻지 못하고 무관의 말단 산직에 수년 동안 머물러 있었다. 최찰송의 무고는 이런 자신의 불만을, 정중부 정권에 대한 분열을 노리고 표출한 것으로 볼 수 있다.

그런가 하면 사원의 승려들도 무고 사건에서 예외가 아니었다. 1177

년(명종 7) 2월, 흥왕사의 한 승려가 승통 충희冲曦를 모함한 사건이 있었다. 충희가 절의 중들과 결탁하여 반역을 도모한다는 것이었다. 즉시 중방에서는 충희를 체포하여 국문했으나 무고로 드러나 곧 석방했다. 그러나 이 사건은 왕족이 관련되었다는 점에서, 비록 출가한 왕족이긴 하지만, 정치적 의미가 컸다.

충희는 인종의 다섯 아들 중 넷째로, 국왕 명종의 바로 밑 동생이다(무인집권시대의 왕위계승 참조). 승통은 교종 승려에게 주는 최고의 법계인데, 그가 언제 출가했는지, 또 언제 승통이 되었는지는 나타나 있지 않다. 그가 승통의 지위에 오른 것은 아마 무신란 이후의 일이었을 것으로 보인다.

충희는 또한 국사에 책봉되어 승려로서는 최고의 지위를 누렸다. 그의 승통 제수나 국사 책봉에는 국왕 명종과 모후인 공예태후의 후원이 큰 배경으로 작용했을 것이다. 이런 그가 반역의 모함을 받은 것은 그럴만한 가능성도 있어 보이지만, 출가한 승려라는 점을 감안하면 의문이 많다.

흥왕사의 승려가 그런 충희를 반역으로 모함한 것은, 승통이나 국사라는 지위를 이용하여 흥왕사에 대한 억압이나 행패를 많이 자행한 탓이었다. 흥왕사는 문종 때 왕실에서 주도하여 창건한 화엄종 사찰로 총 2천 8백여 칸에 달하는, 당시 고려에서 가장 큰 사찰이었다. 이곳에는 부속 인원까지 합하여 승려 수가 1천여 명 이상이나 되었다.

왕실에서 창건한 사찰이니 왕실에서 이 사찰을 장악하는 것은 당연했다. 충희는 주로 흥왕사에 주재하면서 그 역할을 충실히 했다. 이 과정에서 흥왕사에 대한 충희의 독단이나 전횡은 짐작하기 어렵지 않을 것이다.

더구나 충희는 승통이라는 최고 법계를 받고 국사라는 최고의 위치에 올랐지만 화엄종 교단을 이끌 만한 계행이나 불법을 드러내지 못했다. 이런 그가 불교계의 정신적 지주가 되기는 힘들었을 것이고 그럴수록 세속적인 일에나 관심을 가졌을 건 뻔하다. 그러다가 문제가 생기면 국왕도 왕실의 화목을 위해 덮어버리기 일쑤였고, 어떤 때는 그러한 충희의 행태를 조장하거나 부추기는 조짐마저 나타났다. 충희의 행태나 그를 감싸고도는 왕실이 승려들에게는 불만이었다. 흥왕사의 승려가 충희를 중방에 무고한 것은, 충희뿐만 아니라 왕실에도 타격을 주기 위한 것이었다. 왕족이나 왕실도 무고의 대상에서 예외가 아니었다는 점에서 눈여겨볼 대목이다.

축재·사리사욕

성품이 너무 강직하여 모함을 받고 죽음을 당한 자도 있었다. 내시에 소속된 낭장 겸 병부원외랑(정6품) 장보莊甫라는 인물이 그랬다. 장보는 강직한 성품으로 권력자에게 아부를 하지 않는 것으로 유명했다. 같은 내시에 소속된 장군 정존실鄭存實이라는 자는 교만하고 탐욕스런 인물로 이름이 나 있었다. 내시는 국왕의 최측근에 위치하는 관직으로 본래 문관들만이 나아가는 자리였으나 무신란 이후에는 이것도 무관들이 차지하고 있었다.

장보가 한번은 그런 정존실의 면전에서 그의 행동을 책망한 적이 있었다. 그러자 이 소문이 중방에 알려지고, 중방에서는 직속 상관을 능멸했다는 이유로 장보를 거제현령으로 축출할 것을 논의했다. 이에 장보는 추밀원으로 달려가 추밀원사 이광정에게 거세게 항의했다.

추밀원(중추원)은 내시 소속의 무관들을 통솔하는 관부였고, 이광정은 그 장관으로 있었다. 이광정은 장보의 거친 항의에 분노하여 그를 먼 섬으로 유배 보내놓고, 몰래 사람을 시켜 바닷속에 던져 수장시켜 버렸다. 1177년(명종 7) 5월의 일이었다.

이광정은 정중부 정권의 핵심인물로 사리사욕이나 탐학이 지나친 자였다. 그는 이재활동에도 밝아 개성의 시전 상인들에게까지 영향력을 행사하고 있었다. 시전 상인을 관리하는 관청으로 경시서京市署가 있었는데, 이광정은 주로 이것을 통해 상업활동에 관여했다.

경시서의 책임자인 왕총부王寵夫라는 사람이 한때 이광정의 요구를 거절했다가 구타를 당하고 감옥에 갇히는 수모를 겪기도 했다. 그런 이광정은 유연한 처세술로 정중부 정권이 붕괴된 뒤에도 계속 중용되어 살아남았는데, 정존실은 바로 이 이광정의 측근 인물이었다.

강직한 성품의 장보가 음해를 받아 죽게 된 것은, 정존실, 이광정, 정중부로 이어지는 권력 실세들의 위세나 행패를 잘 보여주는 사건이다. 장보가 정존실의 행패를 면전에서 책망하고 이광정을 찾아가 항의까지 했으니 권력의 핵심을 건드린 것과 같았다. 그러고도 무사했다면 오히려 이상한 일이다.

그런데 정존실이라는 자 역시 이광정 못지않게 매우 난폭하고 탐욕스러운 사람이었다. 그의 탐욕한 성품을 보여주는 재미있는 일화 하나가 사서에 전한다.

정존실이 언광彦光이라는 사람의 집을 사려고 은 35근으로 계약을 맺었다. 그런데 그 대금을 다 지불하는 것이 아까웠는지, 23근 만을 보내고 나머지 12근은 이사한 다음에 주겠다며 잔금 지불을 미루었다. 그러자 언광은 그의 탐욕을 잘 아는지라 집을 비워주지 않고 버텼다.

이에 정존실이 언광을 가구소에 무고하기를, "우리 집사람이 은 12근을 가지고 저잣거리를 지나가는데 언광이 불량배를 시켜 약탈해갔으니 처벌해달라"고 했다. 가구소에서는 그 말이 거짓임을 알았으나 정존실의 난폭함을 두려워하여, 언광과 인근의 주민 40여 명을 잡아들이고 자백을 받기 위해 고문까지 했다. 결국 언광은 은 12근을 오히려 뇌물로 바치고 겨우 풀려나올 수 있었다.

정권의 1인자인 정중부 역시 사리사욕과 탐학에 앞장섰다. 정중부가 정권을 잡자마자 관심을 기울였던 것은 재산 증식이었고, 그중에서도 가장 눈독을 들였던 것은 토지였다. 농경사회에서 토지보다 중요한 재산 가치를 지닌 것은 없을 테니까 어쩌면 당연한 일일지도 모른다. 자신의 토지를 확대해가는 데는 물론 불법이 자행되었다.

그 방법으로 가장 많이 쓰이는 수법이 겸병과 탈점이었다. 겸병은 자신의 토지 주변에 있는 남의 토지나 휴한지를 합쳐서 넓혀가는 방법이고, 탈점은 어디에 있는 토지든 불법적으로 소유하는 수법이다. 공·사전을 불문하고 무주지는 물론 유주지도 휴한지라 속여 강탈하는 것이다.

이러한 토지 겸병이나 탈점은 무신란 이후 본격적으로 시작되지만, 그것이 가능했던 배경에는 무신란 이전 12세기 초부터 행해지던 광범위한 경지 개간과, 이로 인한 농민의 유망이 중요하게 작용했다.

광범위한 경지 개간이 이루어지면서 형질이 불안정한 토지가 양산되었다. 휴한지가 그런 토지인데, 이런 토지는 경작지인지 비경작지인지 구분이 애매한 경우가 많았다. 또한 완전한 경작지로 개간을 완료시키기까지는 엄청난 노동력과 시간이 투입되어야 했다. 권력자에 의한 토지의 겸병이나 탈점은 이 과정에서 흔히 자행되는 일이었다.

무신란은 단지 그러한 불법적인 토지 겸병이나 탈점에 호기를 마련해주었을 뿐이다. 이 문제는 앞서 언급한 향촌사회의 변화와 관련된 것으로, 여기서 더 이상 구체적으로 언급하기에는 번거롭게 생각되어 생략한다.

토지 겸병이나 탈점은 정중부만 저질렀던 비리가 아니다. 그 시대 힘 좀 쓰는 자들은 모두 여기에 혈안이 되어 있었다. 또한 정중부 이후의 집권자들이나 권력자들은 더욱 심한 불법을 자행하여 토지의 사적 소유를 확대해나갔다. 이러한 대토지 소유는 무인집권기 내내 계속되었는데, 이것을 사서에서는 농장 혹은 전원이라고 부르고 있다. 그 규모는 전성기 때에 산천을 경계로 할 정도였다.

그런데 이러한 농장이나 전원을 관리하고 유지하려면 그만큼 많은 가동이나 노비도 보유하고 있어야 한다. 바로 이들 권력자의 가동이나 노비들이 뜻밖의 중대한 문제를 일으키는 경우가 많았다. 주인의 권력을 믿거나 비호를 받고 있었기 때문이다.

권력자의 가노

염신약廉信若이라는 인물이 있었다. 그는 인종 때 과거에 급제했으며, 안연(공자의 제자)에 비교될 정도로 학문과 문장이 뛰어나 명종 때까지 국왕의 총애를 받고 중용되었다. 1177년(명종 7) 7월, 염신약이 정3품의 판태부사에 있을 때의 일이다.

정중부는 염신약의 토지까지 빼앗아 탈점하려 했다. 그 토지는 염신약의 고향인 봉성현(경기 파주)에 있는 것이었다. 정중부는 이 토지를 탈점했다가 다시 돌려주었다. 아무리 탐욕이나 불법이 판치는 시대라고 하지만 정중부로서도 고관의 토지까지 탈점하기에는 염치가 없었던 모양이다.

가을이 되자 염신약은 당연히 자신의 노비를 보내어 수확을 했다. 그런데 정중부의 노비들도 이 토지를 주인의 토지로 알고 수확을 하려고 했다. 양가의 노비들이 들녘에서 수확물을 놓고 서로 싸우는 우스꽝스러운 일이 벌어진 것이다. 이 과정에서 정중부의 노비 하나가 크게 부상을 입게 되었다. 이 소식을 들은 정중부는 사람을 보내어 염신약의 노비를 잡아들여 가구소에 감금했다. 이에 그치지 않고 고문까지 심하게 하여 죽여버렸다. 그리고는 중방에 압력을 넣어 염신약마저 탄핵하니, 국왕도 어쩔 수 없이 파면하고 말았다.

정중부의 이런 행동은 권력 남용의 대표적인 예라고 할 수 있다. 토지에 대한 욕심도 컸겠지만, 자신의 노비들을 비호하고 위세를 세워주려는 것으로 보인다. 후에 염신약은 다시 복직되기는 했지만 권력의 힘을 새삼 실감했을 것이다.

1178년(명종 8) 7월, 정중부의 가노 하나가 금법을 어기고 붉은 비단 적삼을 입은 채 저잣거리를 활보한 적이 있었다. 어사대의 관리가 이를 목격하고 관복을 취급하는 관리로 하여금 붙잡아 벗기게 했다.

그런데 정중부의 가노는 대담하게도 그 관리를 구타하고 달아나버렸다. 다음 날 이 가노를 다시 붙잡아 어사대에 있는 송저宋詝와 진광인晉光仁이 결박을 시켜놓고 호되게 문초를 했다.

정중부는 이 소문을 듣자마자 아들 정균과 함께 가동들을 이끌고 어사대로 쫓아갔다. 당장 송저와 진광인을 죽이려고까지 설쳤지만 아들 정균이 만류하여 그만두었다. 대신 국왕께 알리고 이들을 처벌해줄 것을 요구했다. 정중부는, 자신의 가노가 어사대의 관리에게 문초를 당했다는 것은 바로 자신의 권위에 대한 도전으로 여겼다. 국왕은 어쩔 수 없이 송저를 파면하고 진광인은 공부원외랑이라는 한직으로 좌천시킬 수밖에 없었다. 송저는 정중부가 경대승에게 제거된 후에야 다시 복직될 수 있었다.

정중부가 어사대 관리의 당연한 권리에 이렇게까지 민감하고 과격한 대응을 했던 것은 충분히 그럴만한 이유가 있었다. 가노나 종들이야말로 자신에게 가장 중요한 수족과 같은 존재였기 때문이다. 가노나 종들은 유사시 목숨을 내놓고서라도 정중부 자신의 신변을 지켜줄 가장 믿을 만한 최후의 호위집단이었다. 하급무신들이 동요하고 정권유지에 대한 불안이 커질수록 더욱 그랬다. 국왕으로 말하자면 내시나 환관과 같은 존재인 것이다.

그런 집권자의 가노나 종들을 건드린다는 것은 곧 집권자의 권력에 도전하는 것으로 여겼다. 그러니 이들 가노들이 최고 권력자의 비호를 받으면서 그 방자함이나 행패를 부리는 것은 당연한 노릇이었다. 이들 가노들을 사서에서는 보통 가동家童이라고 표현하고 있는데, 무인정권이 안정기에 접어들면서 권력자의 사병들로 성장한다.

권력자의 아들

정중부의 아들 정균은 아버지의 권세를 등에 업고 횡포가 많았다. 그는 승선을 계속 맡아 국왕을 가까이서 모시면서 국왕을 견제, 감독하는 역할을 했다. 이의방을 제거한 장본인이었으니 집권자 정중부의 아들이 아니라 하더라도 국왕이나 왕실에서는 그의 눈치를 보지 않을 수 없었다.

정균이 자신의 사저를 짓는 큰 공사를 벌인 적이 있었다. 대궐에서 가까운 곳에 화재가 나서 사용하지 않는 공예태후의 별궁을 정균이 매입하여 자기 집으로 만들려고 한다는 소문이 태후의 귀에 들어갔다. 태후는 대금을 받지 않고 무상으로 그 별궁을 주었다. 부자의 권세를 꺼려하여 먼저 알아서 기부한 것이니 상쾌한 기분은 아니었을 것이다. 정균은 이 별궁을 헐고 사저로 쓰기 위한 공사를 시작했다. 1178년(명종 8) 8월의 일이었다. 이 무렵 태후는 70세의 노령으로 유방암을 앓고 있었다. 효성이 지극한 국왕은 모후의 요양을 위해 수창궁에 기거하도록 했다.

그런데 정균이 공사를 벌이고 있는 별궁자리는 이 수창궁에서 100여 보도 떨어지지 않은 곳이었다. 그러니 공사장의 시끄러운 소리나 번잡함으로 요양은커녕 기거하기도 불편할 지경이었다. 국왕도 간호하는 데 신경이 쓰이지 않을 수 없었다. 그럼에도 국왕은 그 공사를 중지시키지 못하고 한 마디 항의도 못했다.

정균은 또한 일찍이 상서 김태영金胎永이라는 사람의 딸을 겁탈하여 자신의 처로 삼고 본처를 구박했다. 여기서 그치지 않고 또 공주에게 장가들려고 음모를 꾸몄다. 헛된 소문을 만들어 자신과 공주가 혼인한다고 퍼뜨린 것이다. 이에 국왕의 걱정이 태산 같았다.

국왕의 근심을 전해들은 문신귀족들도 드러내놓고 말은 못하지만 공주와의 혼인은 부당하게 여기고 있었다. 그런 기류를 감지했는지 공주와의 혼인은 성사되지 않았다. 그러나 문신귀족들은 차츰 정중부 부자의 횡포에 염증을 느끼기 시작했다.

무신란의 성공으로 무신들이 득세하고 횡포를 부리는 세상이긴 했지만 문벌 중심의 귀족사회 기풍은 좀체 사라지지 않고 있었다. 문벌귀족사회에 편입되는 첩경은 무신란 이전과 마찬가지로 왕실과 혼인 관계를 맺는 것이었다. 이는 무인집권자들도 예외가 아니었다. 그 문 벌귀족사회에 동참해보려고 왕실과의 혼인을 무척 갈망했지만 모두 실패했다. 실패로만 끝난 것이 아니라 기성체제의 심각한 저항을 받아 정권이 붕괴되는 단서가 되기도 했다. 이의방 정권도 그랬고 정중부 정권도 그 전철을 밟은 것이다. 신분 상승은 쿠데타를 통해 권력만 잡 는다고 되는 것이 아니다. 결혼에서도 성공해야 완결되는 것이다.

송유인의 아들 송군수宋群秀 역시 그 위세가 정중부의 아들 정균에 못지않았다. 정중부와 그 아들 정균, 송유인과 그 아들 송군수, 이들 4 부자를 당시 사람들은 4공四公이라고 불렀다.

송군수가 한때 전라도찰방사가 되어 전라도 지방을 순찰한 적이 있 었다. 1178년(명종 8) 정월의 일이다. 이때 전국을 11개 권역[道]으로 나 누어 모두 11명의 찰방사를 전국 각지에 파견했다. 송군수는 그중 한 사람이었다.

찰방사는 본래 지방관리의 탐학이나 착취가 심하여 그에 대한 대책 으로 만들어진 제도이다. 이 찰방사가 하는 일은 백성들의 고통을 알 아보고, 지방관리의 업적이나 폐행을 조사하여 보고하면 승진과 출척 의 인사고과에 반영하는 것이다.

지방관리의 악덕이나 비리가 심하면 찰방사가 직접 중앙으로 압송 해 처벌을 요구할 수도 있었다. 그러니 지방관리에게는 호랑이같이 무 서운 존재였고, 더불어 이들 찰방사의 비리나 부정도 많이 나타났다. 찰방사의 비리나 부정을 막기 위해 이들이 조사 보고한 내용을 중앙에 서 심사하여 철저하지 못하거나 정밀하지 못하면 찰방사 역시 파면될 수 있었다.

그런데 이번 찰방사 파견은 송유인과 이광정이 주도하여 이루어진 것이었다. 이 두 사람은 정중부 정권의 핵심인물로 탐학이나 비리에서 누구보다도 선두에 선 자들이었다. 그런 이들이 주도하는 찰방사 파견이 얼마나 효과를 낼지 의문이었다. 어쩌면 찰방사 본래의 목적보다는 색다른 정치적 의도가 숨겨진 조치가 아닐까 하는 의구심마저 든다.

당시 송군수는 장군이라는 무관직에 있으면서 찰방사에 발탁되었다. 무관이 찰방사에 임명되는 것 또한 무인집권기에나 가능한 특별한 일이다. 그런데 그는 지방관리의 선행이나 폐행을 고려하지 않고, 사적인 친소관계에 따라 조사하여 보고했다. 일부 찰방사는 그런 조사 내용에 문제가 있다고 하여 파면까지 당했지만, 송군수는 송유인의 아들이라는 이유로 어느 누구도 감히 문제 삼지 못했다.

한 가지 주목하지 않을 수 없는 것은, 당시 찰방사의 사찰에 걸려 관직을 그만둔 자가 수백 명이나 되었다는 사실이다. 이들에 대한 사찰 내용은 모두 문서로 작성되어 보존되었다. 이것을 보면 이때의 찰방사 순찰은 정중부 정권에 비판적인 지방관리를 제거하기 위한 대대적인 숙청 작업이 아니었나 하는 혐의를 지울 수 없다.

이들 파면당한 관리들 중 일부는 공동으로 은 50근을 정중부에게 뇌물로 바치고 그 블랙리스트에서 빠져나오려고 애를 썼다. 하지만 이 문제는 정중부가 제거됨으로써 해결을 보지 못했고, 경대승이 집권한 1181년(명종 11) 9월에 가서야 국왕의 사면 발표로 해제될 수 있었다.

권력자의 사위 송유인

송유인의 집은 수덕궁이었다. 송유인의 본가를 그렇게 부른 것이 아니고, 대궐 밖의 전각 하나를 국왕에게 요청하여 자신의 거처로 삼았던 것이다. 그 부귀와 사치가 왕실에 비교될 정도였다고 하니 그의 위세를 짐작할 만하다. 송유인은 탐학이나 권력 남용에서 정중부보다 더하면 더했지 덜하지 않았다. 특히 인사 문제는 송유인이 추밀원에 재임하면서부터 깊게 관여하여 진퇴하는 인물이 모두 그의 입에서 나온다는 소문이 나돌 정도였다. 게다가 송유인은 이재에도 밝았으니 고양이에게 생선가게를 맡긴 격이었다.

1178년(명종 8) 3월, 금나라에 생일회사사生日回謝使로 갔다가 돌아온 최정崔貞이라는 사람이 갑자기 파면당한 일이 있었다. 생일회사사란 금나라에서 고려 국왕의 생신을 축하하는 사절단을 보내준 것에 대한 답례 사절을 말한다. 그 사절단의 대표로 갔던 최정이 귀국하자 곧 파면당한 사연에는 송유인의 이재활동이 관련되어 있었다.

금나라 사절단 파견이 결정되면 이를 가장 주목하는 사람들이 바로 무역에 종사하는 상인들이었다. 상인들은 고려의 특산물이나 자금을 가지고 사절단에 끼어들어, 중국에 가서 팔거나 그곳의 상품을 구입하여 돌아와 많은 이윤을 남겨 팔 수 있었기 때문이다. 일종의 사행무역이라고 할 수 있다.

그래서 그런 사절단의 대열에 참여하려는 상인들이 줄을 대고 있었다. 하지만 그것은 경쟁률이 높아 쉬운 일이 아니었다. 사신을 따라가는 종자의 수에 정원이 있었기 때문이다.

보통 사절단의 대표에게 뇌물로 은 두세 근은 주어야 따라갈 수 있었다. 당시 은 1근의 가치가 어느 정도였는지는 불확실하지만, 앞서 정존실이 언광의 집을 살 때 은 35근으로 계약을 맺었다는 기록을 참고하면, 은 두세 근은 집 한 채 값의 10분의 1은 되었다고 보인다. 은 두

세 근의 뇌물이라는 것은 간단한 액수가 아니었던 것이다. 그 정도의 뇌물을 주고도 사절단을 따라가는 것이 힘들었으니, 상인들이 귀국하여 남긴 이윤은 상상 외로 컸던 모양이다.

송유인은 자신의 가노 한 명을 최정에게 데리고 갈 것을 부탁했다. 그런데 뇌물을 받고 데리고 갈 종자의 정원이 다 차버려 최정은 송유인의 부탁을 들어줄 수 없었다. 하지만 송유인의 가노는 주인의 권세를 믿고 억지로 따라갔다. 불행히도 이 가노는 국경을 넘어 금나라에 들어서자 검문에 걸려 체포, 송환되고 말았다. 최정은 귀국해서 이에 대한 문책을 당하여 파면되었다. 문책이라기보다는 보복을 당했다고 보는 것이 옳겠다.

1178년 11월 말경, 정중부가 갑자기 문하시중에서 치사(정년)했다. 문하시중은 최고 관부인 중서문하성의 장관직이자 수상직이었다. 정중부의 이때 나이는 73세로, 수상으로만 만 4년 재임하고 있었다. 나이로 보아 진즉 물러나야 했지만, 이때에야 결단을 내린 것이다. 하지만 이런 갑작스런 결단은 얼른 이해가 되지 않는다. 자신에 대한 부정적인 여론이나 비난에 부담을 느꼈던 것일까.

정중부의 치사를 누구보다도 반겨할 사람은 바로 송유인이었다. 잘 알다시피 이 두 사람은 옹서, 즉 사위와 장인의 관계였다. 고려시대에 친족간에는 같은 관부에 봉직할 수 없도록 되어 있었다. 이것을 피혐避嫌이라고 한다. 송유인은 장인 정중부와 피혐에 걸려 최고 관부인 중서문하성에는 들어갈 수 없었다.

중서문하성은 고려의 최고 정무기관으로 고위관직자라면 반드시 거쳐야 하는 정통 핵심 관부였다. 송유인이 실질적으로는 제 2인자였지만, 장인과의 피혐 때문에 중서문하성에 들어갈 수 없었다는 것은 그에게 커다란 약점이었고 불만이었다. 송유인은 그 때문에 추밀원에만 수년 동안 머물러 있었다. 그 후 승진을 위해서 실권이 없는 상서성의 복야(정2품)직을 잠시 맡고 있었다.

이제 정중부가 그 숨통을 틔워주었으니 송유인은 반갑지 않을 수 없었던 것이다. 송유인은 정2품의 복야를 이미 역임했으니, 중서문하성의 관직을 받으려면 정2품에서 초직인 중서시랑평장사가 적격이었다. 중서문하성의 2품 이상 관직 서열은 다음과 같이 이루어져 있었다.

지문하성사→정당문학→참지정사(이하 종2품)→중서시랑평장사→문하시랑평장사(이하 정2품)→문하시중(종1품)

그런데 약간의 문제가 생겼다. 중서시랑평장사에는 먼저 민영모閔令謨가 재임하고 있었기 때문이다. 민영모는 인종 때 과거에 급제하여 순탄한 관직생활을 했던 인물인데, 명종이 즉위하기 전 꿈속에서 본 사람이었다고 하여, 즉위한 후 크게 중용되어 국왕의 총애를 받고 있었다.

송유인을 승진시키려면 먼저 민영모를 문하시랑평장사로 승진시키고 그 자리를 송유인에게 주든지, 아니면 서열을 무시하고 바로 송유인에게 문하시랑평장사를 제수하든지 해야 했다. 원칙상 전자의 방법이 정상이었으나 국왕은 송유인의 위상을 생각하여 후자의 방법을 택했다. 이렇게 되면 선임자인 민영모가 송유인에게 추월당하여 관직 서열이 뒤바뀌게 된다.

하지만 송유인은 국왕의 제의를 굳이 사양했다. 아무래도 정치적인 부담이 되었던 것 같다. 할 수 없이 국왕은 두 사람 모두 같은 문하시랑평장사로 승진시키고, 다만 민영모의 서열을 송유인의 위에 두게 하는 절충안을 내놓았다. 송유인의 관직 제수에 국왕이 얼마나 노심초사했는지를 보여주는 대목이다.

정중부가 정치 전면에서 한발 물러나면서 송유인의 전횡이나 횡포는 더욱 심해졌다. 가장 대표적인 사건이 1179년(명종 9) 7월에 있었던 재상급 관료 문극겸과 한문준을 좌천시켜버린 일이다.

문극겸은 송유인에 의해 좌천당하기 직전 추밀원사(종2품)로 있었다. 한문준은 인종 때 과거에 급제하여 지방관을 두루 역임하면서 선정과 업적이 많았던 인물이다. 무신란 때도 지방관으로 있으면서 화를 피할 수 있었다. 그는 좌천당하기 직전 추밀원부사(정3품)로 있었는데 역시 국왕의 신임이 두터운 사람이었다.

이 두 사람이 송유인의 음해로 좌천당한 경위는 매우 사소한 일 때문이었다. 한문준의 경우, 한 군졸의 일로 송유인에게 편지를 써서 부탁한 적이 있었다. 일이 해결되지 않자 뒤에 다시 송유인을 직접 찾아가 청탁했지만 끝내 해결되지 않았다. 이 일을 가지고 송유인은 그가 대신으로서 체통을 잃었다고 하여 국왕에게 탄핵을 요구했던 것이다.

그리고 문극겸의 경우는, 한문준과 거의 같은 시기에 국왕이 행차하는데 어가를 수행하지 않았다는 이유로 탄핵을 받았다. 재상으로서 예의를 잃었다는 죄목이었다. 문극겸은 당시 상중이었지만 송유인은 이런 사정을 전혀 고려하지 않았다.

송유인의 탄핵 요구를 받은 국왕은 일을 미루고 며칠 동안 지연시켰다. 송유인의 탄핵 요구가 사감에 의한 것으로 부당하다는 것을 알고 있었기 때문이다. 하지만 그의 요구를 쉽게 묵살해버릴 수도 없는 노릇이었다. 국왕은 비서관을 송유인의 집으로 보내 달래보기도 했다. 한문준의 경우는 명백한 잘못이 있으니 탄핵한다 해도, 문극겸의 경우는 상중의 일로 처벌하기 곤란하다고 설득했다. 하지만 송유인은 국왕의 뜻을 무시한 채 자신의 뜻을 관철시키기 위해 두문불출하고 정사를 보지 않았다. 두 사람이 국왕의 두터운 신임을 받고 있다는 사실이 그에게는 더욱 중대한 문제로 여겨졌던 것이다.

문극겸은 자신의 문제가 이번 사건의 걸림돌이 되고 있다는 것을 알고 은밀히 국왕에게 요청했다. 자신을 비호해주는 것은 고마운 일이나 처벌하지 않으면 어떤 변을 당할지 알 수 없으니, 송유인이 원하는 대로 자신을 처벌하여 그의 마음을 풀어주라는 것이었다. 문극겸의 자청으로 문제가 쉽게 풀리기는 했다. 하지만 결국 송유인의 의지는 관철되어 문극겸은 한직인 좌복야로, 한문준은 사재시의 판사로 좌천되고 말았다.

이 사건 이후 고위관료들은 송유인의 위세에 눌려 그의 눈치를 보느라 전전긍긍했다. 까딱 잘못하여 밉보였다가는 언제 파직당할지 알 수 없는 일이었다. 송유인의 고위관료들에 대한 이런 전횡이나 횡포는, 고위관료들이 정중부 정권에 등을 돌리는 결정적인 계기가 되었고, 이는 곧바로 정권의 붕괴로 이어졌다.

항상 그렇듯이 후발 주자들은 늦은 출발을 만회하려는 조급함에서 전임자가 했던 일보다 앞서는 경향이 많다. 특히 선정보다는 악정에서. 송유인이 그랬다.

4 무신정변을 부정한 청년장군
―경대승(1154~1183)

경대승은 무신정변에 참여하지 않은 무인으로서 2
6세 때 정중부를 제거하고 정권을 잡았다. 그러나 세력 기반이 미약하여
강력한 집권력을 행사하지는 못했다. 그는 무인이었으면서도
무신정변을 부정한 독특한 무인이었다.

청년장군의 불안한 집권

경대승의 쿠데타

1179년(명종 9) 9월 3일 사경(새벽 1시~3시) 무렵, 개경의 대궐 안.

　전날 저녁부터 회경전에서 열린 장경법회가 이미 끝나고 대궐 안은 고요했다. 여기 저기 피워놓은 장작불은 모두 사그라졌고 숙위하던 군사들도 깊은 잠에 빠져들었다. 칠흑 같은 어둠 속에 대궐의 담장을 뛰어 넘는 두세 명의 검은 그림자가 있었다.

　견룡군에 소속된 하급장교 허승許升과 김광립金光立, 그리고 또 다른 한 사람이었다. 이들이 소리 없이 접근한 곳은 대궐의 숙직 건물이었다. 이들이 숙직 건물 안으로 빨려 들어간 지 한 식경쯤 지났을까. 갑자기 긴 휘파람 소리가 허공을 갈랐다. 정균을 살해하는 데 성공했다는 신호였다. 휘파람 소리를 듣자 경대승은 결사대 30여 명을 이끌고 대궐 담장을 뛰어넘었다.

갑작스런 소란으로 잠에 떨어진 숙위군들이 여기저기서 깨어났다. 그러나 이들은 일어서자마자 대부분 다시 고꾸라졌다. 잠에서 깨어난 숙위군은 수에서 앞섰지만 치밀하게 움직이는 결사대에 밀리고 있었다.

우선 제거 대상인 대장군 이경백李景伯과 순검군 지휘관 문공려文公呂는 경대승이 직접 결사대를 이끌고 처치했다. 숙위군들은 지휘관을 잃어 조직적으로 대응하지 못하고 우왕좌왕했다. 대궐 안은 순식간에 전투장으로 변했고, 잠에서 깨어난 국왕 명종은 두려움에 떨며 어찌할 바를 몰랐다.

경대승은 국왕의 침전 앞으로 달려가 소리쳤다.

"신 등이 사직을 보호할 것이니 전하께서는 두려워 마시옵소서."

국왕은 계단을 내려와 경대승의 손을 부여잡고 뒷일을 부탁하면서 군사들에게 술까지 하사했다.

이로써 경대승의 거사는 국왕의 지지를 확보하는 데 일단 성공했다. 저항하던 숙위군들은 힘을 잃고 점차 무력해졌다. 그렇게 해서 대궐은 의외로 쉽게 장악할 수 있었다.

경대승은 국왕에게, 군사를 일으켜 정중부와 송유인 부자를 잡아 주살할 것을 요청하고 바로 군대를 출동시켰다. 이때 정중부와 송유인은 대궐에서의 변을 듣고 도망하여 어느 민가에 숨어 있었다. 하지만 그들에게 앙심을 품고 있던 어떤 양민의 밀고로 곧 체포되어 주살되고 말았다. 날이 밝자 그들의 머리는 시가에 효시되었다.

경대승의 이때 나이는 26세였다. 그가 정중부 일족을 제거하려고 마음먹기까지는 몇 가지 중요한 사건과 배경이 있었다.

첫째는 정중부의 아들 정균이 공주에게 장가들려고 음모를 꾸민 사건이다. 국왕은 이 문제로 크게 근심을 했지만 정중부 가문과 혼인관계를 맺는 것에 완강히 저항했다. 이 과정에서 국왕의 의중이 여러 사람들에게 전달되었고, 경대승도 이 문제를 지켜보면서 국왕의 마음을 읽을 수 있었다. 정중부를 제거하더라도 국왕이 반대하지 않을 것이라는 확신을 얻을 수 있었다는 말이다.

둘째는, 송유인이 문극겸과 한문준을 개인적인 감정으로 좌천시켜버린 사건이다. 이 사건을 계기로 고위관료들은 정중부 정권에 등을 돌리고 차츰 염증을 느끼기 시작했다. 경대승은 이런 분위기를 간파하고 정중부 일족을 제거하면 고위관료들이 최소한 암묵적인 지지 정도는 보내줄 것으로 자신했다.

셋째는, 정중부 집권 기간 내내 산발적으로 일어나는 하급무신들의 저항과, 정권을 음해하기 위한 무고나 모함이 끊이지 않았다는 사실이다. 이런 현상들은 온건집단이 장악한 정권의 한계로서 무력 기반이 취약했음을 드러내는 것이었다. 이런 사정 또한 경대승이 결심을 굳히는 데 중요한 배경이 되었다.

마지막으로, 무신란 당시 온건집단으로 참여했던 인물들이 대부분 자연사했거나 연로한 상태로, 정중부 정권의 중심인물들이 세대 교체되고 있었다는 점이다. 기탁성은 1179년(명종 9) 2월에 죽었고, 홍중방은 같은 해 5월, 진준 역시 같은 해 6월에 죽었다. 양숙과 경진은 언제 죽었는지 기록에 나타나 있지 않지만, 정중부 정권이 타도되기 전에 이미 죽고 없었다.

이렇게 보면 정중부 정권이 타도될 당시 온건집단의 인물로는 이소응과 이광정이 살아 있었을 뿐이다. 그중 이소응은 이미 70세가 넘은 고령으로 정중부가 제거된 직후인 1180년 7월에 죽었다. 다만 이광정만은 정중부 정권 이후 경대승, 이의민 정권에까지 살아 봉사했다. 이렇게 온건집단의 인물들이 자연스럽게 사라지고 있었다는 것은 정중부 정권의 피할 수 없는 운명이었다. 나이 든 사람들이 장악한 정권에서 가장 큰 정적은 시간이었다.

경대승이 정중부 정권을 타도하려고 결심을 했다고 해도 그것을 실천하려면 자신의 의지를 따라줄 행동대원이 필요했다. 그날 밤 대궐을 장악한 결사대 30여 명이 그 행동대원이라고 할 수 있다. 이 결사대는 경대승이 끌어모은 무사들이었다. 거사 당시 경대승이 장군의 계급에 있었으므로 이 정도의 병력을 확보하는 데는 큰 어려움이 없었을 것이다.

그런데 권력의 핵심인물에 접근하는 방법이 문제였다. 아무리 많은 병력을 쥐고 있어도 핵심인물에 접근이 안 되면 거사는 실패하기 쉽고, 소수 병력이라도 접근하는 길만 열리면 의외로 쉽게 거사를 성공시킬 수도 있는 것이다. 이럴 때 권력의 핵심에 접근하는 가장 좋은 방법이 그 내부에서 동조자를 포섭하는 것이다. 그날 밤 대궐에 먼저 잠입한 허승과 김광립이 거기에 해당되는 인물이었다.

허승은 용력이 뛰어나 정균의 총애를 받는 군인이었다. 거사 당시 허승은 국왕의 친위부대인 견룡군의 하급장교였다. 권력의 핵심으로부터 두터운 신임이 없으면 발탁되기가 힘든 자리였다. 그런 허승을 경대승은 자신의 편으로 끌어들인 것이다. 여기에는 정중부 정권에 대한 허승의 불만이 크게 작용했음은 물론이다. 그 불만은 항상 그렇듯이 정권에서 소외되어 생겨난 것이었다.

김광립은 대정이라는 계급에 있었는데 경대승과 친한 사이였다고 사서에 언급되어 있다. 이 김광립 역시 허승과 비슷한 경우로 경대승이 거사를 위해 끌어들인 인물이 아니었을까 싶다. 어쨌든 허승과 김광립은 이번 거사의 핵심인물로 정중부 정권을 타도하는 데 가장 큰 역할을 했다고 볼 수 있다. 앞으로 경대승 정권에서 이 두 사람의 정치적 행보가 어떻게 될지 귀추가 주목된다.

하지만 그날 밤의 거사에서 가장 큰 기여를 한 사람은 국왕이었다. 대궐 내의 숙위군들이 적지 않았을 텐데 30여 명의 결사대로 제압할 수 있었던 것은 국왕의 마음이 이미 정중부 정권에서 떠나 있었던 탓이었다. 결국 국왕은 경대승의 손을 들어주었고, 이것은 대궐의 숙위군들이 갑자기 저항을 포기할 수밖에 없는 상황으로 대세를 몰아갔던 것이다.

그리고 피신해 있던 정중부와 송유인을 바로 색출하여 처단할 수 있었던 민첩한 대응도 결국에는 그런 국왕의 태도 때문에 가능했던 것이다. 어쩌면 그 정도의 확신이 없었다면 경대승은 거사를 할 수도 없었을 것이다.

친위군 출신의 26세 장군

경대승이 군인의 길로 들어선 것은 1168년(의종 22), 그의 나이 15세 때였다. 이때 그는 음보로 교위(정9품)에 임명되었다.

음보란 음서제도(5품 이상의 관리 자제에게 과거시험 없이 관직에 등용하는 제도)에 의해 발탁되는 것을 말한다. 15세 때 정9품의 품관에 발탁되었으니 다른 음보자와 비교해서 어린 나이에 높은 초직을 얻었다고 할 수 있다. 여기에는 무인치고는 비교적 좋은 그의 가문이 큰 배경으로 작용했다.

경대승은 본관이 청주인데, 청주 경씨 족보에 의하면 그 시조가 경진으로 되어 있다. 경진이 바로 경대승의 아버지로 무신란 때 대장군으로 재직하면서 정중부와 함께 온건집단에 속했던 사람이다. 경진이 청주 경씨의 시조인 것으로 보아, 이 가문은 그 이전에는 별로 현달한 인물을 배출하지 못한 것으로 보인다.

청주 경씨는 경진 때에 와서 무반 가문으로서 확고한 기반을 다졌다. 이는 당시 경진의 인척관계를 살펴보면 드러난다. 경대승의 동생은 무신란의 도화선 역할을 한 이소응의 사위였다. 경진과 이소응이 같은 온건집단으로 무신란에 참여하여 사돈관계를 맺은 것이다. 또한 경진의 사위로 김준金晙이라는 사람이 있다. 그 역시 무반으로 최충헌 집권기 때 동지추밀원사(종2품)에까지 오른 인물이고, 이 김준의 손녀는 후일 최충헌의 아들과 결혼한다.

그리고 경대승의 족형으로 장군 손석孫碩이라는 자가 있다. 그는 이의민 집권기에 크게 현달한다. 이러한 경진의 인척관계를 보면, 청주 경씨 가문이 무반으로서 착실한 기반을 굳힌 것은 무신란이 중요한 계기였음을 알 수 있다.

경진 자신이 무신란으로 크게 현달한 사람이었다. 그는 무신란 직후 대장군(종3품)에서 동지추밀원사(종2품)로, 정중부가 집권한 직후에 다시 지문하성사(종2품)로, 그 후 중서시랑평장사(정2품)로 승진하여 무신란 이후 죽을 때까지 재상급 관료로만 지냈다.

경대승이 무신란을 만난 것은 교위에 음보된 지 2년 후인 그의 나이 17세 때였다. 이때 그가 무신란에 어떠한 태도를 취했는지는 매우 궁금한 문제인데 분명한 기록이 없다. 아마 그의 나이나, 집권한 이후의 정치적 성향으로 유추하여 보건대, 무신란에 직접 참여한 것 같지는 않다. 혹시 참여했다 하더라도 그의 아버지 경진이 온건집단에 섰으니까 그 범주를 결코 넘어서지는 않았다고 보인다.

그런데 이상한 점은 무신란 이후 놀라울 만큼 빠른 그의 승진이다. 1178년(명종 8)에, 그러니까 교위에 임명된 지 10년 만에 그는 장군의 계급에 올랐다. 그것도 25세의 젊은 나이에.

경대승은 이의방 집권기 동안 견룡군의 행수직에 있었다. 이때 경대 승의 계급은 산원이었다. 견룡군과 같은 친위부대는 정치적 출세가 보 장되어 무인 권력자의 자제들이 매우 선호하는 자리였다. 경대승이 이 런 국왕의 친위부대에 소속될 수 있었던 것은 아버지 경진이 무신란에 참여했던 공로를 배경으로 가능했다. 게다가 그는 완력과 무술이 뛰어 나 견룡군은 그에게 적격이었다.

이의방 집권기 동안 경대승은 산원에 머물러 있었던 것으로 보인다. 이때까지만 해도 그는 교위에서 겨우 한 계급 승진한 것이었으니 빠른 승진이라고 할 수는 없을 것이다. 하지만 친위군에 소속된 것이 그의 승진에 중요한 발판이 되었음은 틀림없다.

경대승이 급속히 승진한 것은 정중부가 이의방을 제거하고 집권한 이후였다. 정중부 집권기 동안 그가 어떤 단계를 거쳐 승진했는지 확 인할 수 있는 기록은 없다. 다만 1178년(명종 8) 3월에, 경대승이 관련 된 어떤 사건의 기록에서 그의 계급이 장군으로 나타나 있다. 1174년 까지 산원으로 있던 그가 4년 후에는 장군으로 승진했으니 이는 비약 적인 승진이었다.

쿠데타의 동기, 청주변란

1178년 3월에 일어난 청주변란은 경대승의 신상에 중요한 변화를 가 져왔다. 1178년은 경대승이 정중부를 제거하기 바로 전 해이다. 그러니 어쩌면 이 사건은 경대승의 쿠데타를 이해하는 데 중요한 단서가 될 수도 있을 것이다.

1178년 3월 경대승의 고향인 청주에서 이상한 변란이 터졌다. 청주에 본래 살던 사람들과 개경에서 살다가 청주로 낙향, 퇴거한 사람들 사이에 큰 싸움이 벌어진 것이다. 낙향한 사람들도 본래는 청주에 거주하다 상경한 사람들이었으니, 결국 같은 고향 사람들끼리의 싸움이었다. 청주로 낙향한 사람들을 청주의 토박이들이 모두 살해해버린 것이었다. 그러자 살해당한 사람들과 연고가 있는 개경의 거주자들이 복수를 하기 위해, 국왕의 명령이라 속이고 결사대를 모집하여 청주로 쳐들어갔다. 하지만 이들은 청주의 토박이들에게 패하여 100여 명이나 되는 사망자가 발생하고 말았다.

전투를 방불케 했던 싸움의 원인이나, 이 싸움에 참여한 사람들의 정체가 도대체 무엇인지 궁금한 문제가 아닐 수 없다. 이 사건에 대한 사료가 너무 엉성하여 상상력을 발동시켜 풀어보는 수밖에 없을 것 같다.

우선 싸운 사람들의 정체는 양쪽 모두 대부분 군인층이었던 것으로 추측된다. 그렇지 않고서는 100여 명의 사망자가 나올 정도의, 전투에 가까운 싸움을 설명할 수 없다. 청주 쪽 사람들은 그 지방의 주현군으로 짐작되고, 개경에서 퇴거한 사람들은 청주에서 상경하여 개경에서 근무하던 중앙군으로 보인다. 후자는 무신란의 혼란한 틈에 국가의 통제에서 벗어난 무사집단으로 볼 수도 있고, 그 근무 기간이 끝나 다시 퇴거한 것으로 볼 수도 있다. 중앙군과 지방군의 싸움이지만 결국은 같은 뿌리의 사람들인 것이다.

이들 양쪽의 군인들이 그렇게 격렬한 싸움을 벌인 것은 토지 때문이었다. 청주 쪽 사람들은 토지를 탈점당한 사람들이었고, 개경 쪽 사람들은 그 토지를 불법적으로 탈점한 사람들이었다. 이들이 토지를 놓고 물고 물리는 싸움을 한 계기는 무신란 때문이었다. 무신란은 중앙의 군인들에게 출세의 길을 열어주었고, 이를 통해 권력을 얻은 자들은 그 위세를 등에 업고 탐학이나 사리사욕을 부렸다. 특히 불법적인 토지 겸병이나 탈점은 상하를 막론하고 자행되었다는 점은 앞서 언급한 바다. 그 탈점 대상으로 가장 손쉬운 것이 자신들의 고향에 있는 군인전이었다.

개경 쪽 사람들은 무신란이 성공한 후 자신들의 고향에 있는 군인전을 불법적으로 약탈해나갔다. 하지만 청주 쪽 사람들은 이를 저지할 방법이 없었다. 무신란에 참여하여 공을 세운 그들의 불법 행위에 맞설 힘이 없었기 때문이다. 그러던 중 경대승의 아버지 경진이 죽자 청주 쪽 사람들은 지금까지의 불만을 폭발시켰다. 개경에서 청주로 낙향 퇴거한 사람들, 즉 토지를 탈점한 사람들을 살해해버린 것이다. 여기에는 청주에서 토지 탈점에 앞장선 경진의 죽음이 중요한 계기로 작용했다.

경대승의 아버지 경진도 무신란 이후 자신의 고향 청주에서 남의 토지를 불법적으로 탈점하여 많은 토지를 소유하고 있었다. 그 대상도 청주 지방의 군인전이 대부분이었다.

청주변란이 일어나기 전에 경진은 죽었는데, 경대승은 아버지가 죽자 그 토지를 모두 선군도감(군인을 선발하고 토지를 지급해주는 관청)에 반환해버렸다. 아버지의 불법적인 토지 탈점을 못마땅하게 생각했던 것이다. 경대승의 이런 행동은 미리 예상하고 했던 것은 아니지만 청주의 변란을 부추기는 꼴이 되고 말았다.

그런데 청주의 변란 후 이 사건을 미연에 막지 못했다고 하여 문책이 있었다. 청주목 부사 조온서趙溫舒와 청주의 사심관인 대장군 박순필朴純弼, 장군 경대승이 파면당한 것이다. 당시 경대승은 박순필과 함께 청주의 사심관事審官으로 있었다.

사심관은 고려 초의 혼란기에 공신이나 호족을 자신의 출신지에 파견하여 그 지역에 대한 원활한 통제나 민심을 수습하기 위해 만들어진 직제였다. 그러나 시간이 지나면서 차츰 변질되어 사심관에 의한 민폐가 심했는데 특히 토지 탈점이 많았다. 많은 이권이 달려 있기 때문에 서로 사심관이 되려고 다투는 경우도 드물지 않았다. 사심관이 이렇게 변질된 중요한 계기는, 그 이전부터 변질되기 시작했지만, 역시 무신란이었다.

경대승이 청주의 사심관이 된 것은 아버지 경진의 뒤를 이어받은 것으로 보인다. 경진이 많은 토지를 소유하게 된 배경에는, 무신란에 참여했다는 사실과 함께 그의 사심관으로서의 활동도 중요하게 작용했다. 아버지의 사심관 자리를 물려받은 그가 토지를 모두 반환해버린 것이다. 그러니 청주 사람들이 경대승의 뜻밖의 행동에 놀랄 수밖에 없었고, 상대적으로 토지 탈점을 자행하고도 뻔뻔한 다른 사람들에 대한 비난과 원한은 커질 수밖에 없었다. 그러니까 경대승을 파면한 것은 그가 변란 당시 청주의 사심관이었기 때문이기도 했지만, 보다 중요한 이유는 경진이 탈점한 토지를 모두 반환하여 변란의 빌미를 제공했다는 데 있었다.

변란의 책임을 물어 파면당한 경대승은 불만이 많았다. 더구나 정중부 집권기는 사리사욕에 의한 탐학이나 부정이 만연되어 있었다. 경대승의 불만은 그러한 정권을 향해 쌓여갔다. 다른 사람이 아닌 그가 하필 정중부 정권을 타도하는 데 앞장섰던 것은 그 때문이었다.

정중부의 잔당 제거

거사 당일 아침, 경대승은 국왕의 특별한 부름을 받은 자리에서 승선 직을 제의받았다. 살해당한 정균이 맡던 자리를 경대승에게 주려는 것이었다. 경대승은 이 제의를, 자신은 무신에 불과하다는 이유로 정중히 사양했다. 그러나 국왕 마음대로 처리하기에는 경대승의 의중이 마음에 걸리지 않을 수 없었다.

국왕은 누구를 임명하면 좋겠느냐고 경대승에게 다시 자문을 구했다. 미리 생각해두지 못했기 때문에 쉽게 대답이 나올 수 없었다. 그러자 국왕은 오광척吳光陟이 어떻겠느냐고 다시 의향을 물었다. 경대승은 기다렸다는 듯이 분명하게 반대 의사를 표시했다.

"승선은 왕명을 보내고 받아들이는 중책이니 문신이 아니면 아니 됩니다. 광척이 비록 학문을 조금 한다고 하지만 무신이니 정균과 다를 바가 없습니다."

오광척은 무신이면서도 문신들과 교유를 좋아하여 무신란에는 참여하지 않았다. 그럼에도 이의방과의 친밀한 관계를 내세워 무신란 직후 별장에서 장군으로 승진했다. 이의방이나 정중부 정권에서 특별히 중용되지도 않았고 소외받았다고 할 수도 없는, 정치적 성향이 크게 드러나지 않은 인물이었다. 국왕에게는 적임자로 여겨졌고, 경대승의 입장에서도 크게 반대할 이유가 없는 인물이라고 볼 수 있다.

그러나 경대승은 오광척이 무신이라는 이유 하나만으로 그의 승선 임명에 반대했던 것이다. 본래 승선은 무신란 이전에는 무신이 갈 수 있는 자리가 전혀 아니었으니, 경대승의 생각에는 충분한 근거가 있었다. 여기서 경대승이 무신란 이후 무신들의 득세나 무차별적인 관직 진출에 대해 비판적이었다는 것을 알 수 있다.

국왕은 경대승의 반대를 무릅쓰고 오광척을 승선에 임명할 수 없었다. 자신의 의중만 드러내고 말았다. 하지만 경대승의 입장에서는 오광척이 국왕의 총애를 받는다는 사실을 확인할 수 있었고, 결국에는 임명되고 말 것이라는 불안감이 들었다. 그렇다고 마땅한 다른 인물이 얼른 떠오르지도 않았다.

경대승의 족형되는 장군 손석이 이 문제에 끼어들면서 일은 간단명료하게 해결되었다. 손석이 경대승을 부추겨 오광척을 주살해버린 것이다. 손석이 이렇게 과격한 해결책을 동원한 데는 그럴만한 이유가 있었다.

오광척은 정중부 집권기 때인 1178년(명종 8) 정월, 전국에 찰방사를 파견할 때 양주(서울)·충주 방면의 찰방사가 되어 이 지역을 감찰한 적이 있었다. 당시 손석의 아버지는 수주(수원)의 지방관으로 재임하고 있었는데, 지방민에 대한 착취와 탐욕이 심하여 백성들의 원성이 개경에까지 들렸다.

오광척이 감찰을 마치고 돌아오자 손석은 그를 찾아가 부친을 탄핵 대상에서 빼줄 것을 간청했다. 하지만 오광척은 이를 거절하고 손석의 아버지를 탄핵하여 파면시켜버렸다. 이 일에 대한 사감으로 손석은 경대승을 유혹하여 오광척을 살해한 것이다. 경대승이 오광척을 제거한 것은 손석의 부추김 때문만은 아니었다. 오광척이 자신의 거사를 못마땅하게 여기고 있다는 점이 더 중요하게 작용했다. 국왕이 그를 승선으로 앉히려는 데서 그런 낌새를 감지했던 것이다.

경대승은 내친 김에 정중부 정권의 군사적 기반인 무신들을 모조리 색출하여 제거했다. 여기에는 장군 김광영金光英, 중랑장 송득수宋得秀,

기세정賮世貞 등이 주요 인물로 끼여 있었다. 그리고 거사에 반발하려는 일부 친위군의 하급장교들도 아울러 제거해버렸다. 김광영은 정중부의 측근 인물로 기두들을 잘못 건드렸다가 행패를 당한 그 사람이고, 송득수는 송유인과, 기세정은 기탁성과 인척관계일 것으로 보이는데 확실하지는 않다.

이로써 경대승은 정중부 정권의 핵심인물들을 일망타진하는 데 일단 성공했다. 모두 거사 당일 오전까지 거침없이 해치웠다. 자신도 어떻게 여기까지 왔는지 정신을 가누기 힘들 지경이었다. 정중부의 잔여 세력을 제거하고 정권을 잡는 데는 일단 성공했지만 뭔가 불안했다. 아직 어린 나이 탓만은 아니었다.

경대승의 불안은 거사 후 며칠 지나지 않아 무신들의 저항으로 현실화됐다. 대부분 정중부 정권하에서 득세했던 무신들이었다. 이들은 먼저 익명으로 군중들 속에서 무리를 선동하기 시작했다.

정중부가 문신들을 누르고 무신들의 위세를 세워준 공로나, 그에 대한 의리를 앞세워 경대승에 대한 복수를 자극했던 것이다. 주로 유언비어를 조작하거나 근거 없는 소문을 만들어 정국을 혼란케 하는 정도였다. 이들이 구체적인 행동으로 나타내지 못하고 배후에서만 떠들었던 것은 여론의 향배를 아직 가늠할 수 없었기 때문이다.

하지만 경대승은 불안을 느끼지 않을 수 없었다. 그렇지 않아도 거사 뒤의 감당하기 힘든 심리적 부담에서 채 벗어나지 못한 상태였다. 단순한 유언비어나 소문도 불안감을 넘어 공포감을 주기에 족했다. 게다가 경대승은 무신란에 전혀 참여한 바도 없었다. 자신의 독자적인 세력 기반이나 따르는 측근 인물도 이전의 집권자에 비하면 미약했다. 수세적이고 불안한 집권이었던 것이다. 자신에 대한 신변 경호를 철저

히 하는 수밖에 다른 도리가 없었다. 이런 목적으로 만든 것이 도방이
라는 사병집단이다.

도방과 떠도는 무사들

도방의 창설

경대승이 조직한 사병집단의 구성원은 기본적으로 군인 신분이었다. 그런데 이들 군인층의 성격이 미묘한 것이었다. 사병집단의 구성원이 었던 군인층이 어떤 사람들이었는가를 알아보기 위해서는 먼저 고려 시대 병제에 대해서 잠깐 살펴볼 필요가 있다.

고려 전기의 병제는 군반제로 운영되었다는 점은 앞서 언급한 바 있다. 군반제란 군역만을 전담하는 군반 씨족이 있어 이들에게 생계유지를 위해 토지(군인전)를 지급해주고 군역을 세습케 하는 것이다. 그러니까 군반 씨족과 군인전은 불가분의 관계였다. 지금과 굳이 비교해서 말하자면 직업군인제와 비슷한 것인데, 다만 군인 신분이 군인전과 함께 세습된다는 점이 다를 뿐이다.

따라서 군인전이 지급되지 않으면 군반제는 유지될 수 없었고, 군인으로서 국가에 대한 복무도 제대로 수행될 리 없었다. 쉽게 말해서 봉급을 받지 못하는 군인이 국가의 군대로 남아 있을 이유가 없는 것과 같다.

그런데 무신란 이전부터 제대로 지급되지 못하던 군인전은, 무신란 이후에도 권력자의 겸병이나 탈점의 대상이 되어 더욱 문란해지고 군반제는 유지하기가 어렵게 되었다. 이에 따라 군반제하의 군인들은 점차 국가와의 관계나 통제에서 벗어나 제도권에서 떨어져 나올 수밖에 없었다.

이렇게 국가의 통제에서 벗어난 군인들은 창검의 사용이나 무술에 익숙하여 무사적 자질을 다분히 갖추고 있었다. 게다가 무신란은 이들의 무사적 기질을 마음껏 발휘할 수 있는 사회적 여건을 만들어주었다.

몇 차례에 걸친 집권 무인의 교체와 무인정권의 전개과정에서 국가의 통제에서 벗어난 유동적인 무사들은 더욱 양산되었다. 권력자들에 의해 군인전이 탈점되어 갈수록 줄어들었기 때문이다. 하지만 이들을 수용하고 정착시킬 만한 사회제도적 장치는 마련되지 않았다.

이 무렵 치안을 어지럽히거나 사회 혼란을 야기시키는 자들은 대부분 이런 무리들이었다. 특히 도적으로 표현되는 경우가 가장 많았다. 이들을 사서에서 악소惡少(불량배나 무뢰배를 의미), 사사死士(결사대를 의미), 용사勇士, 무사武士, 장사壯士 혹은 문객門客 등으로 표현하고 있다.

이들은 무인집권간의 권력투쟁이나 정권 교체 때 자주 동원되었다. 무신란 직후 맨 먼저 권력투쟁에 나섰던 이고가 반란을 위해 끌어모았다는 불량배는 바로 악소를 말하는 것이다. 그리고 경대승이 거사를 위해 만든 결사대나, 앞서 청주변란에서 등장하는 결사대는 사사를 가리킨다.

악소나 사사는 국가의 통제에서 벗어난 군인층으로서 결국 같은 부류의 사람들을 가리키는 것이다. 용사나 장사·무사 등도 마찬가지로 악소나 사사와 다를 바 없는 존재들이었다.

이들이 모두 똑같은 사회적 존재 양태를 가리키는 것은 아니었지만, 대부분 제도권에서 떨어져 나온 군인층이었다는 점에서 공통된다. 이들을 모두 무사라고 통일해서 부르겠다. 바로 이들 무사들이 사병집단, 즉 도방의 구성원이었던 것이다.

사병집단을 조직하고 그것을 도방都房이라고 부른 것은 무인집권자 중에서 경대승이 처음이었다. 그 이전 이의방이나 정중부 등도 자신의 신변을 호위할 최소한의 사적인 무력 집단은 가지고 있었다고 생각된다. 정적이나 반대 세력의 위협이 항상 뒤따르고 있었기 때문이다. 하지만 이들 사병집단에 대해서는 사서에 그 구성원이나 규모 등에 대한 구체적인 언급이 없어 설명을 생략한다.

경대승이 조직한 도방의 구성원은 군대에서 이탈한 무사들이었다. 거사 당일 대궐로 쳐들어간 결사대 30여 명이 그 주축을 이루었고, 여기에 무사들을 더 모집하여 도방을 130여 명이 넘는 사병집단으로 양성했다. 대단한 병력은 아니지만 경대승 개인의 신변을 호위할 만큼은 되었다고 보인다. 거사에 성공한 직후의 일이었다.

이 도방의 무사들을 지휘한 인물은 견룡군 소속의 김자격金子格이었다. 김자격 역시 경대승이 거사할 때 대궐에 침입했던 사람들 중의 하나였다. 견룡군에 속한 그를 사병집단인 도방의 지휘자로 삼은 것은 국가의 군대조직이 사병조직에 이용되고 있었음을 보여주는 것이다. 경대승은 이들 도방의 무사들을 자신의 사저에 유숙시키고 숙직하게 했으며, 자신도 가끔 이들과 함께 한 이불을 덮고 잠으로써 유대관계를 강화해나갔다.

　경대승은 이들 도방의 무사들을 2~3명씩 풀어 몰래 항간을 염탐하도록 했다. 유언비어나 헛소문을 퍼뜨리는 자들을 잡아들이기 위한 것이었다. 수상한 언행을 한 자들은 모두 잡아들여 가두고 심한 문초를 가했다. 이 때문에 무고한 옥사가 계속되었고 형벌이 남용되는 경우가 많았다. 국왕은 사면령을 내려 이들을 풀어주곤 했으며, 경대승은 모르는 체 넘어가기도 했다.

　경대승은 도방을 조직한 지 보름도 지나지 않아 벼슬을 그만두고 집안에 칩거했다. 외출 시 신변이 불안했기 때문이다. 적대 세력들의 위협에 그가 얼마나 심리적 불안감을 지니고 있었는지 알 만한 일이다. 하지만 국가의 중요한 정책이나 자신에게 직접 관련되는 문제에 대해서는 반드시 입궐하여 결정에 관여했다. 이런 점에서 보면 국정 전반에 대한 영향력은 이의방이나 정중부보다 크지는 못했을 것이다.

　경대승은 입궐할 때나 퇴궐할 때 반드시 도방의 무사들로 하여금 자신을 호위하도록 했다. 도방의 호위를 받는 것은 대궐 안에서도 마찬가지였다. 도방은 자신의 수족과 같은 존재였던 것이다. 그런 만큼 도방의 무사들에 대한 의존도는 높아졌고 이들의 횡포도 그럴수록 심해졌다.

도방, 혹은 도방盜房

1180년(명종 10) 정월, 개경 일대에 도적 떼가 어지럽게 일어난 적이 있었다. 잡아들이고 보면 이들은 모두 도방의 무사를 자칭했다. 관청에서 체포하여 가두면 경대승은 풀어주고, 풀려난 이들은 다시 도적질을 했다. 드러내놓고 약탈을 하거나 횡포를 부리면서 조금도 거리낌이 없었다. 심지어 살인을 저지르고도 담당관원이 체포하여 치죄하려고 하면 경대승이 풀어주고 말았다. 도방의 무사들을 경대승이 얼마나 비호했는지 보여주는 대목이다. 자신의 수족과 같은 존재들이었으니 당연한 일이었을 것이다.

1181년(명종 11) 3월에는 떼도둑이 국가의 창고인 대창大倉에까지 쳐들어왔다. 창고를 지키던 군사가 있었지만 이들을 막을 수가 없었고, 그 지휘관은 싸우다 패하여 죽고 말았다. 국가의 군대와 맞설 정도의 도둑들이라면 보통 도둑이 아닐 것이다. 이 점만 가지고 보아도 이들은 군대에서 이탈한 군인층이었음이 분명하다.

이 도둑 떼들은 다시 태조 왕건의 진전사원인 봉은사에까지 쳐들어갔다. 진전사원에는 그곳을 지키는 위숙군이 주둔하고 있었지만 도둑의 무리를 막지는 못했다. 도둑들은 마음껏 약탈을 감행하고 은병 30여 개까지 훔쳐갔다. 그런데도 이들에 대한 사후조치나 제재가 없었다. 이런 점에서 보면 도방의 무사들이 저지른 소행임에 분명했다.

경대승이 도방 무사들의 불법이나 도적 행위를 비호하는 데는 자신의 수족들을 지키겠다는 의지도 있었지만, 보다 절실한 다른 이유가 있었다. 130여 명이 넘는 사병집단을 양성하고 유지하려면 무엇보다 먼저 경제적인 기반이 확보되어 있어야만 한다. 이들 무사들에 대한 숙식 정도는 말할 필요가 없고, 주군을 위한 군사적 복무의 반대급부를 해결해주어야 사병집단이 유지되는 것이다. 서양 중세의 봉건영주와 기사의 관계를 생각하면 이해하기 쉬울 것이다.

그러나 경대승에게는 그럴만한 경제 기반이 없었다. 아버지 경진이 죽자 토지를 모두 국가에 반환해버린 그였다. 130여 명이 넘는 무사들에 대한 반대급부는 고사하고 숙식 해결마저 원활하지 못했을 것이다. 하는 수 없이 도방의 무사들은 결핍된 경제적 욕구를 스스로 알아서 해결하는 수밖에 없다. 이들에 의한 도적 행위나 불법은 그래서 횡행했던 것이다. 더구나 최고집권자의 사병들이니 거리낌이 없었고, 경대승 역시 모르는 체 방치하거나 비호하여 불법을 조장했을 혐의가 짙다.

경대승의 도방은 그렇게 유지되었다. 인간적인 유대는 강했을지 모르지만 경제적, 제도적인 면에서는 유대관계가 약했다. 도방이나 사병집단의 구성원인 무사들이 일본의 사무라이나 서양 중세의 기사계급과 같이 전문적·직업적인 무사계급으로 자리잡지 못한 이유도 이와 무관치 않다.

항상 가까이 있는 정적

무사들을 초치하여 사병집단을 거느렸던 것은 경대승만이 아니었다. 거사 당일 대궐에 먼저 들어가 정균을 살해했던 허승과 김광립도 따로 무사들을 양성하고 있었다. 제도권에서 이탈하여 떠도는 무사들이 많다 보니 그럴 가능성이 많았다.

허승은 거사 직후 태자부 지유 별장, 즉 별장의 계급으로 태자부의 경호를 맡는 지휘관에 올랐다. 김광립은 산원의 계급으로 견룡군의 행수를 맡았다. 두 사람 모두 거사 직전 계급이 대정이었던 것을 감안하면 허승은 세 계급을, 김광립은 두 계급을 승진한 셈이다.

그런데 이들은 계급보다도 거사 당시 그들의 역할로 인해 대단한 위세를 지니게 되었다. 특히 허승은 동궁을 가까이 모시면서 태자를 안하무인격으로 대했고 술 마시고 노래 부르며 자기 집에서 하듯이 했다. 허승이 이렇게 방자했던 것은 믿는 구석이 있었기 때문이다.

허승 역시 사병을 보유하고 있었다. 허승이 보유한 사병집단이 경대승의 도방보다 규모는 작았지만 도방의 구성원과 다를 바 없는 무사들이었다. 경대승은 이를 묵과할 수 없었다. 자신에 대한 도전일 수 있기 때문이다. 거사 직후부터 그가 마음에 걸렸는데 이 기회에 해결을 보아야 했다.

1180년(명종 10) 12월, 경대승은 허승을 자기 집으로 초대했다. 허승은 방심한 상태로 경대승의 집에 들어섰다가 도방의 무사들에게 포위되어 그 자리에서 주살되었다. 아울러 김광립도 위험한 인물로 판단하여 노상에서 기습, 살해해버렸다. 국왕에게는 그들이 반란을 모의하여 주살했음을 알리고 그만이었다. 가장 가까운 쿠데타 동지가 정적이 되어 제거된 것이다. 쿠데타가 성공한 후 따르는 일종의 권력투쟁이라고 볼 수 있다.

국왕은 오히려 경대승을 위로했고, 재상 이하 모든 관리들이 경대승의 사저에 나아가 치하했다. 이후 경대승의 불안감은 다소 해소되었는지 대궐 내에서 도방의 호위를 받는 것은 폐지했다.

주군이 죽으면 그를 따르던 무사들은 흩어져 각자의 길을 갈 수밖에 없다. 혹은 새로운 주군을 찾아 복종을 맹세하고 몸을 맡길 수도 있다. 하지만 이들을 수용할 만한 사회적 장치가 없으니, 예전의 도적이나 유협적인 생활로 돌아가는 경우가 많았다. 허승이나 김광립의 무사들도 그런 처지였을 것이다. 그러다가 다시 집권자의 교체나 권력투쟁에 동원되어 이용되곤 했던 것이다. 무인집권기 동안 줄곧 무인들의 정권교체가 계속되었던 것은 이러한 유동적인 무사계급이 존재했기 때문에 가능했다고 볼 수 있다.

경대승에 속한 도방의 무사들도 경대승이 죽은 후에는 마찬가지 처지가 되었다. 주인을 잃은 뒤 자리를 잡지 못하고 떠돌던 무사들은 가끔 한자리에 모여 술을 마실 기회가 있었던 모양이다. 그러자 도방을 이끌었던 김자격은, 이들이 난을 모의한다고 중방에 무고했다. 자신이 살기 위해 먼저 선수를 친 것이었다.

중방에서는 이들 중 60여 명을 잡아들여 혹독한 고문을 가하고 모두 먼 섬으로 유배를 보냈다. 하지만 고문이 너무 심하여 유배 도중 대부분 죽고 4~5명만이 살아남을 수 있었다. 경대승이 죽은 마당에 그의 무사들을 그렇게까지 할 필요는 없었지만, 국왕은 이 문제에 직접 간여했다.

도방의 무사들을 이렇게 가혹하게 대했던 것은 국왕 명종의 경대승에 대한 반감 때문이었다. 국왕은 경대승을 매우 못마땅하게 여겼다. 그 이전 이의방이나 정중부도 부담스러운 것은 마찬가지였지만, 특히 경대승에게는 색다른 거부감을 갖고 있었다.

전주 죽동의 난

수령들의 탐학

경대승 집권기의 민란으로는, 관성(충북 옥천)과 부성(충남 서산)에서의 민란과, 전주 죽동의 난이 있었다. 관성·부성에서의 난은 1182년(명종 12) 2월에 일어나 바로 종식되었고, 전주에서의 난은 같은 해 3월에 일어나 4월까지 계속되었다.

관성현령 홍언洪彦은 향락생활이 지나친 음탕한 자였다. 도를 넘는 향락생활은 당연히 백성들에 대한 착취로 이어졌다. 심지어는 그가 가까이하는 기생까지도 현령의 힘을 믿고 백성들에게 행패를 부렸다. 이에 분노한 관성현의 아전들과 백성들이 홍언이 사랑하는 기생과 그 어미, 형제들을 죽이고 홍언을 잡아 가두어버렸다. 그리고는 중앙정부에 홍언을 처벌해줄 것을 요구했다.

중앙에서 감찰관리가 파견되어 조사한 결과 홍언의 탐학과 작폐가 사실로 드러났다. 그는 종신금고에 처해졌다. 아울러 난의 주모자 5∼6명도 함께 처벌하여 귀양보낸 것으로 난은 어렵지 않게 종결되었다.

이 난은 현의 아전들까지 합세한 것으로 보아, 일반적으로 나타나는 지방관리의 착취에 의한 백성들의 항쟁이라기보다는 홍언의 개인적 실정 때문에 일어난 것으로 보인다. 하지만 무인집권기 일반적인 민란의 배경과 전혀 관계가 없지는 않았을 것이다.

이와 거의 같은 시기에 부성에서도 백성들이 봉기했다. 부성의 현령과 현위가 서로 재물을 놓고 심하게 다투면서 그 폐해가 백성들에게까지 미친 결과였다. 폐해를 입은 백성들이 그 괴로움을 견디지 못하여 봉기한 것이다.

백성들의 봉기로 현령과 현위가 도주해버리자, 그들은 관아로 쳐들어가 현의 아전과 노비들을 죽이고 관아를 폐쇄해버렸다. 현령(7품)과 현위(8품)는 군수와 부군수의 관계와 비슷한 것인데, 이들이 서로 다툰 이유나 그 재물의 성격이 무엇인지는 사서에 나타나 있지 않다. 이 두 사람의 갈등 대립으로 그 폐해가 백성들에게 미쳤다는 것으로 보아 아마도 조세나 공물의 징수와 관련된 것이 아니었나 싶다. 또 이들이 다툰 이유도 사리사욕에 의한 착취와 분배의 문제가 아니었을까 추측된다.

관성과 부성, 이 두 현에서의 봉기는 비슷한 시기에 동시에 일어났지만 서로 관련이 없는 별개의 것으로, 매우 온건한 형태의 민란이라고 할 수 있다. 고을 수령을 죽이지도 않았고, 더 이상 인근 군현으로 확대되지도 않았다. 사전에 계획하여 조직적으로 일어난 난이 아닌 것이다. 따라서 난의 주모자도 언급되지 않고 있다. 일차적으로 수령의 개인적 자질이 원인이 되어 탐학과 착취에 단순 봉기한 것으로 볼 수 있다. 그러나 무인집권기 이렇게 가렴주구를 일삼는 수령이 갈수록 많아지고 있었다는 것은 무인집권기의 구조적 문제가 아닐 수 없었다.

중앙정부에서는 난이 종결된 후 이 두 현의 지방관을 없애버리고 현도 폐쇄해버렸다. 그 후 관성은 1313년(충선왕 5) 옥주로 개명하여 지주사가 파견되었고, 부성은 1284년(충렬왕 10) 서산군으로 승격하여 지군사가 파견되었다.

전주에 부과된 관선 제조 부역

관성과 부성에서 민란이 일어났던 1182년(명종 12) 3월, 전주에서는 기두로 있던 죽동竹同이라는 자가 주동이 된 좀 더 큰 규모의 난이 일어났다. 난이 일어난 직접적 동기는 전주의 사록司錄으로 있던 진대유陳大有라는 자의 학정에 있었다.

전주는 전라도에서 제일 큰 고을로 본래 안남도호부가 있었지만 뒤에 전주목으로 바뀐 곳이다. 목牧은 지방 통치상의 거점도시로 목사(3품) 이하 부사(4품), 판관(6품), 사록(7품) 등의 품관이 주재하는데, 진대유는 그 전주의 사록이었던 것이다.

사록은 보통 과거 급제 후 지방관리로 나아갈 때 처음으로 받는 관직으로, 목사를 보좌하여 대민 행정의 실무를 맡았다. 그래서 해당 지역민과의 접촉이 빈번한 자리였다.

전주의 사록으로 부임한 진대유는 청렴 강직한 것을 자부하면서 형벌을 매우 혹독히 하여 지방민들의 불만이 많았다. 게다가 중앙정부에서는 국가에서 사용할 관선官船을 제작하라는 지시가 떨어졌고, 그 공사 책임을 진대유가 맡게 되었다. 공사의 부역을 담당할 중앙군까지 내려보냈는데, 난을 주동한 기두 죽동이라는 인물은 바로 그 중앙군과 함께 내려온 하급 지휘관으로 생각된다.

그 조선사업이 왜 하필 전주에 부과되었는지는 모르겠다. 배를 건조하려면 그만한 재목을 확보할 수 있는 산림 지역이 해안 가까이 있어야 한다. 그럴만한 지역으로 전주에서 가장 가까운 지역이 변산반도이다.

일찍부터 변산반도의 산림은 전주민들을 동원하여 궁궐이나 사원 건축 혹은 관선 제작을 위해 벌목한 경우가 있었고, 조선시대에도 이곳은 국용 산림 지역으로 유명한 곳이다. 그러니까 관선 제작을 위한 부역과 조선사업이 전주에 떨어졌고, 진대유는 변산반도 근처에서 벌목과 조선을 담당한 현장감독이었다고 보면 옳겠다.

그런데 그 관선을 어떤 용도로 사용하기 위한 것이었는지 궁금하다. 평범하게 생각한다면 세미 운송을 위한 관선으로 보는 것이 무리가 없을 것이다. 그렇다면 왜 하필 이때에 그런 관선이 갑자기 필요했을까? 근거 없는 추측에 불과하지만, 경대승 정권의 경제 기반 확보를 위한 것이 아니었을까 생각된다. 경대승 정권은 도방이라는 사병집단을 양성하고 있었음에도 그 물적 기반이 매우 취약했기 때문이다.

기두 죽동의 봉기와 그 세력

노동력 징발은 보통 농한기인 겨울철에 많이 이루어진다. 농사에 지장을 주지 않기 위해 그런 것인데, 이것이 오히려 겨울철 추위와 싸워야 하는 또 다른 고통을 안겨주었다.

전주에 부과된 관선 제조도 겨울철에 접어들어 공사가 시작되었지만, 실제 난이 일어난 것은 3월이었다. 겨울철에 시작한 공사를 완수하지 못한 나머지 이듬해 3월까지 부역을 강행하지 않았을까 생각된다.

그렇다면 이것이 난의 중요한 원인으로 작용했음이 분명하다.

죽동은 동지 5~6명과 함께 부역에 불만을 품고 있는 무리들을 선동하여 봉기했다. 여기에는 부역에 동원된 관노나 인근 주민, 지방군인, 나아가 승려 등 다양한 계층이 참여했다.

이들이 전주 관아로 쳐들어가자, 진대유는 산중으로 도망쳐 숨어버리고 아전들도 모두 달아나버렸다. 이에 죽동의 무리는 진대유를 비롯하여 공사 감독을 혹독하게 한 상호장(향리의 우두머리) 이택민李澤民 등 10여 명의 부역 감독자 집을 모두 불태웠다. 그리고 판관 고효승高孝升을 붙잡아 아전들의 명부에 도장을 찍도록 협박하여 향리들을 모두 경질하도록 했다. 경질된 향리들은 부역의 말단 감독을 맡았던 자들이었다. 난이 일어난 지 불과 며칠 만에 전주는 죽동의 반군에 점령당하고 말았다.

전주가 점령당했다는 소식을 듣고 전라도 안찰사 박유보朴惟甫가 달려왔다. 죽동 등은 이 난이 정치적 변란으로 비춰지는 것은 곤란하다고 생각했는지, 반군의 무리에게 대오를 갖추어 정렬하게 했다. 그리고 진대유 등이 자행한 혹독한 공사 감독을 안찰사에게 폭로했다. 박유보는 진대유를 잡아 치죄하겠다고 약속하고 해산할 것을 종용했다. 하지만 죽동 등은 먼저 진대유를 잡아들이고 공사를 즉각 철수, 중단하라고 요구했다.

안찰사 박유보는 할 수 없이 군사를 풀어 진대유를 잡아들이고, 난의 상황을 기록한 장계와 함께 서울로 압송토록 했다. 그리고 반군의 무리를 향해 해산하지 않으면 화를 자초할 것이라고 압박해왔다. 그러나 죽동의 반군은 이를 따르지 않고 성문을 굳게 닫고 지켰다. 박유보는 도내의 군사를 더 징발하여 몇 차례 성을 공격했지만 큰 타격을 주지는 못했다.

중앙정부에서는 난의 소식을 듣고 합문지후(정7품) 배공숙裵公淑과 낭장(정6품) 유영劉永을 내려보냈다. 이들은 진압보다는 진상 조사와 회유를 목적으로 파견된 안무사였다.

안무사는 성 안으로 들어가 난의 이유를 묻고 반군 세력의 동정도 살피면서, 무리 중에서 적당한 내부 동조자를 탐색했다. 그러다가 지방군의 대정으로 있는 어느 하급장교 하나를 포섭하여, 죽동 등의 주동자를 제거할 것을 주문했다. 그에 대한 충분한 반대급부도 약속해주었음은 물론이다. 내부에서 그 공작이 성공하면 안찰사 박유보의 군대로 성을 치겠다는 계획이었다.

그런데 일이 성사될 즈음 배공숙과 유영 등이 중앙에서 무고를 받아 갑자기 소환되고 말았다. 이유는 확실치 않지만 당시 중앙정계에서는 사리사욕에 의한 무고나 참소가 많았던 시절이라 개인적인 중상모략일 가능성이 많다. 내부 공작을 주도한 두 안무사가 소환되자 그 공작은 유야무야되었고, 승산 없는 공방전만 지리하게 계속되자 반군은 40일 이상 성을 지키면서 버티었다.

그러던 중 앞서 포섭된 그 내부 동조자가 또 다른 승도들을 회유하여 마침내 죽동 등 난의 주모자 10여 명을 제거하는 데 성공했다. 죽동 등이 제거되자 반군 세력은 점차 힘을 잃고 무리들도 흩어지고 있었다.

중앙에서 임용비任龍臂와 김신영金臣穎이라는 자가 다시 파견된 것은 이때였다. 새로 온 이들 안무사는 협박과 회유를 반복하면서 반군 세력이 더욱 약화되기를 기다렸다. 얼마 후 이들이 군대를 이끌고 전주성을 쳐들어갔을 때는 별다른 저항도 받지 않을 정도로 반군 세력은 미미했다. 그때까지 버티고 있던 잔여 세력 30여 명을 주살하는 것으로 난은 진압되었다.

난을 진압하기까지 거의 두 달이 소요되었으니, 그 반군 세력이 만만치 않았음을 알 수 있다. 반군 세력이 의외로 강했던 것은 지방의 군인들이 참여하고 있었기 때문이다. 이들도 물론 부역에 동원된 사람들이었다.

정부 측의 회유에 넘어간 대정 계급의 그 내부 동조자도 지방군에 소속된 자였다. 대정은 가장 말단의 하급장교인데, 지방군의 경우 보통 그 지역의 향리들이 여기에 임명된다. 향리는 지방의 토착 세력가로 과거에 응시할 수도 있어 중앙관료로도 진출할 수 있는 계층이었다. 그러니 관노들이나 일반 농민들하고는 이해관계가 다를 수밖에 없었고, 정부 측에 포섭된 이유도 그런 입장 차이로 인한 엇갈린 이해관계 때문이었던 것이다.

초기에 강성했던 반군이 의외로 쉽게 무너졌던 것도 반군 세력의 다양한 계층 구성 때문이었다. 관청의 노비에서부터 그 지역의 일반 농민, 지방의 군인이나 그 지휘를 맡고 있는 향리층, 심지어는 중앙에서 내려온 군인들까지 매우 복잡한 구성이었다. 이들의 공통점은 관선 제조를 위한 부역에 시달렸다는 것 외에 없었다.

주모자 죽동이 중앙군과 함께 내려온 기두였다는 사실은 눈여겨볼 필요가 있다. 이들은 전주 인근에서 군인으로 선발되어 상경 근무하고 있던 군인들인지도 모른다. 앞장에서 언급한 대로, 중요한 점은 이기두들이 정중부 정권 때부터 중앙정계에서 반란이나 소요를 일으키는 주인공들이었다는 사실이다. 그래서 이들을 무신란 때의 행동집단 중한 부류로 조심스럽게 추정했는데, 죽동도 어쩌면 그런 인물이 아니었을까 싶다.

난이 평정된 지 2개월 후인 1182년(명종 12) 6월, 전라도 안찰사 박유보는 파직되었다. 전주를 온전히 위무하지 못했다는 것과, 허락도 없이 마음대로 군대를 징발하여 움직였다는 것이 파직 사유였다. 후자가 더 중요한 이유였으리라.

무신란을 부정한 과도 정권

왕을 시해한 자가 아직 살아 있는데

경대승이 정중부 정권의 핵심인물들을 제거한 직후, 조정의 대소신료들은 모두 입궐하여 경대승에게 축하를 보냈다. 축하를 받는 자리에서 경대승은 이렇게 말했다.

"왕을 시해한 자가 아직 살아 있는데 어찌 축하를 받을 수 있겠는가."

바로 이의민을 두고 한 말이었다. 이 말 한 마디는 경대승 정권의 정체성을 확인시켜준 선언이었다.

이의민의 제거를 공언한 것은 의미심장한 일이다. 이의민이 전왕 의종을 시해한 것은 무신란을 마무리지은 사건이라 할 수 있다. 경대승이 그런 이의민의 제거를 여러 관료들 앞에서 공언한 것은, 조금 비약일지 모르겠지만, 무신란을 부정하고 명종의 왕위계승을 부당하게 여기는 것과 다를 바 없다.

하지만 경대승은 스스로 공언한 이의민 제거를 적극적으로 실천에 옮기지 못했다. 이의민은 자신을 제거하려 한다는 소문이 나자 두렵지 않을 수 없었다. 이의민이 그 대비책으로 세운 것은 자신의 무사 집단을 갖는 것이었다. 역시 경대승의 도방과 같이 군대에서 이탈한 군인들을 끌어모아 사병으로 기른 것이다.

이의민은 이들 사병들로 하여금 자기 집 안팎을 철저히 경비하도록 했다. 이 무렵 경대승의 도방 무사들은 몰래 거리를 염탐하거나 불법과 도적질을 일삼고 있었다. 이의민의 입장에서는 이런 도방 무사들의 움직임이 커다란 위협으로 다가왔다. 그래서 마을 어귀에 큰 문을 세워 야경까지 하게 했는데, 이를 여문閭門이라고 불렀다. 개경의 여러 동리에서도 이를 본떠 여문을 세웠다고 하니, 도방 무사들의 위협은 이의민에게만 미친 것은 아닌 모양이다.

이의민은 개경에 남아 있는 것이 불안했다. 그는 정중부 집권기 때 줄곧 조위총 난의 진압을 위해 군진에 나가 있었다. 그때 이의민은 서북면병마사라는 직책에 있었다. 그 후 정중부 제거 소식을 듣고 잠시 개경에 들어와 있었던 것이다. 하지만 경대승의 응징 경고는 더 이상 개경에 머물러 있을 수 없게 했다.

경대승의 도방 무사들이 개경을 휩쓸고 다닐 무렵, 이의민은 병마사의 직임을 지니고 서북면의 군진으로 쫓기다시피 달아났다. 개경의 자기 집에도 무사들을 사병으로 양성하고 있었지만 경대승의 도방을 상대하기는 미약했다. 신변 안전을 위해서는 개경보다 군진에 머물러 있는 것이 최선이었다. 설마 경대승이 변방에까지 군사를 보내 자신을 죽이지는 못할 것으로 판단했다.

군진에 머물러 있었지만 이의민의 촉각은 온통 개경의 움직임에 곤두서 있었다. 군사를 일으켜 개경으로 쳐들어갈까 생각도 해보았다. 최선의 방어는 공격이라고, 경대승을 제거하기 위한 선제공격을 생각할 수도 있는 것이다. 하지만 이는 곧 반역으로 오해되어 왕권에 도전하는 꼴이 되고 만다. 그것이 얼마나 무모한 짓인가는 조위총의 난에서 이미 분명하게 드러났다.

설사 반역이라는 오해를 무릅쓰고 이곳 서북면에서 군사를 일으킨다 해도 조위총만큼의 세력을 규합할는지 의문이었다. 더구나 이의민은 조위총 난을 진압한 장본인이기 때문에 서북면의 주민이나 군사들이 자신을 따라준다는 보장도 없었다. 강제로 진압당한 그 지역민들이 이의민에 대해 호감을 가질 리 없기 때문이다. 게다가 이의민은 의종을 시해한 장본인이었으니 오히려 반감마저 없지 않았다. 의종 시해에 함께했던 박존위가 운주(평북 운산)에서 그 지역 주민들에게 살해당한 사실만 보아도 짐작할 수 있는 일이었다.

1180년(명종 10) 12월, 개경에서는 중요한 사건이 터졌다. 경대승이 쿠데타의 동지였던 허승과 김광립을 제거한 바로 그 사건이다. 그런데 이 사건은 군진에 나가 있던 이의민에게 잘못 전달되었다. 경대승이 주살되었다고 알려졌던 것이다. 이의민은 그렇게 소식을 잘못 듣고 주변 군사들에게 소리쳤다.

"내가 경대승을 죽이고자 했는데 누가 먼저 손을 썼단 말인가."

이의민은 기쁜 나머지 속마음을 시원하게 털어놨지만 이 말은 개경의 경대승에게 그대로 전달되었다.

1181년(명종 11) 4월, 이의민은 개경으로 돌아가지 않을 수 없는 상황이 생겼다. 서북면병마사에서 형부상서(정3품)로 고쳐 임명된 것이다.

이때도 물론 상장군을 겸하고 있었다. 병마사직을 그만두게 되었으니 더 이상 군진에 계속 머물 수 있는 명분이 없어진 것이다. 여기에는 이의민을 불러들여 경대승을 견제해보려는 국왕의 정치적 의도가 깔려 있었다.

이의민은 바로 개경으로 올라왔다. 경대승의 살해 위협이 더욱 높아졌다는 것을 알고 있었지만 다른 수가 없었다. 그대로 군진에 머물러 있게 되면 왕명을 거역하는 것이고, 반란을 기도하고 있다는 색다른 오해를 받기 십상이기 때문이다. 한번 부딪혀 보자는 속셈도 있었을지 모르겠다.

개경에 돌아온 이의민은 자신이 기뻐서 했던 말이 이미 여러 사람들에게 널리 퍼져 있음을 알았다. 이 때문에 경대승이 더욱 앙심을 품고 있다는 것도 풍문으로 느낄 수 있었다. 하는 수 없이, 개경에 들어온 지 보름도 지나지 않아 이의민은 병을 핑계 삼아 고향 경주로 낙향해 버렸다. 국왕이 만류했지만 듣지 않았다. 이제 자신을 지켜줄 곳은 고향밖에 없다고 생각했을 것이다. 어쩌면 고향 경주에는 그가 믿을 만한 세력이 있을지도 모른다.

경대승이 이의민을 제거하려는 의지가 확고했다면, 가장 좋은 기회는 이의민이 개경에 다시 들어와 머문 그 보름간이었다. 하지만 경대승은 별다른 조치나 특별한 움직임을 보이지 않았다. 이의민의 제거를 공언했지만, 어떻게 보면 경대승은 이의민에 대해 수세적인 자세가 역력했다.

국왕 명종과 경대승

경대승은 무인집권자 중에서 유일하게 《고려사》 반역 열전에서 제외된 인물이다. 그것은 경대승이 무신란을 부정하고 복고를 외쳤기 때문이다. 그가 이의민의 제거를 선언한 사실에서도 무신란을 부정적으로 보았음이 드러난다.

무신란을 부정했다면 명종의 왕위계승 정통성에까지도 영향을 미칠 수 있는 문제이다. 명종의 왕위계승은 무신란이 성공한 결과의 산물이기 때문이다. 따라서 국왕 명종에게는 이전의 어느 집권자보다도 경대승이 부담스런 존재일 수밖에 없었다.

그런데 경대승이 무신란을 부정했을지는 몰라도, 재위 중인 국왕 명종을 부정한 기색은 실제 나타나지 않는다. 즉위한 지 10년이 지난 명종의 왕위계승을 이제 와서 부정한다는 것은 쉬운 일이 아니었다. 재위 중인 국왕을 부정한다는 것은 새로운 국왕을 세운다는 뜻과 같다. 그것은 인위적인 왕위 교체를 의미하는 것으로, 정치 군사적 반란에서나 가능한 일이다. 그러니까 경대승이 명종의 왕위계승을 부정하면 그 자체가 또 다른 무신란이 되는 것이다.

무신란을 부정하기 위해서, 그리고 왕위계승을 부정하기 위해서는 또 한 번 반란을 일으켜야 한다. 경대승은 이를 감당하고 수행할 능력도, 의사도 없었다. 거사 당일 대궐에서 사직의 보호를 언명한 것에서도 알 수 있다. 하지만 경대승이 재위 중인 명종을 심정적으로나마 달갑지 않게 여겼음은 틀림없다.

경대승이 무신란을 부정했다면 당연히 왕정복고를 위해 국왕의 편에서 노력했어야 한다. 그러나 당시 국왕 명종은 무신란으로 왕위에 오른 인물이다. 왕정복고를 이룩하려면 명종의 왕위계승을 인정할 수밖에 없었고, 그러면 무신란도 부정할 수 없게 되는 것이다. 경대승 정권의 모순이었다.

이러한 경대승의 정치적 딜레마는 국왕 명종과의 관계 속에서도 드러난다. 왕위계승을 인정할 수도 없고 인정하지 않을 수도 없는 것이다. 국왕의 입장에서도 적극적으로 왕권을 회복할 수도 없고, 경대승 정권에 의탁할 수도 없는 것이다. 이와 같은 명종과 경대승 정권의 미묘한 관계는 그 이전 이의방이나 정중부 정권과는 전혀 다른 것이었다. 어느 정권보다도 집권력이 미약했던 경대승 집권기는 국왕 명종으로서 왕권을 회복할 수 있는 호기였다. 그러나 역설적이게도 오히려 안일에 빠져 왕권의 안정에 소홀했던 것은, 경대승의 집권이 갖는 그런 미묘한 문제 때문이었다.

명종은 무신란 이후 10여 년 동안 국왕으로서의 위상을 전혀 확보하지 못했다. 경대승이 집권한 후에도 이 점에서는 조금도 나아지지 않았다. 오히려 갈수록 국왕이라는 허명에 안주하려는 경향을 드러냈다. 나인들과의 애정에만 탐닉했던 것은 그 좋은 예이다.

국왕이 가까이하는 나인으로 다섯 명의 여성이 있었는데, 셋은 일찍 죽고 순주純珠, 명춘明春이라는 두 나인이 남아 있었다. 이 두 나인을 얼마나 사랑했는지 잠시도 곁에서 떠나지 못하게 했다. 그런데 1180년(명종 10) 6월, 순주에 이어 마지막 남은 명춘이 죽자 국왕은 애끓는 마음을 조금도 숨기지 않고 소리 내서 울었다. 주변의 시선을 조금도 개의치 않았다.

이에 모후(공예태후)가 "비록 정이 깊더라도 중방에까지 들려서는 아니됩니다"라고 주의를 주었으나 울음을 그치지 않았다. 심지어는 친히 도망시悼亡詩(아내의 죽음을 슬퍼하는 시)를 짓고 종친들에게 화답하는 시를 올리도록 할 정도였다. 이것을 보고 어느 익명의 사관은 다음과 같은 평을 사서에 남기고 있다.

왕은 천품이 잔약하고 여러 번 변고를 겪으면서 놀라고 두려워하여 군국의 기무는 모두 무신들에게 견제되었다. 희로애락에 이르기까지도 감히 자신의 뜻대로 하지 못하더니, 정중부가 주살된 후 마침내 여자와의 정애에 빠지게 되었다(《고려사절요》 12, 명종 10년 6월조).

국왕의 행동반경이 개인적인 영역에까지 얼마나 옹색했는지 알 수 있다. 그런데 재미있는 것은 경대승이 집권한 후 그런 제약이 조금 완화되기는 했지만, 이것이 왕권의 회복으로 나타난 것이 아니라, 극히 사적인 여자들과의 애정에 탐닉하는 쪽으로 흘러갔다는 것이다.

명종은 형제애나 가족애에도 더욱 몰입했다. 전왕 의종이 비명에 횡사한 후 왕실은 참담했다. 동모제인 명종이 형의 뒤를 이어 왕위에 오르긴 했지만 왕실이 입은 정신적인 상처는 이만저만한 것이 아니었다. 게다가 정권을 잡은 무인들의 방자함과 득세로 왕실은 무력증에 빠져 있었다.

그것을 보상받는 길로써 왕실은 공예태후를 중심으로 모자관계를 돈독히 했다. 전왕 의종이 모후와 불편한 관계였다는 사실은 두고두고 후회스러운 일로 여겼으며, 무신란이 일어나 왕실의 권위가 땅에 떨어진 것도 그 때문이라고 생각할 정도였다.

그래서 그랬는지 몰라도 명종은 모후에 대한 효성이 지극했으며, 두 아우 충희와 평량공 민平涼公 旼(후의 신종)도 역시 그랬다. 국왕을 중심으로 한 형제간의 우애도 사가의 어느 형제들 못지않았다. 충희가 궁녀들을 난행하여 대간의 탄핵을 받았을 때도 국왕은 오히려 그 대간의 관리를 파면할 정도로 두둔했다. 충희는 출가한 승려였는데 모후의 간병을 핑계로 대궐에서 생활하면서 일을 저질렀던 것이다. 정치에서 소외된 국왕이 능동적으로 할 수 있는 일이라곤 그것밖에 없었던 모양이다.

국왕은 고려 왕조를 상징하는 왕실의 중심이 아니라, 이제는 한 가족 구성원의 가부장에 불과한 듯 보였다. 무인집권자들은 그 가족사의 테두리 안에서는 국왕의 활동에 대해 너그러웠을 것이다. 무신란을 부정한 경대승이 집권한 후에는 그것에 더욱 안주했다. 가족애나 형제애, 혹은 여자에 대한 탐닉은 그나마 명종이 국왕으로서의 자유를 찾는 길이었다.

중방의 강화

경대승의 무신란에 대한 부정적인 태도는 역설적이게도 점차 중방의 강화를 가져왔다. 경대승 집권기의 중방이 정중부 집권기의 중방보다 영향력이 커지고 있었다는 기미는 여러 가지 점에서 포착된다.

1180년(명종 10) 7월, 중방에서는 종참과 그와 관계된 승려 10여 명을 붙잡아 섬에 유배 보낸 적이 있었다. 종참은 정균과 함께 이의방을 제거하는 데 앞장섰던 바로 그 승려였다. 그를 중방에서 새삼스럽게 징계했던 것은 이의방을 제거하고 중방의 권한을 약화시킨 장본인이라고 생각한 때문이다.

중방을 권력의 핵심에 자리 잡게 한 것은 이의방이었다. 그런데 정중부가 집권하면서는 중방이 약화되었다. 하급무신들의 반발 때문이었지만 그 근본 원인은 중방을 후원하던 이의방이 제거된 탓이었다.

중방의 고급무신들은 상대적으로 이의방 집권기가 그들에게 좋은 시절이었다는 사실을 깨닫게 되었다. 정중부 정권에 대한 불만도 당연이 높아갔다. 그러다가 정중부 정권이 무너지자 이의방 제거에 앞장섰던 종참과 승려들을 추방해 뒤늦게 지난 시절의 앙갚음을 한 것이다. 이는 바꿔 말해서, 중방의 고급무신들이 경대승의 쿠데타에 동조하거나 암묵적 지지 정도는 보냈다는 뜻도 된다. 따라서 중방은 경대승 집권기에 들어 강화될 소지를 마련해놓고 있었다.

1180년(명종 10) 11월 중수하던 강안전(처음 이름은 중광전)이 완공되었다. 그 문액을 향복嚮福이라고 했다. 이 강안전 곁에 중방이 위치하고 있었는데, 중방에서는 그 문액의 이름을 못마땅하게 생각했다. 향복이 항복降伏과 음이 비슷하여, 무신들의 기운을 눌러 항복하게 하려는 것이 아닌가 의심한 것이다. 중방의 무신들은 그 문액의 이름을 고쳐줄 것을 요청했다.

국왕은 중방의 요청을 거절하지 못하고 평장사 민영모에게 명하여 이름을 다시 짓게 했다. 그래서 다시 지은 이름이 영희永禧였다. 중방에서는 이를 다시 트집잡았다. 희禧자는 복福을 의미하지만 영永자는 길흉을 짐작할 수 없으니 다시 고치라는 것이었다.

국왕은 하는 수 없이 중방에서 알아서 짓도록 했다. 그래서 마지막으로 낙착된 이름이 중방의 중重자를 따서 붙인 중희重禧라는 문액이었다.

좀 우스운 일이지만 중방에서는 문신들의 숨겨진 의도가 있지 않나 의심한 것이다. 당시 중방의 무신들이 매사에 얼마나 예민하게 반응하고 있었는가를 보여주는 대목인데, 경대승의 집권에 따른 과민한 반응이 아니었나 싶다. 하지만 다른 한편으로는 중방에서 문액의 이름에까지 간섭하여 자신들의 의지를 관철시켰다는 점에서, 중방의 영향력 강화로 볼 수도 있다.

중방에서는 시장의 물가나 상행위에도 간여했다. 1181년(명종 11) 7월, 중방의 무신들은 재상, 대간의 관리들과 함께 경시서에서 회동했다. 경시서는 상행위를 감독하는 기관이다. 이 모임의 주제는 시장의 물가를 정하고 두斗, 곡斛의 양을 일정하게 통일하려는 것이었다. 즉 도량형을 통일하여 시장의 상거래 질서를 확립하고 위반하는 자는 처벌하기 위한 근거를 마련하려는 것이었다.

여기에 재상들과 나란히 중방의 무신들이 참여한 것이다. 이를 보면 중방이 시장의 상행위에까지 간여했음을 알 수 있다. 더불어 당시 시장의 상거래 문제가 국정의 중요한 관심사였음도 드러난다. 상거래 문제가 국정 운영의 중요한 문제였다는 것은, 무인집권기 상업활동이 매우 활발했음을 보여주는 것이다. 이는 사행을 통한 중국과의 무역이나 활발한 은의 유통 등과 함께, 고려 문벌귀족사회가 이 시기 사회경제적으로 큰 변화를 겪고 있었다는 증거이다.

이런 일도 있었다. 1181년(명종 11) 12월, 해안사를 중방의 원당으로 정한 일이 있었다. 해안사는 성곽의 서쪽에 있는 사찰인데, 처음에는 이 사찰을 의종의 영정을 모시는 진전사원으로 정했다. 그러나 중방의 무신들이 이를 저지했다. 의종은 무신들을 탄압한 왕인데 그의 영정을 무방武方, 즉 서쪽에 모실 수 없다는 게 이유였다.

그리하여 성의 동쪽에 있는 초라한 오미원吳彌院을 선효사宣孝寺로 고치고 새로 진전을 지어 옮기게 했던 것이다. 그리고 해안사를 빼앗아 중방의 원당으로 만들어버렸다. 이런 사정 또한 중방의 영향력 강화로 보인다.

중방의 결정적인 영향력은 1183년(명종 13) 5월에 있었던 문반의 관직을 줄이는 조치로 나타났다. 경대승 정권의 성향대로 한다면, 문무반의 관직을 무신란 이전의 상태로 복구하든지, 아니면 문반의 관직을 다시 늘려야 했을 터인데, 오히려 정반대로 결정된 것이다. 무신란을 부정한 경대승 정권에서 약화되어야 할 중방이 점차 강화되고 있었으니 참으로 역설적이다.

문신들이 반긴 복고주의

《고려사절요》에는 경대승의 인물이나 정치적 성향에 대해 이런 평가를 내리고 있다.

> 경대승은 항상 무인들의 불법한 행동에 분개하여 복고復古의 뜻이 있었으므로 문관들이 기대어 존중히 여겼다. 또 의종을 시해한 자를 치고자 했으나 그 일이 어렵고 큰 문제여서 실천하지 못했다. 정중부, 송유인을 죽이자 왕이 속마음으로는 꺼리나 겉으로는 두터운 은총을 보여 모든 요청을 따라주었다. 그러므로 사람들이 많이 따르고 붙었으나 학식과 용략이 있는 자가 아니면 거절하니 무관들이 두려워하고 꺼리어서 감히 방자하게 굴지 못했다《고려사절요》 12, 명종 13년 7월조).

이 기록에 의하면 경대승에게 복고의 뜻이 있었다는 것을 알 수 있다. 복고는 무신란 이전의 상태로 돌아가는 것을 의미한다. 이런 경대승 정권의 복고 성향을 가장 반겼던 사람들은 전통 문신들이었다. 경대승의 쿠데타가 성공할 수 있었던 것도 이것과 무관치 않을 것이다.

경대승의 복고 성향은 무인들의 불법한 행동을 보고 분개한 데서 출발했다. 무인들의 불법한 행동이란 선왕의 법제나 과거의 전통을 무시하고 마음대로 했던 행동들이다. 그래서 문관들은 경대승의 집권을 환영했고, 불법을 저지른 무관들은 꺼려하는 분위기였다.

경대승은 앞서 언급한 대로 그의 아버지 경진이 탈점했던 토지를 모두 반환해버렸다. 그것은 무신란 이후 아버지의 활동을 부정하는 것과 다름없다. 확대 해석이 될지 모르겠지만, 아버지의 무신란 참여까지 비판하는 의미를 담고 있다고 볼 수 있으며 무신란 자체를 부정적으로 보고 있다는 태도와 크게 다르지 않다.

정치판에서 부자간에는 보통 정치노선이나 이해득실에서 어긋나는 경우가 드물다. 경대승은 왜 그의 아버지와는 달리 무신란을 부정적으로 보았을까.

무신란 이후 무신들의 불법한 행동은 경대승이 무신란을 부정적으로 보게 된 중요한 근거였다. 하지만 경대승이 무신들의 불법한 행동을 부정적으로 보게 된 이유는 역시 의문으로 남는다. 더구나 자신의 아버지를 비판하면서까지 그랬다는 것은 조금 이상하다. 경대승이 무신들의 불법한 행동에 분개한 결정적 이유는 무엇일까.

경대승이 비교적 좋은 가문 출신이었기 때문에? 보통 그렇게 설명하는 경우가 많은데 이는 충분한 해명이 못된다. 그의 가문이 사회적으로 기반을 잡은 것은 무신란이 계기였고, 경대승 자신도 아버지 경진이 무신란에 참여했던 덕택으로 빠른 승진을 했기 때문이다. 즉 무신란으로 덕을 본 사람이 무신란을 부정적으로 본다는 것이니, 아무래도 석연치 않다.

그렇다면 그가 남달리 정의감이나 의협심이 강해서? 그랬을 수도 있지만 이는 우연에 치우친 설명으로, 자칫 경대승의 집권을 어쩌다 일어난 우연한 사건으로 전락시키는 우를 범하게 된다.

역사는 필연성을 추구하는 학문이고 원인을 밝히는 학문이다. 그렇게 하지 않을 수 없는 상황에 대한 설명이 있어야 한다. 무신란에 대한 경대승의 부정적인 인식이나 복고 성향이 나타날 수밖에 없는 원인이 설명되어야 한다. 그렇지 않고서는 경대승의 집권을 합리적으로 이해하는 길이 막히고 만다.

무신란에 대한 부정적인 인식이나 복고 지향은 경대승 한 사람만의 생각은 아니었을 것으로 보인다. 무신란이 일어난 지 10년 가까이 흐르면서 무신들의 불법한 행동이나 과거 전통을 무시하는 횡포에 염증을 느끼는 사람들은 많았을 것이다. 이것은 비단 무신란으로 피해를 받은 사람들뿐만 아니라, 수혜를 입은 사람들에게서도 나타날 수 있다.

무신란에 참여하여 혜택을 입은 사람들도 더 이상의 혼란이나 정치 기강의 문란이 자신들에게 손해라고 판단되면 돌아설 것은 당연하다. 이런 부류에는 고위급 무신들이 많았다. 이제는 기득권 집단이 된 이들도 보수적 성향을 드러낼 수밖에 없는 것이다. 경대승이 바로 거기에 해당되는 인물이었다. 정중부 집권기에는 그러한 사회 분위기가 일부에서나마 일어나기 시작했고, 경대승이라는 인물은 그런 분위기 속에서 등장한 것으로 보인다.

경대승 집권기의 복고적인 조치로서 가장 의미 있었던 일은 무신란으로 희생당한 사람들의 영혼을 위로한 것이다. 1183년(명종 13) 4월, 홍원사에서 화엄법회를 베풀고 경인년 계사년의 난 때 죽은 자들을 위한 천령제가 행해졌다. 경인년은 무신란이 일어난 해이고, 계사년은 김보당의 난이 일어난 해인데, 이 두 해 동안에 문신들이 가장 많이 학살되었다.

천령제는 그 두 시기에 무고하게 죽은 사람들의 혼령을 위로하기 위한 것이었다. 이는 역으로 그에 대한 가해자들의 행위가 부당했다는 의미로도 통한다. 무신란 이후 무신들이 득세해 있던 세상에서 조금은 시대 분위기와 어긋난 행사였던 것이다. 그러니 경대승이 복고의 뜻을 실천하기 위한 가시적 성과였는지도 모른다. 하지만 그 당시 살육을 자행한 무신들의 입장에서는 그리 달갑지 않은 행사였을 것이다.

경대승이 복고의 뜻을 품고 있었지만 그것에 부응할 만한 적극적인 정책들을 취할 수 없었던 것은, 바로 그 무신란의 주역들이 건재하고 있었기 때문이다. 더구나 앞장서서 학살을 자행했던 행동집단은 이제 한창 부상하고 있었다.

거리를 둔 인사정책

경대승이 집권한 후, 정중부 정권에서 탄압받았던 사람들은 다시 등용되었다. 송저와 한문준, 문극겸 등이 그들이다. 송저는 정중부의 가노를 치죄했다가 파면당했던 사람이고, 한문준과 문극겸은 송유인에게 밉보여 좌천당했던 사람인데 정중부 정권이 무너졌으니 이들이 재등용되는 것은 당연한 조치일 것이다.

경대승 정권의 인사정책을 보면 정중부 정권 때의 인사 기조가 그대로 유지된다는 것을 알 수 있다. 이전 정권에서 고위직을 차지한 사람들이 흐트러지지 않고 그대로 다시 고위직을 유지하고 있는 것이다.

그 대표적인 인물이 이광정이다.

이광정은 세 차례나 면직되기를 원했지만 받아들여지지 않았다. 그는 정중부가 제거된 직후인 1179년 11월 해직되기를 간청했으나 허락되지 않았다. 정권 교체기에 잠시 위험을 피해가려는 의도였을 것이다.

이광정이 정중부와 함께 온건집단이었다는 점을 감안하면 그의 건재는 이해할 수 없을 정도이다. 이광정은 1179년 12월 다시 한번 해직되기를 원했지만 역시 받아들여지지 않았다. 그는 경대승이 죽은 직후인 1183년(명종 13) 7월에도 역시 또 해직되기를 원했다. 마침내 1183년(명종 13) 12월 인사에서 관직 서열 1위인 판이부사(종1품)에까지 올랐던 인물이다. 이를 보면 그는 정권 교체 때마다 그런 수법으로 위기를 모면했다는 혐의를 지울 수 없다. 이광정이 이렇게 경대승의 집권기 동안 건재할 수 있었던 것은 국왕 명종과의 인연 때문으로 보인다. 그는 홍중방과 함께 전왕 의종을 폐위시키고 명종을 즉위케 하는 데 큰 기여를 했던 사람이기 때문이다. 그런데 더욱 중요한 이유는 경대승이 인사권을 장악하여 마음대로 하지 않았다는 데 있었다.

1181년(명종 11) 정월, 대간에서는 인사행정, 특히 지방관직의 임명에 대해 과거의 법제와 원칙을 지켜나가야 한다는 상소를 올렸다. 무신란 이후 지방관직에 임명된 자들이 대부분 무신들이었음을 감안하면, 무신들의 승진이 남발된 것에 대한 견제라고 볼 수 있다. 이런 상소가 나오게 된 것은 경대승의 집권에 따른 시대적 분위기 때문이다.

문무 양반의 하급관리나 지방관리의 임명은 이부와 병부에서 장악했다. 이런 속에서 지방관리의 임명은 원칙도 없고 기준도 없는, 분경奔競(인사 청탁)과 사리사욕에 의한 인사행정으로 극도의 문란상을 드러냈다. 대간에서 위와 같은 인사행정의 원칙을 강조한 상소문은 그래서 나왔다. 처음에는 대간의 그런 요구를 따르기로 했지만, 결국 고위관리들에 의해 다시 거부되었다.

대간에서 원칙에 입각한 인사행정을 건의한 것에 대해 이부와 병부의 책임자들이 반대한 이유는, 무신들의 반발을 두려워한 때문이었다. 지방관리 임명에서 원칙을 준수한다는 것은 무신란 이전으로 돌아간다는 뜻이니, 무신들이 반발할 것은 당연히 예상되는 일이었다. 경대승이 인사권을 제대로 행사하지 못했을 것이라는 점은 여기서 엿볼 수 있다.

인사행정은 여전히 권력자들을 향한 청탁과 뇌물, 사리사욕 등으로 얼룩져 있었다. 경대승은 복고의 뜻은 있었지만 역시 인사행정에서도 그 의지를 실천하지 못했던 것이다. 오히려 경대승이 인사행정에 깊게 간섭하지 않으려는 태도를 보임으로써 인사권을 쥐고 있는 고위관리들의 농간은 그 이전보다 더욱 심했다.

그렇다면 경대승이 인사권을 장악하여 전횡하지 않은 이유가 궁금해진다. 이것은 앞서 언급했던 경대승 정권의 모순과 관계가 있다. 무신란을 부정한 경대승은 다른 집권 무인들처럼 인사권을 장악하여 전횡할 수 없었다. 그렇게 되면 다른 무인집권자와 다를 바 없게 되고, 무신란을 인정할 수밖에 없는 것이다. 이는 자신의 집권이 갖는 명분이 흔들리는 일이다.

무신란을 부정하고 복고를 외친 경대승 정권의 성향대로 한다면, 무신란 이전의 과거 전통이나 법제를 지키는 것이, 그나마 자신의 집권이 갖는 정당성을 찾는 길이었다. 그래야만 방자하던 무신들도 통제할 수 있었다. 만약 정중부나 송유인처럼 마음대로 인사권을 행사하면 무신들의 거센 요구나 인사 청탁을 막을 방도가 없었을 것이다. 이는 곧 국정의 문란으로 이어지고 자신에게도 유리하지 못한 일이다. 그러나 무신란 이전의 과거 법제도 온전히 준수할 수 없었다는 데 더욱 큰 문제가 있었다.

무신란 이후 지방관직에는 무신들이 대거 진출하여 포진하고 있었다. 무신들의 지방관리 임용은 이의방 집권기에 집중적으로 이루어졌다. 그 이후에도 이런 추세는 막을 수 없었고, 무시할 수도 없었다. 지방관리의 인사권을 담당한 이부와 병부의 수장은 말할 것이 없고, 국왕이나 심지어는 무인의 최고집권자조차 마찬가지였다. 정중부가 그랬고, 복고를 외친 경대승도 예외가 아니었다. 인사정책에 대한 경대승의 방임은 그래서 나타난 것이다.

지방관리로 진출해 있던 무신들의 기득권 수호 욕구가 얼마나 드세었나를 보여주는 좋은 사건이 하나 있다. 1181년(명종 11) 3월, 우간의 대부(정4품)로 발탁된 송저가 느닷없이 거제현령으로 좌천당한 일이 있었다. 송저가 좌천당한 이유는, 그가 서북면병마사로 있으면서 의주의 분도관分道官으로 함께 임명되는 문신과 무신을 문신만으로 임명하자고 주장을 한 데 있었다.

분도관이란 동북면과 서북면 양계의 요지에 파견되어 인근의 몇 개 주·진을 통할하는 지방관이다. 이 분도관은 양계의 장관인 병마사와 말단 주·진의 수령을 연결시켜주는 역할을 했다. 무신란 전에는 여기에 반드시 문신을 임명하는 것이 원칙이었는데, 무신란 이후에는 모두 무신으로 대체한 것이다.

다만 의주는 중국과의 관문으로 사신의 왕래와 문서의 교환이 빈번하여 무신에게 그 일을 맡기기가 곤란한 점이 많았다. 그래서 의주만큼은 그 지정학적인 위치를 고려하여 문신과 무신을 함께 임명토록 했던 것이다.

송저가 서북면병마사로 부임했을 때, 의주 지역 주민들은 문무 양인으로 구성된 분도관의 체제비를 모두 부담하기가 힘겹다고 호소했다. 송저는 의주 지역 주민들의 요구를 수용하여 의주의 분도관은 문신만을 임명해줄 것을 중앙에 건의했다. 국왕도 이 건의를 수용하여 그렇게 시행하려고 했는데, 소문을 들은 무신들이 벌떼같이 일어났다. 문신들이 자신들을 도태시키려는 수작이라는 것이다.

무신들은 송저를 죽여야 한다고 아우성이었다. 국왕도 이 일이 이렇게 큰 파문을 일으킬 줄은 미처 몰랐다. 어쩔 수 없었다. 송저를 보호하기 위해서라도 거제현령으로 보낼 수밖에 없었다.

소극적인 리더십의 과도 정권

경대승 정권의 관리 인사에서 한 가지 주목할 만한 사실이 있다. 그것은 무신란에서 행동집단에 섰던 인물들이 하나 둘씩 고위관리로 등장했다는 점이다. 최세보崔世輔, 조원정曹元正, 이의민이 그들이다.

최세보는 1180년(명종 10) 12월, 동지추밀원사(종2품)에서 다음 해에는 지추밀원사(종2품)로 승진했다. 그는 한미한 가문 출신으로 문자를 모를 정도로 무식했다고 사서에 언급된 인물이다. 재상급 관료에 임용된 자가 문자도 몰랐다는 것은 과장일 테고, 출신 신분이 보잘것없었다는 뜻일 것이다.

이 최세보는 무신란 전에 대정 계급으로 친위군에 소속되어 있었다. 그러던 중 1167년(의종 21) 정월 김돈중에 의해 유발된 화살 사건 때, 국왕의 호위를 잘못했다고 하여 유배당했던 14인의 친위군 장교 가운데

한 사람이었다. 이들이 유배에서 풀려난 것은 무신란이 성공한 직후인 1170년(명종 즉위년) 10월이었다.

그러니까 최세보는 무신란에는 직접 참여할 기회가 없었다. 하지만 그 뒷수습에는 적극적으로 참여했다고 생각된다. 화살 사건은 애꿎은 친위군 장교들이 유배당함으로 해서 그들을 분노케 했고, 이를 계기로 무신란이 계획되었기 때문이다. 어쩌면 최세보는 뒤늦은 참여를 만회하기 위해 더욱 열성적으로 무신란에 동조했을 것이다.

이의민 집권기 때 이 최세보는 자식 문제로 곤경에 처했다가, 이의민의 구원을 받아 모면한 적이 있었다. 이로 미루어 생각하면 그는 무신란 직후 이의민과 함께 정치적 행보를 같이했을 가능성이 많다. 이런 그가 복고를 외친 경대승 정권에서 재상의 반열에 오른 점은 주목할 만한 일이다.

조원정은 1181년 12월 인사에서 공부상서(정3품)에 올랐다. 이 조원정은 그의 아버지가 옥을 가공하는 옥공玉工이었고, 어머니와 할머니는 관청의 기생이었다. 그러니 보잘것없는 미천한 신분으로 7품 이상을 오를 수 없는 사람이었다.

하지만, 그는 무신란 때 하급장교로 있으면서 행동집단의 일원이 되어 이의방을 적극 도왔다. 그래서 무신란 이후 하급장교에서 낭장, 장군으로 승진을 계속했고, 이제 정3품의 공부상서에 발탁된 것이다. 문제는 이런 조원정도 복고를 외친 경대승 정권에서 거리낌 없이 고위관리에 중용되었다는 점이다.

더욱 눈여겨볼 대목은 이의민 역시 1183년 12월 인사에서 당당히 공부상서에 올랐다는 점이다. 이때는 경대승이 죽은 직후였다. 이의민은 이에 앞서 형부상서에 임명된 적이 있었지만 경대승의 저지로 취임하지 못하고, 경주로 낙향하면서 벼슬이 없었다. 그러던 이의민이 경대승이 죽자 바로 공부상서에 발탁된 것이다.

앞의 최세보, 조원정과 함께 이의민의 등장은 다가올 행동집단의 시대를 예고하는 것이다. 그 한 중심에 이의민이 있었다.

경대승에게는 특별히 그를 뒷받침해주는 측근의 인물이나 정치 세력이 별로 없었다. 그도 그럴 것이, 어느 날 갑자기 등장하여 정중부 정권을 타도하기는 했지만 무신란과는 무관한 사람이었기 때문이다.

더구나 집권 약 4년 동안 그는 국가의 어떤 관직도 맡지 않았다. 도방 무사들의 보호를 받으면서 사저에 칩거한 것이나 다름없는 상태였다. 그러니 국정에 대한 장악이나 영향력 행사를 충분히 했을 수 없다. 경대승 정권이라고 부르기에는 그 리더십에서 너무나 소극적이었다.

1183년(명종 13) 7월, 경대승은 정중부를 제거한 지 만 4년이 채 못 되어 갑자기 잠을 자다 죽고 만다. 정중부가 칼을 빼들고 쫓아오는 꿈을 꾸다가 죽었다고 사서에는 기록하고 있다. 아마 심근경색에 의한 심장마비가 아니었을까 싶다. 그가 얼마나 반대 세력의 암살 위협에 시달렸는지 상상할 만하다. 향년 30세였다.

경대승은 무인집권시대의 여러 무인들 중에서 가장 독특한 인물이다. 무신란을 부정했다는 점에서도 그렇지만, 전임 집권자들과는 달리 스스로 권력욕을 드러내지 않았다는 점에서 더욱 그렇다. 이것을 어떻게 이해해야 할지 조금 난감해진다.

인간의 행동은 이해득실을 계산하고 그것에 어긋나는 쪽으로 갈 수는 없다. 하지만 인간은 선악이나 옳고 그름에 대한 판단도 함께 한다. 선악이나 옳고 그름에 대한 판단에서 인간은 당연히 선하고 옳은 쪽을 택할 것이다.

그런데 이해득실에 대한 계산과 선악이나 옳고 그름에 대한 판단, 이 두 가지 길이 분리될 수 없다는 데 문제가 있다. 이득이 되면서도 그것이 선하고 옳은 일이라면 고민할 필요가 없다. 그런 문제에만 직면한다면 인간 세상이 그렇게 복잡해지지 않았을 것이다. 이득이 되지만 그것이 악하고 그른 일일 때, 혹은 손해가 되지만 그것이 선하고 옳은 일일 때 인간은 어느 쪽을 택할까. 역사 속의 인간들은 거의 모두 전자를 택한다고 생각했다. 즉 이해득실과 선악의 문제가 충돌할 때 이해득실의 계산이 앞선다는 것이고, 그런 전제하에 합리적인 설명을 하는 것이다. 과연 인간의 선택은 항상 그럴까?

서양의 어느 철학자가 말했듯이 인간은 기본적으로 선한 의지를 가지고 있다. 그래서 두 길이 충돌할 때 선하고 옳은 길을 얼마든지 택할 수도 있다고 본다. 비록 그것이 손해나는 일이라 할지라도. 그런데 이렇게 되면 합리적인 접근이 불가능해진다.

그래서 역사학자들은 초역사적인 선악이나 정의, 불의 등의 관념을 가능한 배제하려고 한다. 선하고 옳은 길을 택한 것도, 그 이유를 충분히 밝힐 수 없을 뿐이지 종국에는 그것이 이해득실에 따른 것이라고 해석하려 든다. 하지만 위험에 처한 사람을 살려내고 자신이 대신 죽음을 택한 사람이 얼마든지 있지 않은가. 죽음을 택한 이런 사람의 행동을 어떻게 이해득실의 관점에서 설명할 수 있단 말인가.

경대승이 선하고 옳은 인간이라는 뜻이 아니다. 그는 무신란이나 앞선 무인정권을 악이나 그른 것으로 분명히 판단하고 있었다는 뜻이다. 앞에서 경대승이 무신란을 부정적으로 본 것에 대해 나름대로 합리적인 해명을 해보았지만, 실은 경대승 정권을 올바로 이해하는 가장 중요한 일은 이것이 아닐까 싶다.

아버지가 탈점한 토지를 모두 반환해버렸다든지, 이의민을 죽이겠다고 공언한 것, 정중부 정권을 타도한 후 정치에 방임적인 태도를 보인 것, 죽을 때까지 어떤 관직도 지니지 않은 것 등은, 경대승의 그런 생각에서 비롯된 것이었다. 무신들이 쿠데타를 일으켜 정권을 잡은 것은 용인할 수 없는 악이라는 생각.

역사상의 사건이나 변화에서 어떤 시기의 성격을 규정하기가 조금 애매하게 생각되면 과도기로 설정하는 경우가 많다. 하지만 과도기는 그렇게 애매한 시기도 아니고, 그 이전과 그 이후의 시기를 단순히 연결시켜주는 물리적인 시간만도 아니다. 과도기는 변화의 흐름에서 윤활유와 같은 것이다. 그것이 결여되면 마찰과 충돌이 일어나 피를 흘리게 된다. 과도기는 그 피를 대신해주는 것이다.

경대승 집권기는 무인정권의 중심 세력이 온건집단에서 행동집단으로 넘어가는 잠시의 과도기였다고 보면 어떨까. 경대승이 의도한 것은 아니었지만, 그의 집권은 온건집단이 소멸되고 행동집단이 성장하기를 기다려주는 시기였다. 그래서 두 집단 간의 권력 이동을 자연스럽게 연결시켜주었던 것이다.

무신정변을 부정하고 복고를 외친 경대승 정권은 무인정권의 전개과정에서 보면 보수 반동이었다. 그러니까 경대승의 집권은 예측하기가 좀 힘든 갑작스런 일이었다.

5 황룡사의 꿈을 품고 산 천민장군

— 이의민(?~1196)

李義旼

이의민은 경주의 천민 출신으로 최고집권자가 된 사람이다.
2미터 거구에 과격한 성품으로 무신란 때 사람을 많이 죽인 것으로 유명했다.
그는 한때 민란 세력과 내통하여 왕이 될 꿈을 꾸기도 했다.

떠오르는 별, 이의민

경주 출신의 거인

이의민은 본관이 경주로 그의 아버지 이선李善은 소금과 체를 파는 행
상이었고, 어머니는 연일현(경북 포항시)에 있는 옥령사의 노비였다. 아
버지가 행상을 다니다가 어머니를 만나 3형제를 낳았는데 그중 막내
로 태어났다.

어릴 때부터 이의민은 3형제 중에서 부모의 특별한 관심을 끌었다.
아버지의 꿈에 푸른 옷을 입고 황룡사 9층탑에 올라가는 어린 이의민
을 본 것이 가슴 깊이 새겨져 있었기 때문이다. 이의민은 그 꿈 이야기
를 들으면서 어린 시절을 보냈다. 점차 커가면서 기골이 장대한 것도
부모에게는 그 꿈과 연관되어 심상치 않게 생각되었다.

장성한 이의민은 힘이 장사에다가 신장이 8척이나 되었다. 앞서 정
중부가 7척의 키로 장대했다고 하지만, 이의민은 그보다 훨씬 큰 2미

터의 거인이었다. 3형제가 모두 체구가 컸지만 특히 이의민의 이런 풍
채는 대하는 사람을 한눈에 압도할 만큼 위압감을 주었다.

이의민이 군인의 길로 들어선 것은 정말 우연한 사건 때문이었다. 3
형제는 경주 시가를 횡행하면서 불량배 짓을 하는 것으로 소일했었다.
사회적 신분은 낮지, 신체적 조건은 남보다 월등하지, 이런 여건에서
그들 3형제가 할 수 있는 평범한 일상이었을 것이다.

그러다가 경주의 안렴사 김자양金子陽에게 3형제가 모두 체포되어
심한 문초를 받고 옥에 갇히는 신세가 되고 말았다. 불행히도 두 형은
옥중에서 고문 후유증으로 죽고, 이의민만이 홀로 버티어 살아남았다.
안렴사 김자양은 살아남은 이의민이 기특하게 생각되었다. 힘이 장사
에다가 키가 8척이나 되었으니, 그 체구를 옥중에 가두워두기는 아까
웠던 모양이다. 그래서 김자양은 바로 이의민을 경군으로 선발하여 군
적에 올리고 서울로 보냈다. 이때 이의민은 이미 결혼한 상태로 나이
는, 정확한 기록이 없지만, 20대 초반 정도로 짐작된다.

경군에 선발된 이의민은 뛸 듯이 기뻤다. 피할 수 없는 천한 신분으
로 지방관청의 말단 나졸 한 자리도 자력으로는 얻기가 힘든 처지에서
정식 군인으로, 그것도 경군으로 선발되었으니 말이다. 군인의 길을
간절히 원하고 있었는데 장대한 신체의 덕을 본 것이다.

청운의 꿈을 안고 서울로 향했다. 처까지 대동하고 보름 이상을 걸
어서 개경에 도착하니 날이 저물어 이미 성문이 닫혀 있었다. 할 수 없
이 성 밖의 어느 사찰에서 하룻밤을 묵게 되었다. 앞날의 부푼 기대로
쉽게 잠이 오지를 않았다. 그날 밤 이의민은 이상한 꿈을 꾸었다. 궁궐
에서부터 성문에까지 긴 사다리가 내려오는데 자신이 그 사다리를 타
고 궁궐 안으로 들어가는 꿈이었다.

이튿날 아침 성문이 열리자 이의민은 선군도감을 찾아 안렴사 김자양이 써준 증명서를 보이고 그날로 경군에 소속되었다. 이때가 의종 재위 후반기로 접어든 무렵이었다.

경군에 소속된 이의민은 물론 말단 군졸에서 출발했다. 아무런 연고나 음덕을 받을 만한 친족이 없는 그로서는 당연했다. 하지만 그의 장대한 체구는 곧 의종의 눈에 띄었다. 이 무렵 의종은 신분을 불문하고 무술과 체력이 뛰어난 자들을 친위군으로 발탁하던 때였다. 이의민은 그런 국왕의 의중에 꼭 들어맞았다. 그가 바로 국왕의 친위군으로 발탁되었는지는 불확실하지만, 의종의 총애를 받은 것만은 분명하다.

이의민은 경군에 소속된 지 불과 몇 년 만에 대정(종9품)으로 진급하여 장교로 발탁되었고 다시 수 년 만에 별장(정7품)에 올랐다. 경군에 들어온 지 10년이 못 된 때였으니 여기까지만 해도 파격적이었다. 이는 물론 그의 뛰어난 무사적 자질과 장대한 신체의 덕이었다. 이의민은 특히 수박(택견)을 잘하여 의종의 총애를 받았다. 2미터가 넘는 거대한 체구를 상대할 적수나 있었는지 모르겠다.

이의민이 무신란을 만난 것은 별장으로 있을 때로, 그의 나이 서른 살이 다 된 무렵이었다. 사회적 천대를 받는 천민으로서, 두 형을 감옥에서 잃은 그에게 무신란은 자신의 맺힌 한을 풀 수 있는 절호의 기회였다. 그야말로 물을 만난 물고기와 같았다. 무신란 직후 이의민은 중랑장(정5품)으로 진급했는데, 그 진급 이유가 사람을 많이 죽였다는 데 있었다. 간단히 말해서 그는 무신란에서 행동집단의 전형적인 인물이었던 것이다.

이때까지만 해도 이의민은 무신란에 참여하여 공을 세운 다른 무신들과 크게 다를 바가 없었다. 그에게 많은 사람들의 시선이 집중되고,

다른 무신들과 색다른 정치적 위상을 굳힌 것은 의종을 직접 시해한 사건 때문이었다. 의종 시해는 문무관리 및 모든 사람들에게 이의민이 라는 인물을 깊게 각인시켜준 사건이었다.

의종을 시해할 당시 이의민은 장군으로 있었는데, 그 목적 달성 후 다시 대장군으로 진급했다. 무신란 직전 별장에서 불과 4년 만에 대장 군에 뛰어오른 것이다. 이의민의 승진 가도는 여기서 그치지 않았다. 그의 승진이나 정치적 위상에 또 한 차례 도움을 준 사건이 1174년(명 종 4) 9월에 일어난 조위총의 난이었다.

조위총의 난이 일어난 직후인 1174년 10월, 이의민은 이의방에 의 해 정동대장군으로 임명받았다. 이의민은 반군 세력이 동북면 일대로 확산되는 것을 막는 사명을 받았다. 철령을 넘어 진군하다가 날아온 화살에 눈을 맞은 적도 있었으나 개의치 않았다. 결국 그는 화주의 본 영을 회복하는 데 큰 공을 세웠다. 이때 이의민이 얼마나 용감무쌍하 게 싸웠던지 반군 세력은 이의민의 군사가 온다는 소식만 들어도 달 아날 정도였다고 한다. 이 공으로 이의민은 다시 상장군으로 승진하여 무관의 최고 계급까지 올라갔다.

조위총이 제거된 후에도 정중부 정권이 끝날 때까지 서북면 일대는 그 잔여 세력들이 산발적으로 반기를 들었다. 이의민은 이 잔여 세력 이 완전히 소탕될 때까지 서북면에서 머물고 있었다. 그러니까 정중부 집권기 동안 내내 서북면의 군진에 있었던 셈이다. 물론 이것은 이의 민의 뛰어난 군사적 자질을 높이 산 때문만은 아니다.

정중부로서는 이의민을 중앙으로 불러들여봐야 득이 될 게 없다는 정치적 계산이 중요하게 작용했을 것이다. 이의민의 입장에서 말하자 면 정치적으로 침체기였다고 할 수 있다. 하지만 군진에 조용히 머물러 있는 것이 좋을 수도 있었다. 후일을 기약하면서.

그러나 정중부를 제거하고 등장한 경대승은 이의민에게 더욱 큰 위협을 안겨주었다. 경대승은 집권하자마자 이의민의 제거를 공식적으로 선언했기 때문이다. 우여곡절 끝에 결국 이의민은 고향 경주로 낙향하고 말았다. 군인의 길로 들어선 이후 가장 큰 시련이었다.

이의민의 전략, 경주 장악

이의민은 경주에 피신해 있으면서 경대승의 응징 경고에 어떤 대비를 했을까. 사서의 기록에는 이 점에 대해 별로 참고할 만한 내용이 없다. 이의민이 의종 시해에 관계된 사람들을 결집시키는 일은 구태여 의도하지 않더라도 자연스럽게 따라올 문제이다. 자신들의 신변에 관계된 절박한 문제였기 때문이다. 하지만 그 세력만 가지고는 부족했다. 상대는 최고집권자인 경대승이고, 언제든지 군대를 출동시켜 덮칠 수도 있기 때문이다.

우선 급한 문제는 군사적인 대비를 하는 것이었다. 자신의 친족들과 의종 시해에 관계된 사람들을 핵심으로 하여 경주의 지방군 조직을 장악해갔다. 자신이 경주를 떠나 있는 동안 흩어지고 산만해진 군사력을 재구축한 것이다.

그러면서 한편으로 신체나 무예가 뛰어난 자들을 따로 선발하여 경주의 치안과 방어 임무를 맡겼다. 이들을 사서에서는 별초別抄(가려 뽑은 군대라는 의미)라고 부른다. 명목이야 치안 유지였지만 실제로는 경대승의 응징에 대비한 군대였다. 평시에는 공적인 치안을 담당했지만 유사시에는 이의민의 신변 경호까지도 책임지는 사병적인 군대라고 할 수 있다.

그런데 이러한 군사적인 대비 못지않게 중요한 문제가 의종 시해 사건으로 반이의민 성향을 지닌 사람들을 회유하는 것이었다. 물론 이들 중 일부는 이의민이 경주를 장악해가는 과정에서 견디지 못하고 다른 지역으로 피신해 갔겠지만, 반이의민 성향의 민심마저 사라진 것은 아니었다.

이의민이 자신에 대한 반대 세력과 민심을 한꺼번에 회유, 통합해가는 방법으로 동원한 것이 신라 천년 왕조의 수도로서 경주의 자긍심과 정서를 강조하고 호소하는 것이었다. 이것은 경주의 민심을 하나로 통합하여 경대승의 응징에 대비하는 최선의 길이기도 했다.

이 문제는 사실 무신란을 피해 낙향한 문신들이 거론할 수 있는 문제이지, 무신란의 한 주역이었으며 의종까지 시해한 이의민이 들고 나올 문제는 전혀 아니었다. 무신란을 피해 낙향한 세력들의 정치적 성향을 모방한 것이었지만 이의민 자신에게도 절박한 자기방어적인 전략이었다.

당시는 이의민 자신도 무인정권(경대승 정권)에 의해 탄압받고 있었고 자신 역시 경주가 고향이었다는 점이 미묘하게 맞아떨어진 것이다. 이런 면에서 보면 이의민에게도 경주의 자긍심이나 정서를 호소할 만한 자격이 전혀 없는 것은 아니었다. 경주의 민심을 하나로 통합할 수만 있다면 지지 세력의 저변을 확대하는 것은 어려운 일이 아니었다. 농민층은 무신란 이후 지방관이나 토착 세력의 착취나 탐학의 대상이었기 때문에 그것만 해소시켜주면 별 어려움 없이 최소한의 지지 세력으로 만들 수 있었을 것이다.

이의민은 이를 위해서도 심혈을 기울였다. 그는 스스로 사리사욕과 탐욕을 경계하고 착취를 일삼는 토착 세력이나 지방관을 징계 견제하면서 농민층의 민심을 얻어갔다.

이의민이 경주라는 지역성을 통해 민심을 통합하려던 전략이 얼마나 효력을 발휘했는지는 잘 모르겠다. 특히 경주의 반이의민 성향을 얼마나 해소했는지 의문시되기도 한다. 다만 사회계층과 신분을 뛰어넘는 시의적절한 선택이었음은 분명하다. 후일 이의민이 최충헌에게 제거된 후, 경주에서 옛 신라 왕조를 다시 세우겠다는 운동이 일어난 것을 감안하면, 이때 이의민의 전략은 최소한 그 씨앗 역할은 하지 않았나 싶다.

한창 세력을 키워가던 중 이의민은 개경으로부터 뜻밖의 소식을 들었다. 자신을 응징하겠다던 경대승이 어느 날 밤 돌연사한 것이다. 1183년(명종 13) 7월의 일이니까, 이의민이 경주로 내려온 지 2년 남짓 지난 때였다. 뒤이어 국왕의 사신이 경주까지 내려와 상경할 것을 권유하는 국왕의 전언을 남기고 갔다.

이의민은 망설였다. 전에도 몇 차례 국왕의 상경 요청을 묵살한 바 있었지만, 이번에는 사정이 조금 달랐다. 경대승이 젊은 나이에 그렇게 빨리 사라질 줄은 미처 예상하지 못했던 것이다. 길을 가다가 갑자기 목표를 잃어버린 꼴이었다.

이의민이 경주의 지지 기반을 이용하여 개경의 경대승 정권을 치려고 그랬는지, 아니면 단순한 방어용이었는지, 그도 아니면 경주 지역의 봉건영주와 같은 지위를 차지하려고 그랬는지는 분명하지 않다. 아마도 그 짧은 기간에 확고한 세력 기반이 만들어졌을 것 같지는 않다.

그러나 경대승이 죽은 마당에 어느 쪽의 목표든 의미를 상실해버린 것은 틀림없다. 상경하자니 경주에서의 작업이 아쉽고, 경주에 그대로 눌러 있자니 개경의 상황이 불안했다.

국왕 명종과 이의민

국왕의 부름을 받은 이의민은 응하지 않았다. 경대승의 사후에도 이의민은 여러 차례 국왕의 부름을 받았다. 국왕은 왜 그렇게 이의민을 찾았을까.

그 이유 하나. 국왕 명종은 무신란이 성공한 결과 왕위에 오른 인물이다. 왕위에 오른 지 10여 년이 지난 지금, 무신란을 성공시킨 주역들, 즉 주동집단이나 온건집단은 이제 모두 사라지고 행동집단만이 남아 있었다. 국왕이 궁극적으로 의지할 곳은 이들밖에 없었다. 게다가 경대승과 같이 복고를 외치거나 무신란을 부정적으로 보는 집권자의 등장은 왕위계승의 정통성마저 위협했다. 그럴수록 전왕 의종을 시해한 이의민은, 이제 싫으나 좋으나 한 배를 탄 정치 운명체로 다가왔다.

다른 하나. 경주에는 의종을 시해할 때 적극 협조했던 이의민의 세력이 건재하고 있어, 이들이 무슨 일을 저지를지 알 수 없다는 점이었다. 경대승이 집권하면서 이의민에 대한 응징을 선언했을 때 경주의 이들 세력 역시 이의민과 똑같은 위협감을 느끼고 있었다. 그래서 낙향한 이의민을 중심으로 더욱 단결하여 닥쳐올 위기에 대처하고 있었던 것이다.

그렇다면 이의민은 왜 국왕의 상경 요구를 번번이 거절했을까. 먼저 개경의 상황이 이의민에게 유리하지 않았다는 점을 들 수 있다. 경대승이 살아 있을 때는 물론이지만, 그가 죽은 뒤에도 국왕을 시해했다는 정치적 부담 때문에 바로 상경하여 정권을 장악하기에는 무리였을 것이다.

더구나 이의민은 무신란 이후 중앙정계에서 기반을 다질 기회가 별로 없었다. 무신란 이후 줄곧 김보당의 난이나 조위총의 난 진압을 위해 군진에 나가 있었고, 난이 진압된 후에도 곧 경주로 낙향해 있었던 것이다. 이런 그가 국왕의 요구에 응하여 곧바로 상경하기에는 뭔가 주저되었던 것이다.

아울러, 자신은 아쉬울 게 없다는 정치적 계산도 있었다. 어차피 국왕은 자신에게 매달릴 수밖에 없는 존재라는 사실을 알고 있었던 것이다. 아쉬운 쪽은 국왕인데 굳이 위험을 무릅쓰고 자신이 먼저 손을 내밀 필요가 있었겠는가. 자신에게 조금 더 유리한 상황을 기다리면서 버티었던 것이다.

1184년(명종 14) 2월, 이의민은 장고 끝에 결국 상경했다. 경주로 낙향한 지 3년 만의 일이었고, 경대승이 죽은 지도 반년이나 지난 때였다. 그 전해 12월 인사에서 국왕은 이의민에게 공부상서(정3품)를 제수하고 다시 부른 것이다. 이의민을 상경시키기 위해 국왕이 무던히도 애썼다는 것을 알 수 있다. 하지만 이의민이 늦게나마 상경한 데는 다른 중요한 이유가 있었다.

경주로 낙향해 와서 이의민이 하는 정치적인 작업들은 이미 국왕이나 중앙의 관료들에게 알려져 있었다. 경대승이 건재하고 있을 때는 자위 수단으로 생각하여 대담하게 넘길 수 있었지만, 경대승이 죽은 다음에는 그 정치적 의미가 달랐다. 그대로 경주에 남아 있다가는 가만히 앉아서 반역죄를 뒤집어쓸 수도 있는 문제였다. 국왕이 간절하게 여러 차례 상경을 요청한 것도, 그런 변란을 일으켜서는 안 된다는 정치적 메시지이자 염려에서였다.

그러나 이의민이 상경한 후에도 개경의 정치상황은 그를 중심으로 유리하게 재편되지 않았다.

국왕 시해범의 정계 진출

이의민이 상경하여 최초로 받은 관직은, 수사공 좌복야(정2품)였다. 1183년(명종 13) 12월 공부상서에 임명된 후 1년 만에 재상급에 오른 것이다. 하지만 복야직은 품계로는 재상급에 해당되지만 실권이 거의 없는 한직으로 재상회의(도당)에 참여할 수 없는 관직이었다. 이의민이 이렇게 한직을 받은 것은 그동안 지켜졌던 관직상의 서열을 쉽사리 무시할 수 없었기 때문이다.

이의민이 경주에서 상경하여 정계에 복귀한 후에도 중앙정치에서 확실한 주도권을 잡지 못한 것은 이전의 집권자들과는 다른 모습이었다. 이의민이 그렇게 된 것은 분명한 두 가지 이유가 있었다.

그 하나는, 이의민이 경대승을 타도하고 등장한 인물이 아니라는 점이다. 이의민 이전의 집권자들은 모두 그 직전 정권을 무력으로 타도하고 정권을 잡았다. 그래서 정권이 무너진 순간이 바로 새로운 정권의 성립을 의미했다.

경대승 정권은 이의민에 의해 무너진 것이 아니라, 그의 갑작스런 사망으로 막을 내린 것이고, 게다가 이의민은 그때 경주에 피신해 있던 상태였다. 그런 이의민이 상경하여 바로 정권을 장악하기는 힘들었을 것이다.

다른 하나는, 이의민은 전왕 의종을 시해한 장본인이라는 점이다. 이의민의 정치활동을 이해하는 데 이 점은 가장 중요한 사실이면서,

그 자신에게는 헤어날 수 없는 정치적 굴레이기도 했다. 경대승이 죽은 후에 당장은 생명의 위협으로부터 벗어날 수 있었을지 모르지만 그의 정치적 행보에는 여전히 큰 걸림돌로 남아 있었다. 경대승은 이의민에게 국왕 시해범이라는 꼬리표를 달아준 것이다. 상경한 후에도 그 꼬리표는 천형과 같이 남아 있었다.

이의민은 매우 조심스럽게 정치활동을 재개했다. 이전 집권자들처럼 사리사욕이나 탐학도 부리지 않았고, 인사권에 크게 간섭하지도 않았다. 그가 인사권을 장악하여 마음대로 하고 축재를 한 것은 확실하게 권력의 정상에 오른 이후였다. 속으로 절치부심했는지는 몰라도 겉으로는 세속 정치에 초연하기까지 했다.

이의민은 행동집단과도 깊은 정치적 유대관계를 맺지 않았다. 행동집단을 자신의 세력 기반으로 구축하지도 않았고 권력 장악에 이용하지도 않았다. 이의민의 세력 기반은 오히려 경주에 있었다고 할 수 있다. 의종 시해에 협력한 경주의 세력이야말로 이의민과 생사를 같이해야 할 집단이었기 때문이다.

그런데 이의민은 경주의 세력에 대해서도 정권 장악에 크게 이용한 흔적이 없다. 유사시를 대비한 잉여 세력이었는지, 아니면 의외로 허술하여 이용할 가치가 없었는지는 모르지만 거의 방치하다시피 했다. 이의민이 중앙정계에서 점차 기반을 잡아가면서 경주의 세력은 의미를 잃고 점차 흩어졌을 가능성이 크다.

그렇게 보는 근거는 먼 훗날의 일이지만, 이의민이 최충헌에게 너무 쉽게 제거되었고 제거될 당시 경주에서는 아무런 움직임도 없었다는 점이다. 경주의 이의민 세력이 건재하고 있었다면 아마 개경과 경주 간에는 내전을 방불케 하는 상황이 벌어졌을 것이다.

이의민이 제거된 후에도 경주에서는 6년 동안이나 아무런 일이 없었다. 이의민이 제거된 것은 1196년 4월이었고, 그 후 최초로 경주에서 최충헌 정권에 반기를 든 것은 1202년(신종 5) 11월이었다. 이 저항마저 적극적인 공격이 아니라 최충헌의 탄압에 대한 소극적인 방어의 성격이 짙다.

늦게나마 일어난 최충헌 정권에 대한 저항도 경주보다는 그 인근 지역에서 주로 일어났다. 이는 경주의 이의민 세력이 한 곳에서 통제, 관리되지 못하고 여러 곳으로 흩어져 있었다는 증거이다. 이의민은 상경한 후 경주의 세력을 지속적으로 관리하고 통제할 만한 여력이 없었다. 어쩌면 애초부터 경주의 세력은 중앙정부를 위협할 만큼 대단한 규모도 아니었다고 생각된다.

이의민이 중앙정계에 진출한 후 경주의 세력이 큰 힘이 되지 못한 것은 그것이 미약한 탓도 있었지만 보다 중요한 이유는 국왕을 시해한 장본인이라는 굴레 때문이었다. 무신란에서 가장 과격했고 또한 전왕을 시해한 시해범으로서 그에게는 모든 관료들의 시선이 집중되고 있었다.

그런 관심 집중은 이의민을 권력의 핵심에 들어앉힐 수도 있지만 반면 그에게 치명적일 수도 있었다. 그를 주살하겠다고 선언한 경대승은 사라졌지만 그 선언은 여러 사람들의 머릿속에 남아 있었다. 국왕의 상경 요구를 거절한 이유도 거기에 있었다. 이런 마당에 스스로 권력의 핵심에 앉아 경대승의 그 공언을 상기시켜줄 필요는 없었다. 조용히 뒷전에 머물면서 정국의 추이를 지켜보는 것이 유리했을 것이다.

《의종실록》은 무신 사관의 손으로

실록과 사관

실록은 왕대별로 된 역사 기록으로, 왕이 죽고 새로운 왕이 즉위하면 그 전왕대의 역사를 정리하여 편찬하는 편년체의 사서이다. 이때 자료가 되는 것은, 사관의 일지를 비롯하여 개인 기록이나 외교문서, 관청의 일지, 기타 공문서 등이 총동원된다. 이러한 개인이나 관청의 일차적인 기록을 사초史草라 하고 이것을 재정리하여 편찬한 것이 실록이다.

고려 왕조의 실록은 그 편찬 과정에 대한 자세한 기록이 없지만 고려 초부터 편찬되었을 것으로 보고 있다. 그러다가 거란족의 침략으로 그때까지의 실록이 소실되어버리자 현종 때 다시 편찬했는데, 태조로부터 목종까지의 7대 실록을 편찬했다는 기록이 남아 있다.

그 후에도 고려 왕조의 실록은 계속 편찬되었다고 생각되는데 불행히도 현존하는 것은 하나도 없다. 다만 조선 초에 《고려사》를 편찬할 때 고려 왕조의 실록을 참고로 했다는 기록이 있고 보면, 조선 초까지만 해도 고려 왕조의 실록이 일부나마 남아 있었다는 사실은 확인할 수 있다.

실록의 편찬은 사관의 주된 임무였다. 고려시대 역사 편찬기관인 사관史館의 직제에는 실록 편찬을 총괄하는 감수국사(종1품) 1인, 그 밑의 수국사와 동수국사(정2품) 각 1인, 그리고 실무를 맡은 수찬관(정3품) 1인, 직사관(8품) 4인 등 모두 8인으로 구성되었다. 이 중 직사관 4인만이 사관의 상설직이고 그 나머지 상위직은 모두 비상설직으로 타관의 겸직이다.

감수국사는 수상인 문하시중이, 수국사와 동수국사는 2품 이상의 재상이, 수찬관은 한림원의 학사들이 겸직한다. 평시에는 상설직인 직사관만이 있는데 이들은 사관에서 교대로 숙직을 하면서 매일 매일의 일지를 기록하는 일을 맡는다. 그러다가 실록을 편찬할 때가 되면 비상설직인 감수국사 이하의 사관직이 새로이 임명된다. 사관에는 그 성격상 반드시 문신이, 그것도 학문과 문장이 뛰어나고 고전에 밝은 사람만이 임명되었다. 아울러 사관들은 춘추필법에 의한 직필을 가장 중요한 원칙으로 여겼고, 자신의 생명과도 같은 본분으로 생각했다.

그래서 당연히 사관의 기록 하나 하나는 당대 정치 세력들에게 초미의 관심사가 될 수밖에 없었다. 이 때문에 불리한 기록을 당한 국왕이나 권력자로부터 탄압이나 박해를 받기 일쑤였고 때로는 그것에 굴복하여 타협하는 경우도 있었다.

의종 시해 사건에 대한 기록

1186년(명종 16) 12월, 어느 하급장교 하나가 중방에 다음과 같은 밀고를 했다.

> 수국사 문극겸이 의종이 시해당한 사실을 직필했는데, 국왕을 시해한다는 것은 천하의 대악입니다. 마땅히 무관으로 하여금 사관을 겸임시켜 사실을 바르게 쓰지 못하도록 해야 합니다(《고려사》 100, 최세보 열전).

문극겸은 판예부사로서 수국사를 겸직하고 《의종실록》의 편찬을 주도하고 있었다. 그런데 위 기사에 의하면 수국사에 임명된 문극겸이 의종 시해 사건을 직필했다는 것이다. 의종 대의 역사를 서술하면서 그 시해 사건을 피해갈 수는 없었을 것이다. 의종의 시해 사건을 직필하게 되면 빠질 수 없는 인물이 이의민이다. 문극겸이 정말로 이의민을 시해의 주범으로 직접 언급했는지, 아니면 그럴 가능성이 많아 위와 같은 밀고가 있었는지는 명확하지 않다.

아무튼 의종 시해 사건은 이의민으로서는 보통 문제가 아니었다. 왕을 시해한 주범으로 자신이 역사의 기록에 영원히 남게 된다는 것은 두려운 일이 아닐 수 없는 것이다. 《의종실록》 편찬을 담당한 문극겸으로서도 시해 사건에 대한 서술은 부담스럽지 않을 수 없었다. 직필할 수도 없고 피해갈 수도 없는 문제였기 때문이다.

중방에서 무신을 문신과 함께 사관에 임명해야 한다는 압력이 들어왔음은 물론이다. 무신을 사관에 임명한다는 것은 도저히 있을 수 없는 일이었지만, 국왕은 중방 무신들의 뜻을 따랐다. 이때 무신으로서 사관에 임명된 자가 바로 최세보였다. 그를 동수국사에 임명하여 수국사에 먼저 임명된 문극겸과 같이《의종실록》을 편찬토록 했던 것이다.

국왕은 최세보를 동수국사에 임명하면서, 무신을 사관에 임명하는 것이 그래도 면목이 없었던지 동수국사同修國史의 사史자를 사事로 고쳐 임명했다. 무신의 사관 임명을 은근히 못마땅해한다는 뜻이었다. 하지만 최세보는 이를 개의치 않고 임명을 받자마자 자기 마음대로 사事자를 다시 사史자로 고쳐버렸다.

동수국사는 수국사보다 상위직이니 최세보가 문극겸보다 위였다. 실록 편찬의 총책임자인 감수국사는 문하시중이 겸직하도록 되었는데, 당시 문하시중은 공석이었기 때문에 감수국사 역시 공석이었다.

그래서《의종실록》의 총책임자는 최세보였던 것이다. 덕분에 문극겸은 큰 부담을 덜 수 있었지만,《의종실록》이 사실대로 바르게 직필되기는 힘들었을 것이다. 이 때문에 의종 대 국왕의 지나친 환락생활이나 무능에 대한 기록이 왜곡, 과장되었을 가능성이 크다는 것은 이미 언급한 바 있다.

그런데 왜 하필 최세보였을까. 그가 무신 중에서는 사관으로서의 자격을 가장 잘 갖추고 있었기 때문이라고 생각하면 우스운 일이다. 위의 기사에 언급되어 있듯이, 그것은 직필을 못하도록 하기 위한 것이었다. 그렇다면 최세보는 직필을 막는 데 가장 적격의 인물이었음에 분명하다.

의종을 시해한 장본인은 이의민이다. 최세보는 그 이의민을 보호하기 위해서 동수국사에 임명되어《의종실록》편찬에 개입했던 것이다. 최세보가 동수국사에 임명된 것도 이의민의 의도에 의해 이루어졌는

지도 모른다. 최세보가 무신란에서 이의민과 같이 행동집단에 섰다는 점에서, 어쩌면 최세보는 이의민이 중앙정계에서 부족한 기반을 마련하기까지 이의민의 대리인 역할을 했다고 볼 수 있다. 그가 동수국사로서 《의종실록》 편찬을 주도했다는 것은 그 점을 잘 보여준다.

최세보는 사서에 문자를 모를 정도로 무식했다고 전하고 있다. 그런 자가 어떻게 실록 편찬을 주관할 수 있으며, 직필을 감시했겠는가. 이런 평가는 아마 그가 너무나 무식하게 실록 편찬을 감시, 검열한 것에 대한 은유적인 표현이 아닐까 싶다.

1186년(명종 16) 12월, 인사발령에서 동수국사에 임명된 최세보가 어느 날 문극겸과 같이 사당史堂에 마주앉았다.

최세보가 말했다.

"문신으로서 상장군에 임명된 사람은 당신이 처음이오."

문극겸이 말했다.

"무신으로서 사관에 임명된 사람도 당신이 처음이오."

두 사람은 서로 마주보며 한바탕 껄껄 웃고 말았다. 의종 시해 사건이 어떻게 기록됐을지는 알 만한 일이다.

역사 기록을 어떻게 믿을 것인가

현재 《의종실록》이 남아 있지 않은 상태에서, 가령 무신란이나 의종 시해 사건 같은 경우는 어떻게 기록되었을지 매우 궁금한 문제이다. 만약 《의종실록》에서 이의민이 의종을 시해했다는 사실이 누락되었거나 왜곡되었다면 그 후대의 역사서에는 그 기록이 어떻게 남게 되었을까.

현재 고려시대를 연구하는 기본 사서인 《고려사》나 《고려사절요》는 조선 초기에 편찬된 사서이다. 이 두 사서에는 이의민이 의종을 시해했다는 기록이 분명히 남아 있고, 여기서는 이를 근거로 이야기를 전개시키고 있다. 《고려사》나 《고려사절요》를 편찬할 때 《의종실록》을 참고로 했는지는 불확실하다. 《의종실록》이 조선 초기까지 남아 있었다면 분명 가능했을 것이다.

《고려사》에서 의종 대의 역사를 기록할 때 《의종실록》만을 참고로 했던 것은 아니다. 의종 대의 개인 문집이나 사초, 혹은 금석문 등도 보완 자료로서 중요하게 참고했다. 나아가서는 동시대의 중국 측 사서나 자료까지 수집 가능한 모든 자료가 동원되었다. 그래서 《의종실록》에서 이의민이 의종을 시해했다는 사실을 누락시켰을지라도 후대의 사서에는 기록될 수 있는 것이다.

역사 기록을 완전히 조작하거나 왜곡시킨다는 것은 힘든 일이다. 특정한 시기에 특정한 사서의 일부 내용을 조작하거나 왜곡하는 것은 가능할지 몰라도 모든 기록을 영원히 완벽하게 조작하는 것은 거의 불가능하다. 조작이나 왜곡, 혹은 우연히 누락된 기록도 또 다른 우연한 기록으로 보완되는 경우가 흔하다.

하지만 그것이 불가능하다고 해서 현재 남아 있는 역사 기록이 모두 진실되고, 있는 그대로의 사실이라는 것을 의미하지는 않는다. 취사선택에 의한 축소나 과장, 혹은 조작이나 왜곡된 기록이 사실과 함께 혼재되어 있다. 어떤 사건을 문자로 옮긴다는 것 자체가 싫든 좋든 기록자(역사가)의 주관적 판단을 거쳐야 하기 때문이다.

역사 서술이나 편찬에서 역사가의 주관적 개입은 불가피한 것이다. 따라서 엄격하게 말하자면 역사에서 객관적 진실이란 존재하지 않는다고 말할 수도 있다. 이것은 역사를 과학으로 볼 수 없게 하는 중요한 근거가 되기도 한다.

《의종실록》을 편찬하는 데 무신인 최세보를 개입시키지 않고 문극 겸이 어떤 정치적 구속도 받지 않는 상태에서 자유롭게 편찬했다고 하더라도, 그것에는 문극겸의 주관이 개입될 수밖에 없다. 물론 무신인 최세보가 의도적으로 개입하여 편찬한 것보다는 사실에 좀 더 근접할 수 있을지는 모른다.

하지만 문극겸 역시 그가 처한 개인적 입장이나 그가 속한 가문, 혹은 정치·사회적 환경에서 자유롭지 못하다는 것은 마찬가지다. 문극 겸뿐만 아니라 그 시대를 살았던 누구에게나 이것은 마찬가지다. 그래서 사관들에게 가장 중요한 덕목이 직필이었고 그것을 위해서 여러 가지 특권과 외부의 압력을 금기시했지만 실제 완벽한 직필은 불가능한 것이다.

역사를 기록할 때 완벽한 직필이나 객관적인 서술이 불가능하다는 것을 안다는 것은, 그 역사 기록을 검증할 수 있는 중요한 출발이 된다. 그래서 어떤 역사서나 기록을 대할 때 가장 중요한 사항이 그것을 언제 누가 썼느냐는 것이다. 이것을 알게 되면 과장되었거나 왜곡된 기록 자체가 중요한 사료로서의 가치를 지니는 것이다. 어떤 역사서나 기록도 하나의 텍스트로서 해석의 대상에서 벗어날 수 없는 것이다.

문극겸이 《의종실록》을 편찬하는 데 중방의 무신들이 압력을 넣고 무신인 최세보를 총책임자로 주관케 했다는 사실은 의종 대의 기록을 살펴보는 데 있어서 가장 중요한 사항이다. 그것을 알고 있기 때문에 과장이나 왜곡되었을 가능성이 큰 의종 대의 기록도 좀 더 사료로서 가치를 지니는 것이고 안심하고 이용할 수 있는 것이다.

천민정권의 빛과 그림자

신분 상승의 빛나는 주인공들

무신란에 참여한 사람들을 편의상 주동집단·온건집단·행동집단으로
나누어 살펴본 바 있고, 이의민은 행동집단에 섰던 대표적인 인물이었
음을 언급했었다. 이렇게 보면 이의민 집권기에는 이들 행동집단이 득
세할 것이라는 예상은 자연스럽다.

　행동집단의 무리는 무신란이 성공한 후 각개 약진하여 하급장교나
지방관리 혹은 중앙의 서리직이나 말단 임시직, 동정직 등으로 진출하
여 지배계층의 말단부로 점차 편입해 들어갔다. 몇 차례의 정권 교체
과정에서 일부는 변란에 휩싸여 떨어져나가기도 했지만 일부는 각자
처한 위치에서 끈질기게 성장하고 있었다.

　역사상 큰 사건이나 변화에는 진보와 퇴보, 빛과 그림자가 함께 한
다. 어떤 계층의 사람들에게는 빛과 같은 희망의 시기로 진보라고 할

수 있는 사건이 또 다른 계층의 사람들에게는 어두운 그림자를 드리우는 암울한 시기로 퇴보일 뿐이다.

무인집권시대가 그랬다. 전통 문신귀족들에게는 암울한 퇴보의 시기였지만, 천대받던 무신들이나 소외계층에게는 새로운 사회 진출과 신분 상승의 계기가 되는 희망의 진보시대였다. 다음에 설명할 인물들은 후자의 대표적인 예가 될 수 있다.

① 최세보: 하급장교에서 수상까지

최세보에 대해서는 앞서 여러 차례 언급한 바 있다. 《고려사》 최세보 열전에 의하면, 그는 한미한 가문 출신으로 성품이 탐악하고 뇌물을 좋아했다고 한다. 또한 하급관리에 대한 인사권을 쥐고 있을 때는 뇌물의 많고 적음에 따라 승진과 출척을 재단했다고 한다.

최세보는 1175년(명종 5) 8월에 남녘의 어떤 반란 사건에 연루된 관리들을 심문 조사하는 일을 맡은 적이 있었다. 이때가 정중부 집권기였는데, 그의 계급이 상장군이었다. 대정 계급으로 유배당했던 자가 5년 후 상장군이었다면 이는 이의민보다도 앞서는, 그야말로 비약적인 승진이다.

그는 경대승 집권기에 문관직을 겸직하고 이의민이 등장할 때까지 순탄한 승진을 계속했다. 1186년(명종 16)에는 무신으로 《의종실록》 편찬을 주도하고, 1189년(명종 19)에는 판이부사를 차지하여 관직 서열 1위까지 올랐다. 판이부사는 수상인 문하시중이 공석일 때는 수상직을 대신하는 관직이다. 무신란이 성공한 이후부터 거침없이 승진하여 이의민 집권 중반기에는 모든 무신들 가운데 선두주자가 되었던 것이다.

최세보의 아들로 최비崔斐라는 자가 있었는데 태자(후의 강종)가 사랑하는 애첩과 간통했다가 들통난 일이 있었다. 소문이 퍼져 국왕에게까지 알려지고 국왕은 그를 법으로 다스리려고 했다. 하지만 이의민의 비호로 별 문제 없이 넘어갈 수 있었다. 그 애첩은 쫓겨나 여승이 되었고, 그 후에도 최비는 계속 관계를 가졌지만 국왕은 이의민 때문에 손을 댈 수 없었다. 이는 최세보와 이의민의 관계를 엿볼 수 있는 이야기다.

최세보는 1193년(명종 23) 10월에 죽고, 그의 아들은 최충헌이 이의민을 제거한 후 최충헌에 의해 유배당한다.

② 정방우: 잡류에서 군 사령관으로

정방우鄭邦佑는 전리電吏라는 미천한 신분 출신으로 관직생활을 시작한 사람이다. 전리는 관청 간의 연락이나 문서 수발과 같은 잡역에 종사하는 신분으로 고려시대에는 이를 잡류라고 불렀다. 이 잡류는 신분상으로는 중간계층이지만 그 직역이 천시되는 계층이었고, 과거 급제나 특별한 군공이 아니고서는 품관에는 도저히 오를 수 없는 신분이었다. 정방우 역시 무신란 당시의 기록에는 전혀 언급되지 않고 있지만, 그가 무신란에 가담했다면 이 전리로 있을 때였다. 무명의 전리로서 그가 무신란에 참여했다 하더라도 사서에 그의 이름이 남기는 힘들었을 것이다. 물론 정방우뿐 아니라 무신란 당시 행동집단에 속했던 대부분의 무리들이 이름 없기는 마찬가지였다.

1183년(명종 13) 2월, 무신란 당시 전리였던 정방우는 대장군에까지 올라 중방에 참여하고 있었고, 1184년(명종 14) 12월에는 대장군을 지닌 채 지어사대사(종4품)라는 막중한 대간의 직위에까지 나아간다. 전리 출신의 무관으로서 풍헌관인 어사대의 관리가 되는 예는 무신란 전에는 없었다. 무관으로서 문반의 관직을 겸하기가 가장 힘든 것이 사관직과 대간직이었다. 무인정권이 들어서면서 이런 벽들이 점차 허물어지고 있었던 것이다.

그는 다음해 3월, 다시 서북면병마사에 임명되었다. 《고려사》 정방우 열전에 의하면, 그는 공평무사하고 청렴하여 병마사의 직책을 잘수행했다고 전하고 있다. 이후 그의 활동은 드러나지 않고 있다. 정방우는 이의민과 특별한 정치적 관계를 맺은 것 같지는 않다. 무신란에 참여한 공을 바탕으로 전리에서 출발하여 거의 자력으로 출세한 인물이라고 할 수 있다.

③ 박순필: 말단 서리에서 재상까지

박순필朴純弼은 말단 서리로 있었는데, 풍채가 좋고 위엄이 있어 의종에 의해 친위군으로 선발된 사람이다. 그러니까 그의 출신 신분은 중간계층이었다. 이어서 하급장교인 대정으로 발탁되었고, 무신란 직후에 다시 친위군의 지휘관인 산원으로 승진했다. 박순필의 기여는 무신란의 혼란이 일단 가라앉은 다음에 있었다. 무신란으로 많은 문신들이 죽거나 피신해버리자 관청은 텅 비어 행정이 마비되어버렸다. 이때 박순필은 문서의 관리와 보관에 힘을 쏟아 그 공을 인정받은 사람이다. 서리 경험을 바탕으로 행정의 공백을 메운 것이다. 이 공으로 그는 대장군으로 승진했다.

1178년(명종 8) 3월, 박순필은 대장군으로서 청주의 사심관으로 있던 중, 청주의 변란 사건에 대한 문책을 받아 경대승과 함께 파면당했다.

이때 정치적 타격이 컸던지 이후 이의민이 등장할 때까지 그의 행적은 전혀 드러나지 않고 있다. 그가 병부상서(정3품)라는 요직을 맡은 것은 이의민이 경주에서 상경한 후였다.

1185년(명종 15) 3월, 박순필은 동궁 바로 곁에 자신의 사제를 짓는 공사를 한 일이 있었다. 그런데 그 위치가 불길한 방향이어서 태자는 매우 못마땅하게 여겼다. 공사를 중단시키려고 했지만 그는 막무가내로 밀어붙여 그대로 추진했다. 하는 수 없이 태자는 부왕께 그 공사를 중단시켜줄 것을 요청했다.

하지만 무력하기는 국왕도 마찬가지였다. 국왕은 오히려 태자더러 자숙할 것을 부탁할 정도였다. 박순필의 영향력을 짐작할 수 있는 일이다. 박순필이 태자나 국왕의 의사마저 무시할 수 있었다면 그의 권력은 병부상서라는 관직에 걸맞은 것이 아니었다. 기껏해야 정3품의 관리가 왕실과 맞섰다는 것은 그 권력의 기반이 다른 데 있었다는 증거이다.

박순필은 그 후 1190년(명종 20) 12월, 중서시랑평장사(정2품)로 승진하여 재상급에 오르고, 관직 서열이 이의민 바로 다음의 제4위가 되었다. 그리고 다음해 3월에 죽는다.

④ 이영진: 생선장수가 국방부 차관으로

이영진李英搢은 고령군 출신으로, 가세가 빈한하여 생선을 팔아 생계를 꾸려나간 사람이었다. 평민 이하의 미천한 신분이었던 것이다. 그는 후에 나졸이 되었는데 성품이 잔인하고 포악하여 화란을 좋아했다고 한다. 마침 무신란이 일어나자 이의방과 이고에 붙어 그 흉포함을 유감없이 드러낼 수 있었다. 무신란에서 행동집단의 전형적인 인물이라고 할 수 있다. 그는 무신란 이후 승진을 거듭하다가 정중부, 경대승이 집권하면서 제동이 걸렸다. 흉포한 성격과 이의방의 측근이라는 이유로 시련을 맞은 것이다. 특히 경대승 집권기에는 이의민과 마찬가지로 몸을 보전하기에 급급할 정도로 위축되었다.

그가 다시 어깨를 펴고 활동을 재개한 것은 이의민이 등장한 이후였다. 형부상서로 승진하고 이어서 병부상서(정3품)까지 맡게 된 것은 이의민의 후원이 크게 작용한 때문이었다. 병부상서는 무관의 인사를 담당하는 국방부 차관급에 해당한다.

이영진의 탐학과 착취 행태를 알려주는 것으로 이런 일이 있었다. 그는 한때 금나라의 사신으로 갈 것을 자청한 적이 있었는데, 권력의 실세이다 보니 누구도 그것을 제지하기 어려웠다. 국경까지 가는 연도의 군현에 대해 그는 착취와 탐학을 마음껏 부리면서 사행길에 올랐다. 국경을 넘어 금나라에 들어섰는데, 자신이 저지른 탐학에 대한 소문이 그곳에까지 이미 퍼져 있었다. 가는 곳마다 금나라의 관리들은 그런 소문을 말하며 사신의 예로 접대해주지를 않았다. 금나라의 수도에 도착해서는 "고려에 인재가 그렇게도 없는가" 하는 힐책을 받아야했다. 얼마나 멸시를 받았던지 그가 귀국해서는 그 자식들에게 이렇게 말했다.

"너희들은 절대로 금나라에 사신으로 가서는 아니 된다."

이영진은 1191년(명종 21) 10월에 죽는다. 사리사욕에 의한 탐학이나 착취는 비단 그에게만 해당되는 것은 아니었고, 이의민 집권기의 일반적인 추세였다. 갑자기 얻어진 권력이나 사회적 지위를 확인하는 방법이었을 것이다.

⑤ 석인: 창고지기가 별 넷을 달다

석인石隣은 대대로 창고 곁에서 낙정미를 주워 생활할 정도로 가난했다. 앞서 이영진과 비슷한 처지였고 성품이나 출신 신분에서도 그랬다. 그 역시 평민 이하의 신분이었던 것이다. 그는 후에 군인으로 선발되어 친위군에 발탁되었고, 이때 무신란을 만났다. 그는 무신란에서도 이영진과 비슷한 노선을 걸었다. 그는 무신란에서 이의방을 따라 행동했고 난이 성공한 후에는 그 공으로 낭장에 발탁되었다. 친위군의 말단 군졸에서 중견 무관인 낭장에 올랐으니 비약적인 승진이었다. 그는 이의방 집권기 때부터 주로 변방에서 보냈다.

조위총의 난이 일어나자 그는 이의민과 함께 난의 진압에 참여하여 대장군으로 승진하고, 난이 완전히 진압된 후 그 공을 인정받아 상장군으로 다시 승진했다. 무관의 최고계급까지 오른 것이다. 조위총의 난이 진압된 후에도 그는 양계 병마사를 모두 역임하면서 이의민이 등장하기까지 변방의 군진에서 대부분의 세월을 보냈다.

이의민이 등장한 이후 그의 영향력은 갑자기 커졌다. 그의 커진 영향력은 거친 성품으로 인해 바로 횡포나 탐학, 비리 등으로 나타났다. 그 좋은 사례가 하나 있다.

1186년(명종 16) 10월, 서해도의 어떤 역리 하나가 석인에게 은 20근을 주고 관직을 부탁해왔다. 그는 그 뇌물을 받고 당시 서해도 안찰사로 있던 강용유康用儒라는 자에게 그 일을 청탁했다. 강용유는 석인의 청탁을 거절해버렸다. 석인은 강용유를 모함하여 파직시키려고 국왕과 독대를 했는데, 국왕 역시 들어주지를 않았다. 이에 화가 난 석인은 요대를 풀어 국왕 앞에 내던지면서 다시는 벼슬하지 않겠다고 내전 밖으로 나가버렸다.

　깜짝 놀란 국왕이 환관을 보내어 몇 번이나 타일렀으나 석인은 내전 밖에서도 행패를 멈추지 않았다. 국왕은 다시 사람을 보내 타일렀고 석인이 그제야 내전으로 들어오니, 국왕은 결국 강용유를 파직한다는 조서를 내렸다. 분이 풀린 석인이 물러가자 국왕은 다시 그 조서를 거두어들였다.

　뒤늦게 이 사실을 안 석인은 며칠 동안 등청도 하지 않고 집 안에 틀어박혀버렸다. 관직에 나올 것을 요청하는 국왕의 회유가 여러 차례 있었지만 석인은 끝내 무시해버렸다. 이 정도의 사태라면 국왕의 유약함을 탓해야 할지, 석인의 포악함을 탓해야 할지 모르겠다.

　이 사건이 있은 지 10개월 후, 석인은 다음에 설명할 조원정과 함께 쿠데타를 일으키려다 실패하여 참수당하고 만다.

⑥ 조원정: 기생의 아들이 차관까지

조원정은 앞서 경대승 정권에서 잠시 언급했던 인물이다. 조원정은 옥을 다루는 옥공의 아들이었고, 그의 어머니와 할머니는 관청의 기생이었다. 그 역시 앞서의 이영진, 석인과 마찬가지로 천한 신분인 것이다.

　그 역시 무신란 때 이의방을 도와 난에 적극 가담했다. 그가 무신란 때 어떤 자리에 있었는지 나타나지는 않지만, 말단 군졸이었을 것으로 짐작된다. 무신란 후 그는 군졸에서 낭장으로 승진하고 이어서 장군에까지 오른다. 이때가 이의방 집권기였는데, 정중부가 집권하면서 그의 승진은 제동이 걸렸다. 그가 다시 승진을 시작한 것은 경대승 집권기였다.

1181년(명종 11)에 공부상서(정3품)에, 2년 후 추밀원부사(정3품)로 승진했다. 추밀원부사는 군국기무를 관장하는 추밀원의 차관급이다. 하지만 그가 정계에 영향력을 행사하기 시작한 것은 역시 이의민이 등장한 이후였다. 이 점에서도 앞서의 이영진, 석인과 비슷한 정치노선을 걸었다고 볼 수 있다.

1185년(명종 15) 2월, 조원정은 자신의 아들을 동궁견룡지유에 앉히려다 실패한 일이 있었다. 동궁견룡지유는 태자의 신변을 호위하는 부대의 지휘관을 말한다. 태자나 국왕의 신변을 호위하는 친위군의 지휘관 자리는 문무관을 막론하고 권력자의 자제들이 매우 선호하는 자리였다. 그 자리에 결원이 생기자 조원정은 자신의 아들을 임명해줄 것을 국왕께 요청한 것이다. 그런데 그 자리에는 이미 사정유史正儒의 아들이 임명된 뒤였다. 조원정은 그 소식을 듣고 몹시 분개하여, 그 사실을 알려온 국왕의 비서에게 심한 욕설을 하고 횡포를 부렸다.

그의 포악과 탐학은 이 정도는 약과였다. 앞서 이영진이나 석인은 그에 비하면 차라리 청백리라 할 것이다. 그의 세 아들과 사위마저도 탐학과 착취에 동조했으니, 일가족이 모두 사리사욕에서 빈틈이 없었다. 결국 그는 공해전의 조세마저 수탈하려다 탄핵을 받고 공부상서로 좌천되고 말았다. 그 울분을 참지 못하고 석인과 함께 쿠데타를 기도하다 실패하여 참수당했던 것이다. 이 이야기는 다음에 상세히 언급할 것이다.

⑦ 백임지: 농부에서 재상까지

백임지는 남포현(충남 보령시) 사람으로 농민이었다. 그는 고향에서 농사를 짓다 군인으로서 자질을 인정받아 중앙군으로 선발되어 상경했다. 서울의 셋집에 살면서 섶을 팔아 생계를 유지했다고 하니까 가난한 군졸의 서울생활을 짐작해볼 수 있다.

군졸로 근무하던 중 그의 무사적 자질을 높이 산 의종에 의해 친위군에 발탁되었고, 어가 호위에 충성을 다한 공로로 대정에 보임되었다. 그가 무신란을 만난 것은 이때였다. 무신란 때 그가 어떤 기여를 했는지는 나타나 있지 않지만, 친위군의 하급장교였던 그가 잠자코 있지는 않았을 것이다. 무신란 후의 승진을 보아서 그렇다.

백임지는 조위총 난의 진압에도 참여했다. 조위총의 반군이 개경 근교에까지 쳐들어왔을 때, 그리고 연주, 서경 등지의 전투에 참여하여 공을 세웠다. 이 공로로 그는 대장군으로 승진했다.

그는 대장군에 이어서 형부시랑, 병마부사로 승진했다. 1183년(명종 13) 8월, 그가 병마부사로 있을 때 무고한 사람을 살려낸 일화가 하나 있다.

고려시대 양현고라는 것이 있었는데, 국학에 재학 중인 학생들의 후생복지를 위한 기관이다. 무인들이 득세하면서 이런 곳도 원래의 취지에 어긋나는 일을 많이 저질렀다. 낭장으로 있던 이윤평李允平이라는 자가 그 양현고의 은그릇을 빌려가 반환하지 않은 일이 있었다.

양현고의 주무 서리는 그것을 반환받기 위해 이윤평의 집을 찾아갔으나, 그 서리가 돌아오지 않고 시체로 발견된 사건이 일어났다. 당연히 살인 혐의를 받게 된 이윤평은 형부로 끌려와 심한 고문과 함께 치죄를 받았다. 이윤평뿐만 아니라 그의 가족, 양현고의 관리들과 윤평의 친구들까지 끌려와 치죄를 당하고 고문으로 죽은 자가 여러 명이나 되었다.

이 사건은 당시 개경 사람들로서 모르는 이가 없을 정도로 떠들썩하게 소문이 났다. 윤평은 가산을 정리하여 독죄하기를 청하니, 형부에서는 미심쩍어 결정을 내리지 못했다. 당시 사람들은 모두 윤평의 소행으로 믿어 의심치 않았고, 오히려 그가 뇌물을 바쳐 죄를 면하려 한다고 여겼다.

이때 백임지는 병마부사로 있으면서 기병부대를 사열하는데, 말단 서리로 있던 조영인趙英仁이라는 자가 말의 치장과 복식을 화려하게 하여 기병부대에 들어오기를 자청했다. 고려시대는 군대생활에 필요한 물품이나 비용이 자변이었다. 특히 기병의 경우 전마나 마구 등을 자기가 마련해야 했다.

백임지는 그 자의 빈곤함을 알고 있는데 갑자기 화려한 치장을 하고 나타난 것이 이상했다. 이 자가 바로 장안을 떠들썩하게 만든 그 진범이 아닐까 하는 심증을 굳히고 잡아들여 심문을 했다. 조사해보니 그 조영인이 바로 살인 사건의 범인이었고, 그가 증거를 인멸하기 위해 자기 집의 노비까지 죽여 암매장했다는 것도 드러났다. 조영인은 얼마나 기병이 되고 싶었던지 살인까지 하여 은그릇을 훔치고, 그것으로 전마와 마구를 마련했던 것이다. 무인집권시대 말단 하급관리들이 무인의 길을 대단히 열망했음을 알려주는 이야기다.

이 사건으로 백임지는 수사 능력을 인정받았는지 형부상서(정3품)로 승진하고, 조원정의 쿠데타 사건에서도 수사의 총책임을 맡았다. 그는 1190년(명종 20) 지문하성사(종2품)로 재상급에 오르고, 이듬해 2월 죽는다.

이상 7명의 인물을 개인별로 살펴보았는데, 무신란이 아니었으면 고려 귀족사회에서는 꿈도 꾸지 못할 신분 상승이었다. 개인의 능력과 노력이 사회적 성취에 중요하다고 강조되는 현대의 민주사회에서도 보기 힘든 일이 아닐 수 없다. 그런데 한 가지 이상한 것은, 이들 모두가 하나의 정치 세력으로 통일된 결집력은 부족했다는 사실이다. 달리 표현하면 이들이 모두 이의민의 세력 기반은 아니었다는 점이다. 아무래도 행동집단의 속성 때문이 아닌가 싶다.

그러나 이들이 하나의 결집된 세력을 형성하지는 못했다 해도 이의민 집권기의 정치·사회 분위기를 주도한 것은 분명하다. 그들이 주도한 분위기는 신분 상승의 욕구를 자극하여 신분적인 굴레나 벽을 점차 허물어가는 것이었다. 이러한 역동적인 신분 상승은 고려 무인집권시대가 우리 역사상에 또 다른 의미로 해석될 수 있는 현상으로 볼 수도 있다. 그러나 이들 무인들에 의해 드리워진 그림자 역시 짙었다. 빛이 강하면 그림자 역시 짙은 법이다.

조원정의 반란

1187년(명종 17) 7월 그믐날 이경(오후 9시~11시) 무렵, 어둠 속에서 정체를 알 수 없는 무리 70여 명이 수창궁으로 접근하고 있었다.

수창궁은 대궐 바깥에 있는 궁전으로 두 달 전부터 국왕이 이어하여 머물고 있던 곳이다. 명종은 대궐 안의 궁전보다는 주로 이 수창궁에서 기거할 때가 많았다. 무신란 때 많은 전각이 불타고 새로 강안전과 대관전을 지었지만, 국왕은 새로 지은 궁전을 싫어했다. 그러니까 정체불명의 무리들은 이곳이 대궐보다 경비가 삼엄하지 않다는 것을 알고, 국왕이 이곳으로 옮기기를 기다려 거사했던 것이다.

수창궁의 담을 넘어간 무리들은 추밀원사 양익경을 비롯한 숙직 관리들을 모두 죽이고 내시들까지 남김없이 주살했다. 많지 않은 숙위 군사들은 무리들의 기세에 눌려 모두 도망쳐버렸다. 달도 없는 워낙 캄캄한 밤이라 무리들은 촛불까지 찾아 켜들고 여유 있게 확인 살인까지 했다.

국왕의 신변 경호는 이의민이 집권하면서 별로 신경을 쓰지 않고 있었다. 집권자 이의민은 국왕을 위협하거나 위해할 필요가 없는 입장에 있었다. 서로 의지하여 정치적 운명을 같이해야 한다는 연대감이 작용하고 있었던 것이다. 다시 경대승과 같은 인물이 등장한다는 것은 국왕에게나 이의민에게나 모두 위협적인 상황이었기 때문이다.

수창궁을 완전히 장악한 무리들은 국왕의 침소 앞으로 가서, 자신들이 사직을 보호할 것이니 주상은 안심하라고 소리쳤다. 국왕은 주모자가 누구인지를 물었다. 국왕의 제일 큰 관심사는 그것이었다. 어떤 변란이든지 그 주모자만 알면 대처 방법이 쉬워지는 것이다. 재위 17년 동안에 얼마나 많은 변란을 겪었는가. 큰 정권 교체만도 서너 차례나 있었으니, 실권 없는 국왕이었지만 나름대로 살아남는 방법은 터득하고 있었다. 하지만 주모자가 누구인지도 알 수 없고, 게다가 무리들에게 제압당한 상황에서 무슨 조치를 취할 수 있는 것도 아니었다. 밖으로부터의 대응만 기다리는 수밖에 없었다.

무리들이 수창궁을 장악하고 있는 사이 그곳에서 간신히 살아남아 도망친 사람이 있었다. 숙직하고 있던 좌승선 권절평權節平이었다. 그는 혼란한 틈에 수창궁의 북문을 빠져나와 더 이상 추격하는 무리가 없음을 확인하고, 우선 사람을 시켜 이 변란을 중방에 알렸다. 하지만 정식 계통을 밟아 군사를 기다리기엔 상황이 너무 절박했다. 임기응변으로 가구소를 통해 이리 저리 군사를 불러모았다. 갑자기 끌어모은 군사가 무리들을 대적하기에 충분할 수 없었다.

권절평은 군사들을 수창궁 밖에 늘어세우고 발을 구르며 소리치게 했다. 수창궁 안의 무리들은 갑자기 이 소리를 듣자 서문을 통해 달아나기에 바빴다. 대규모의 진압 부대가 몰려오는 것으로 착각했던 것이다. 더 이상 큰 변란으로 확대되지 않고 10여 명의 살상자만 남긴 채 의외로 쉽게 물리칠 수 있었다. 애초의 강성했던 기세에 비해 조직은 허술했던 모양이다.

한편 중방으로부터 연락을 받은 중랑장 고안우高安祐는 숙위군을 이끌고 수창궁으로 달려왔다. 이미 무리들은 도망쳐버리고 상황이 끝난 뒤였다. 다만 도망치다가 낙오된 무리 몇 명을 체포할 수 있었다. 이들은 곧장 중방으로 끌려가 날이 새기까지 심한 문초를 받고 변란의 실체를 자백했다.

변란은 조원정이 주도한 것이었다. 조원정이 문극겸을 원망하여 석인과 함께 주도한 것인데, 평소 자신을 비판하던 문극겸을 비롯한 반대 세력들을 제거하기 위한 것이었다. 조원정이 특별히 문극겸을 표적으로 삼아 제거코자 했던 것은, 이 변란이 일어나기 보름 전에 있었던 탄핵 사건이 직접적인 동기였다. 당시 추밀원부사로 있던 조원정은 중서성에 속해 있던 공해전의 전조를 탈취했다가 평장사로 있던 문극겸의 탄핵을 받아 좌천당한 일이 있었다.

공해전은 중앙이나 지방의 관청에 소속된 토지를 말하며, 그것을 경작하여 관청의 운영 경비에 충당하고 있었다. 이 공해전을 경작하는 사람은 수확한 뒤 생산량의 4분의 1을 세금으로 해당 관청에 보낸다. 이것을 전조라고 한다. 조원정이 이 전조를 가로챘던 것이다.

문극겸은 국왕께 소장을 올려 조원정의 탄핵을 요구했다. 하지만 국왕은 조원정의 위세를 아는지라 쉽사리 들어줄 수 없어 미적거렸다. 그러는 동안 최세보 등도 탄핵활동에 가세하여 소장이 다섯 차례나 올라갔다. 결국 조원정은 추밀원부사에서 공부상서로 좌천되어 면직되고 말았다. 아울러 중방에서도 소장을 올려 탐학이나 착취가 심했던 조원정의 세 아들과 사위까지 탄핵하도록 하여 모두 관직에서 축출해 버렸다.

석인이 쿠데타에 참여했던 것도 조원정의 경우와 마찬가지다. 석인 역시 그 행패나 탐학이 심했던 자로, 여러 사람들의 비난을 받고 있었다. 개인적인 사리사욕이 지나쳐 정치권에서 소외되고, 다른 선택의 여지없이 궁지에 몰려 막다른 길로 치닫게 된 것이다.

그런데 중방에서 변란에 대한 1차 조사가 끝나고 연루된 자들을 모두 잡아들여 형부에서 종합적인 수사를 했었다. 이때 형부상서로 있던 인물이 바로 백임지였고 그가 수사의 총책임을 맡게 된 것이다. 정치적 변란 사건인 만큼 가벼이 다룰 수 없어 수사는 거의 한 달 가까이 걸렸다.

그 결과 수창궁에 침입한 무리의 우두머리들은 대부분 조원정의 가동들이라는 점이 밝혀졌다. 주모자인 조원정, 석인과 수창궁에 침입했던 우두머리 10여 명은 결박되어 저잣거리에 매달았다가 보정문 밖에서 참수되었다. 아울러 단순 가담한 무리 30여 명도 모두 주살되고 이들의 집과 재산은 남김없이 몰수당했다.

백임지가 이번 사건의 수사 책임자였다는 사실은 최세보 등이 조원정의 탄핵에 참여했다는 사실과 함께 눈여겨볼 대목이다. 가해자나 피해자 모두 행동집단에 드는 인물들이기 때문이다. 하나의 정치 세력으로 결집되지 못한 행동집단의 모습을 보여준 것이다.

조원정과 석인의 출신 신분이나 무신란에서의 태도를 보면, 이들은 이의민과 가장 비슷한 유형의 인물로 서로 정치적 유대관계를 맺을 소지가 다분했다. 그런데도 이들이 쿠데타에 나설 수밖에 없었고 마침내는 같은 행동집단에 의해 제거되었다는 것은, 행동집단 안에서 권력투쟁의 성격도 띠고 있었다고 볼 수 있다.

인사 비리의 대명사, 분경

정상적인 왕정하에서는 중앙의 주요 관직이나 지방장관직은 국왕이 직접 인사권을 행사했다. 중앙의 주요 관직으로는 참관이라는 것이 있다. 참관은 조관朝官이라고도 부르는데, 국정에 직접 참여할 수 있는 관직을 말한다. 여기에는 주로 5품 이상 관료가 해당되지만 6~7품 관료도 요직일 경우 해당될 수 있고, 반대로 5품관도 한직일 경우 제외된다. 이런 참관과 지방장관은 국왕이 직접 임명권을 행사했고, 그 외의 중하급 관리나 지방관리는 대체로 인사권을 담당하고 있던 이부(문관 인사)와 병부(무관 인사)의 장관인 판사(종1품)가 임명했다.

국왕은 관리의 인사안을 만들어(이것을 비목批目이라 하는데 국왕의 비서관인 승선이 작성함) 참관 이상에는 친히 서명하여 이부와 병부로 내려보낸다. 이것을 하비下批라고 했다. 이부와 병부에서는 이 비목을 바탕으로 그 밖의 중하급 관리나 지방관리의 명단을 만들어 다시 비목과 함께 국왕께 올린다. 형식적인 국왕의 동의를 얻기 위한 것이지만 국왕이 거부할 수도 있었다.

국왕은 이를 살펴보고 특별한 문제가 없으면 고신(관리 임명장)을 만들어 시행하는데, 다만 이 단계에서 대간의 동의를 얻어야 했다. 이것을 서경이라고 한다. 이 서경을 통과해야만 관리 임명이 효력을 발생하는 것이다.

무신란 이후에는 이런 인사행정의 절차가 규정대로 지켜지지 않았다. 무엇보다 우선 비목을 작성하는 데 국왕의 의지를 충분히 펼칠 수 없었다. 무신란 직후 인사발령에서 비목을 작성한 사람이 문극겸이었는데, 그가 국왕보다는 무신란을 주도한 사람들의 의사를 충실히 반영했음은 그 내용을 보면 알 수 있다. 설사 무인집권자들이 국왕에게 간섭이나 압력을 행사하지 않는다 해도 국왕 스스로가 무인 실력자의 의향에 신경을 쓰지 않을 수 없었다. 이의민 집권기 동안 행동집단의 인물들이 대거 중앙의 요직을 차지하고 재상에까지 올랐던 것은 그 때문이었다. 국왕 스스로가 권력 실세들의 눈치를 보며 배려한 결과였다. 이것이 국왕에게는 무력한 일이었지만 어쩌면 서로에게 좋은 타협일 수도 있었다.

무력한 국왕이지만 자신의 의지를 반영할 여지는 없지 않았다. 하지만 이것마저 부정적으로 행사되는 경우가 많았다. 국왕에게 아첨하는 폐신들의 등용이 그것이다. 무력할수록 청렴 강직한 인물보다는 이런 사람들을 찾게 되는 것이 당연한 일일지도 모른다.

그런데 이들 폐신들이 또 부정과 비리를 야기했다. 국왕의 측근에 포진하고 있으면서 뇌물을 받고 인사 청탁을 자행하는 것이다. 이것을 분경奔競이라고 하는데, 실제 분경은 중하급 관리나 지방관리를 임명하는데 더욱 극성이었지만 중앙 고위직 임명에도 크게 작용했다.

폐신이나 환관 등 국왕 측근의 인물들은 뇌물을 받고 국왕에게까지 인사 청탁을 하는 것이다. 심하면 국왕 스스로가 뇌물을 요구하고 그 많고 적음에 따라 임명이 좌우되기도 했다. 무력한 국왕이 자신의 의지를 관철시키는 것은 그것밖에 없었을지 모르겠다.

국왕이 비목을 작성하여 이부와 병부에 내려보내면 이곳에서 분경이 이루어져 진짜 부정이나 비리가 판을 친다. 관리들의 정기적인 인사는 매년 12월에 있는데, 이 인사철이 되면 이부와 병부 실력자의 집 앞은 말 그대로 문전성시를 이룬다.

이부와 병부에서는 비목을 받고 나머지 하층 관리들의 임명 명단을 만들어 다시 국왕에게 올려야 하는데 이것이 생략되기 일쑤였다. 이부와 병부의 수장들이 마음대로 할 수 있다는 이야기다. 이부와 병부의 수장은 대부분 무인 실력자들이 맡기 때문에 국왕은 그것을 요구하지도 못한다. 그 수장을 전통 문신이 맡는다 해도 그 재량권은 좁을 수밖에 없고 무인 실세들의 요구를 거절하기 힘들기는 마찬가지다.

이부나 병부에서 인사가 이루어질 때는 분경과 함께 또한 무고나 모함이 수없이 일어난다. 때로는 이것 때문에 반란까지 모의된 적도 있었다. 1186년(명종 16) 정월에 어떤 자가 중방에 밀고하기를 "교위 장언부張彦夫라는 자와 그 무리 8명이 반란을 일으키려고 한다"고 했다. 중방에서 그 장언부를 잡아들여 문초했는데, 그는 죽으면서 이런 재미있는 최후 진술을 했다.

지금 권력 있는 자들은 욕심이 많고 비루한 놈들이다. 이 자들은 은銀을 몹시 탐내어 그것만 주면 관직을 팔아넘기는데 법이 무슨 필요가 있느냐. 내가 이놈들의 목을 쳐서 그 입에 은을 물리고 널리 전시하여, 사람들에게 은을 탐내다 죽었다고 알리려는 것이었다《고려사절요》13, 명종 16년 정월조).

당시 뇌물로는 은이 최고였던 모양이다. 여담이지만 당시 권력의 실세들이 은을 좋아했던 것은 활발한 상업활동 때문이었다. 특히 중국과의 무역에서 이득이 많았는데, 이 은이 그 결제 수단이었다. 무인 실력자나 그 측근들이 기를 쓰고 금나라에 가는 사신 행렬에 끼어들었던 것도 이런 무역을 통한 이권 때문이었다.

모든 관리의 임명에는 대간의 서경을 거쳐야 했는데 이것도 제대로 발휘되지 못했다. 대간에 진출한 관리 자신들이 무인들이었으니 그럴 수밖에 없었다. 그들 스스로 정상적인 관리 임용에서는 대간직에 나아갈 수 없는 사람들이었다. 설사 무신이 아닌 문신이 대간에 있었다 해도 서경권이 원칙대로 행사될 수 없기는 마찬가지였다. 가끔 그것이 발휘된다 해도 대세를 바꾸기에는 역부족이었다. 이의민 집권기 무인 실세들이 차지한 중앙의 요직이나 재상직은 정상적인 대간의 서경권이 행사되었다면 갈 수 없는 자리였다. 대부분 미천한 신분 출신이거나 관직 승진에 제한을 받아야 할 사람들이었기 때문이다.

착취의 먹이사슬

지방관직도 정상적인 관리 임명에서는 무신이 임명될 수 없었다. 지방관은 국가의 정책이나 국왕의 은총이 백성을 향하여 직접 베풀어지는 자리여서 중요시했기 때문이다. 하지만 이것만큼 무신이 차지하기 쉬운 자리도 없었다. 지방의 요직이나 승진이 보장된 지방관직이 아니면, 대부분 문신들은 지방으로 나가는 것을 꺼려했다. 현지 생활의 불편함이나 교통 통신의 어려움 때문이었다.

그러나 무신들은 지방관리로 나가는 것을 좋아했다. 잘만 하면 중앙의 조관으로 나아갈 수 있는 기회도 되었지만, 백성을 상대로 본전 찾기가 쉬웠기 때문이다. 문·무신을 막론하고 뇌물을 통해 관직을 얻었다면 그 관리의 제일 큰 관심사는 뻔한 것이다.

결국 분경이나 뇌물을 통한 인사행정의 문란은 백성을 괴롭혔다. 부정부패의 먹이사슬에서 최종적인 피해자는 항상 국민이듯이. 이의민 집권기에는 그래서 지방관의 탐학이나 착취가 특히 심했다. 이의민 집권기에 백성에 대한 착취와 수탈을 금지하고 탐학하는 관리를 처벌하겠다는 조서가 다섯 차례나 반포된다. 같은 국왕의 재위 기간 동안에 유사한 내용의 조서가 다섯 차례나 반포된 것은 극히 이례적인 일이었다. 그중 1190년(명종 20) 9월의 조서 내용을 보면 지방관의 탐학과 착취가 근절되지 않는 이유를 알 만하다.

> …… 근래에 백성을 다스리는 수령이 …… 백성의 고혈을 착취하고도 조금도 부끄럽게 여기지 않는다. 또한 뇌물 받은 사실이 이미 드러났음에도 권력 있는 자에게 붙어 구차스레 면책하려고 한다. 그런고로 착취와 면책이 반복되어 간악한 짓에 익숙해졌으니 내가 정치를 잘하고자 한들 될 수 있으랴. 양계 병마사와 5도 안찰사는 나의 간절한 마음을 깨닫고 수령의 잘잘못을 감찰하여 승진과 퇴출을 명확히 하라(《고려사》 세가 20, 명종 20년 9월 병신조).

이것을 보면 국왕도 사태의 진상을 어느 정도 파악하고 있었던 듯하다. 착취한 사실이 드러나면 권력의 실세들에게 뇌물을 주어 면책받고, 다시 그 수령은 착취를 반복한다는 것이다.

그러나 국왕의 그런 진단은 사태의 일면을 본 것에 지나지 않았다.

무인 집권기 지방 수령의 탐학과 착취에 대한 근본 원인은, 사관이었던 권경중權敬中의 다음과 같은 사론에 명쾌하게 규명되어 있다.

> 경인년(무신란이 일어난 해)·계사년(김보당 난이 일어난 해)에 정변이 있은 이후로, 시정에서 짐승이나 잡고 장사하던 무리나, 말단 군졸들로서 부당하게 외직의 수령으로 나간 자들이 많았다. …… 하루아침에 한 고을의 수령이 되어 생사여탈권을 가지게 되면 그들이 재물을 탐내고 이익을 취하는 것은 당연한 일이다. 오호라, 곡식이 자라는 곳에 소와 말을 몰아넣고, 꿩과 토끼가 노는 곳에 매와 사냥개를 풀어놓고서, 그 짐승들이 뜯어먹고 물어뜯는 것을 어찌 금할 수 있으랴(《고려사절요》 13 명종 18년 3월조).

날카로운 지적인데, 그런데 이 사론을 쓴 권경중은 이규보와 함께 고종(1213~1259) 때 《명종실록》을 편찬한 사람이다. 그는 이의민 정권을 타도하고 들어선 최씨 정권에 봉사한 인물이었다. 이런 그가 편찬한 《명종실록》은 최씨 정권에 유리한 쪽으로 서술되었을 가능성이 많다. 이의민 집권기의 정치 기강 문란이나 지방관의 탐학·착취는, 최씨 정권에 정당성을 주기 위해 실제보다 과장되었을 가능성도 있다는 뜻이다.

관직 서열, 주먹 서열, 권력 서열

이의민은 1184년(명종 14) 2월 경주에서 상경한 이후 이상하리만큼 조용히 지내고 있었다. 그 이유는 앞서 지적했지만 국왕을 시해했다는 정치적 부담 때문이었다. 여기에 더하여 또 하나의 이유를 든다면, 행동집단을 확실하게 통제할 수 없었다는 점도 빼놓을 수 없다. 자신을 뒷받침해주는 정치 세력으로 이끌어내지 못했던 것이다. 조원정의 반란은 그와 같은 정치력 부재의 결과이기도 했다.

조원정의 반란은 그러나 이의민 개인과는 무관한 사건이었다. 이의민에게는 오히려 이 사건이 정치적 부담을 덜고 정권의 기반을 다질 수 있는 기회였다고 할 수 있다. 통제하기 어렵던 행동집단의 일부를 제거할 수 있는 기회가 되기도 했기 때문이다.

이보다 1년 앞선, 1189년 12월 인사에서 이미 최세보와 두경승은 관직상의 서열 1, 2위에 올랐다. 이번 인사에서 눈여겨볼 대목은 이의민이 여전히 관직상의 서열에서 3위에 머무르고 있다는 점이다. 즉 지금까지의 인사 서열이 조금도 흐트러지지 않고 계속 지켜지고 있다는 점이다.

특히 두경승이 이의민을 확실하게 앞서고 있다는 점은 조금 흥미롭다. 고위 관직의 서열을 함부로 깰 수 없는 문무 관료들의 견제가 있었던 것일까. 이렇게 볼 때 두경승의 존재는 더욱 특이하게 느껴진다. 행동집단이 아니면서도 지금까지 줄곧 고위직을 유지했을 뿐 아니라, 자신의 서열을 굳건히 지켜낸 것이다. 1년 후의 인사에서는 어떤 변화가 일어났을까.

이번 인사에서 먼저 주목되는 것은 최세보가 물러나고 두경승이 관직상의 서열 1위에 올랐다는 점, 이의민이 여전히 두경승의 아래에 있다는 점이 눈에 띈다. 두경승과 이의민의 관직 서열이 이의민의 집권기 동안 줄곧 바뀌지 않았다는 점은 생각해볼 대목이다. 이의민은 관직 서열에서 계속 두경승보다 아래에 있는 것이 큰 불만이었다.

어느 날 두 사람이 중서성의 청사에서 정사를 논하다가 맞붙었다. 이의민이 믿는 것은 완력밖에 없어 주먹으로 상대를 제압하려는 의도가 있었는지 모르겠다. 이의민은 두경승이 보는 앞에서 "네가 무슨 공으로 관직이 나보다 위에 있느냐?" 하며, 주먹으로 청사의 기둥을 쳤다. 아름드리 기둥이 앞뒤로 흔들리면서 천장의 서까래까지 들썩거렸다. 두경승도 완력으로는 남부럽지 않은 인물로 이의민에게 쉽사리 제압당할 사람이 아니었다. 이의민을 노려보면서 주먹으로 벽을 치니 주먹이 벽을 뚫고 나갔다. 주변에 있던 사람들은 혼비백산하여 달아나버렸다.

당시 무인 실력자들의 의식 구조를 엿볼 수 있는 재미있는 사건이다. 군사정권 시절 권력의 실세들이 청와대에서 권총을 빼들고 설친 것과 무엇이 다르랴. 저돌적인 용맹성과 신체의 장대함이 출세의 배경

1190년 12월의 인사발령 내용

성명	인사발령 내용
최세보	특진수태사(정1품) 판이부사
두경승	수태위(정1품) 판병부사
이의민	동중서문하평장사(정2품)
박순필	중서시랑평장사(정2품)
백임지	지문하성사(종2품)

1191년 12월의 인사발령 내용

성명	인사발령 내용
두경승	판이부사(종1품)
이의민	판병부사(종1품)

이 되었던 무신란 이후 사회의 한 단면이리라.

이의민과 두경승, 이들의 주먹 대결은 두고두고 인구에 회자되어 세간의 조롱거리가 되었다. 무인들의 득세로 실의에 빠져 있던 어느 시인은 다음과 같은 풍자시를 남겼다.

우리는 이의민과 두경승을 두려워하나니　　　吾畏李與杜

홀연히 나타난 참재상 감이로다.　　　　　　忽然眞宰輔

재상에 있은 지 삼사 년 만에　　　　　　　黃閣三四年

주먹 바람은 만고에 제일이라.　　　　　　　拳風一萬古

1193년(명종 23) 2월, 두경승은 삼한후벽상공신三韓候壁上功臣에 책봉되었다. 그를 공신에 책봉한 이유는, 김보당의 난과 조위총의 난을 진압하는 데 공이 많았다는 것이었지만, 예상치 못한 뜻밖의 일이었다. 두 난이 진압된 지 10년도 훨씬 지난 시점에 공신을 책봉한다는 것이 석연치 않은 까닭이다.

벽상공신은 무신란 직후 이의방, 이고, 정중부가 받았던 공신호로서 공신각에 그 화상을 그려놓는 것이다. 국왕은 화공 이광필李光弼에게 명하여 두경승의 화상을 그려주도록 칙명까지 내렸다. 이광필은 그 아버지 이령李寧과 함께 유명했던 부자 화가인데, 두경승에 대한 국왕의 배려가 남달랐음을 알 수 있다. 이의민이 건재하고 있는데 왜 그랬을까.

두경승은 만경현(전북 김제시) 사람으로, 성품이 돈후하고 가식이 없는 용감한 무인이었다. 그의 출신 신분은 평민 이상이었던 것으로 보인다. 수박희를 잘하여 친위군에 선발되었지만, 그것을 천하게 여겼다는 기록에서 그의 출신을 짐작해볼 수 있다. 하지만 무사적 자질이 워낙 뛰어나 견룡군의 대정으로 발탁되었다. 그가 무신란을 만난 것은 이때였다.

하지만 그는 무신란에 가담하지 않았다. 살육과 약탈이 난무하던 그 시기에도 전혀 휩쓸리지 않고 자신을 지켜냈다. 이 점이 오히려 이의 방의 눈에 띄어 산원으로 승진하고 다시 낭장에 오른다. 이후 김보당 의 난, 조위총의 난의 진압에 나서 계속 공을 세우고 착실히 정치적 입지를 넓혀나갔다. 그가 중앙의 요직을 맡기 시작한 것은 경대승 집권 기부터인데, 이의민이 등장한 이후에도 승진을 계속한다. 마침내 관직 서열 1위에 올라 인사권을 장악했다.

관직상의 서열에 불과할지 모르지만 그는 모든 무신들의 상징적인 인물이었다고 할 수 있다. 그는 인사권을 행사하면서도 사리사욕을 부리지 않고 모든 인사 청탁을 거절하여 누구도 그의 뜻을 굽히지 못했다. 이의민과의 주먹 대결은 그런 두경승의 정치적 위상에 대한 이의 민의 불만이 폭발했다고 보면 틀림없을 것이다.

이의방―정중부―경대승―이의민으로 이어지는 수차례의 정권 교체에도 불구하고 두경승이 건재하고 승진할 수 있었던 것은, 결과만 놓고 본다면 기회주의적 보신이라고 말할 수도 있을 것이다. 그러나 항상 국왕의 입장에 섰다는 그의 변함없는 정치적 소신의 결과로 보는 것이 좋을 듯 싶다. 그에 대한 공신 책봉은 그런 결과였다.

이의민이 그런 두경승을 반겨할 리 없었을 것이다. 그런데도 국왕이 두경승을 공신으로까지 책봉한 것은, 그것을 통해 노리는 다른 정치적 의도가 있었음이 분명하다.

무신란 이후 국왕의 입장에서 가장 간절했던 것은 무인집권자의 간섭을 받지 않는 왕권을 확립하는 것이었다. 그러기 위해서는 동반자가 필요했다. 이의민을 견제할 수 있어야 하고, 국왕에 대한 충성심도 있어야 하고, 무엇보다 권력에 대한 야심이 없는 인물이어야 했다. 두경승은 그 목적에 걸맞은 국왕의 권력 파트너로서 적격의 인물이었다.

두경승에 대한 공신 책봉이 이루어진 직후 중방의 여러 무신들이 잔치를 베풀고 축하하는 자리가 있었다. 술에 취한 어느 무인 출신의 재상 하나가 피리를 불며 춤을 추자, 이의민은 그 재상을 질책하면서 연회 분위기를 파장시켜버렸다. 여러 무신들이 이의민의 눈치를 보며 자리를 뜨자 연회는 끝날 수밖에 없었다. 두경승에 대한 이의민의 불편한 심기를 엿볼 수 있는 장면이기도 하지만, 관직 서열이 바로 권력 서열은 아니라는 것을 보여주는 대목이기도 하다.

이의민과 경주 지역의 민란

무신란의 격랑지, 경주

경주, 하면 지금도 바로 떠오르는 것이 신라 천년 왕조의 수도였다는 사실이다. 고려 무인집권시대에도 그랬을 것이다. 신라 왕도였던 시절, 경주에는 17만 호가 있었다고 하니까 왕도로서의 번영을 짐작해볼 수 있다.

신라가 망한 지 200여 년이 지난 무인집권시대에는 옛 영화야 많이 쇠락했겠지만, 그 자취는 남아 있었을 것이다. 그 상징적인 건축물이 황룡사 9층탑이다. 경주에서 나고 자란 사람들은 누구나 그 탑을 가까이서 보았을 것이다.

황룡사 9층탑은 목탑으로 몽고의 침입 때 소실되어 지금은 남아 있지 않다. 여러 기록에 나타난 이 탑에 대한 묘사를 종합해보면, 그 높이가 50미터 이상이 된다고 한다. 어느 텔레비전에선가 컴퓨터 그래픽으로 이 탑을 재현한 적이 있었는데, 그 높이가 80여 미터에 달한다는 기록도 있다. 이 탑은 층계가 있어 그 꼭대기까지 오를 수 있었는데, 그곳에 오르면 경주 시내가 한눈에 보였다는 기록도 있다. 경주인들은 이 거대한 탑을 지켜보며 무엇을 생각했을까.

경주는 이의민의 고향이기도 했다. 그리고 이의민은 그곳에서 고향 사람들의 협력을 받아 전왕 의종을 시해했다. 옛 신라의 왕도였고, 이의민의 고향이자, 의종이 시해당한 경주에서는 1190년(명종 20)부터 민란이 일어나기 시작하여 이후 1203년(신종 6) 무렵까지 산발적으로 계속된다. 그 기간 한가운데인 1196년(명종 26) 4월에 이의민이 최충헌에게 제거되고 정권 교체가 있었다. 정권 교체를 전후로 하여 경주를 중심으로 한 한반도 동남부 일대가 10여 년 동안 민란에 휩싸인 것이다. 그중 세력이 가장 큰 자가 김사미·효심의 난이었다.

왜 그렇게 경주에서는 민란이 계속되었을까. 여기에는 무인집권시대 다른 지역과 마찬가지로 지방관의 착취와 탐학에 허덕이던 농민의 불만이 기본적인 배경이 되고 있다.

경주는 이러한 통상적인 영향 외에, 전국 어느 지역보다도 중앙으로부터 파급된 정치적 격변이 많은 곳이었다. 경주의 민란은 이 문제와 더 깊은 관련이 있었다. 경주에는 무신란 이후부터 이의민이 집권할 때까지 다섯 차례의 정치적 파도가 중앙으로부터 밀려왔다.

① 무신란이 일어나자 많은 문신 관료들이 경주로 피신(1170년 9월).
② 김보당이 의종 복위를 선언하고, 장순석의 반군은 의종을 모시고 경주로 입성(1173년 8월).
③ 이의민이 장순석의 반군을 토벌하기 위해 군대를 이끌고 경주에

입성, 의종 시해(1173년 10월).

④ 경대승이 집권하자 의종 시해범을 응징하겠다고 선언(1179년 10월).

⑤ 이의민이 경주로 피신(1181년 4월).

①은 무신란의 화를 피해 내려온 사람들이기 때문에 당연히 무인정권에 비판적이거나 저항적이었다. 또한 이들은 무신란을 고려 왕조의 멸망으로 예단하고 낙향했을 수도 있다. 경주의 일반 사람들은 이들의 입을 통해서 개경의 무신란 소식을 들었다. 이들이 우선 생각할 수 있는 일은 폐위당해 거제도에 축출되어 있던 의종의 복위를 기도해보는 것이었다. 이 시기 문인화가로 유명했던 이기李琪라는 인물은 의종의 초상화를 그려 초당에 모셔놓고, 아침저녁으로 예를 드렸다고 하니까 그런 분위기를 짐작해볼 수 있을 것이다.

②는 ①의 그러한 성향을 감안하여 결정된 것이다. 어쩌면 ①과 ②의 세력은 사전에 서로 교감이 있었을 가능성도 배제할 수 없다. ①에 관계된 사람들은 ②의 출현을 환영했다.

③의 세력이 밀어닥치면서 ②의 세력은 완전히 제압당하고 ①의 세력마저 온존할 수 없었다. 결국 의종이 시해당하고 개경에서 일어난 무신란은 옛 신라의 왕도에서 마무리된 것이다. 이 과정에서 ①이나 ②에 관계된 사람들 중 살아남은 자들은 인근의 산간이나 사찰 등지로 다시 피신하지 않을 수 없었다.

④는 경주의 세력 판도에 또 한 번 변화를 가져온 사건이다. ③에 협력한 세력들은 크게 위축될 수밖에 없었다. 특히 의종 시해에 직접 관련된 자들은 위기였다. 어쩌면 이들도 경주 인근 지역으로 피신했을 가능성이 많다. 반면 ①에 관계된 사람들은 조금 어깨를 펼 수 있었을

것이다.

⑤의 등장은 다시 경주의 분위기를 반전시켰다. 무엇보다도 우선 ③에 협력한 세력들이 이의민을 중심으로 강하게 결속하는 계기가 되었다.

여러 차례에 걸쳐 경주에 밀어닥친 정치적 격랑으로 경주의 세력 판도는 격심한 변화를 겪게 되었다. 이로 인해 인근 지역과 유동 인구가 많아졌고, 경주는 점차 이의민에 의해 장악되었다. 김사미·효심의 난을 비롯한 경주 인근 지역의 민란은 이런 사정을 배경으로 하고 있다.

경주의 동요

1190년(명종 20) 무렵 이의민은 중앙정계에서 어느 정도 권력의 기반을 다지는 데 성공한다.

그런데 이 무렵부터 경주에서는 민란이 일어나기 시작했다. 1190년 1월, 경주에서는 도적들이 일어났다. 도적이라는 것은 사서의 표현을 그대로 옮긴 것인데, 그 정체가 분명하지 않다. 이들 도적의 무리는 단순한 농민이 아니라 무사적 자질을 갖추고 있는 군인층이었다. 그래서 이것을 민란이라고 부르기에는 조금 곤란하다. 무신란 후, 수도 개경에서 군대에서 이탈한 무사집단들이 자주 도적으로 출몰하여 사회를 혼란시킨 경우와 비슷하다.

경주에서 도적의 무리로 등장한 군인은 이의민이 낙향해서 양성했던 무사집단이었을 가능성이 농후하다. 이들 군인들은 이의민이 상경한 후 관리와 통제에서 벗어나 도적의 무리로 횡행했던 것이다. 이들 무리가 도적질에 나섰다는 것은 경제적 욕구를 충족하기 위한 것으로,

군대에서 이탈하도록 방치한 탓이 컸다.

정부에서는 우선 이들에게 농사를 권장하면서 회유했다. 특별한 생업 없이 무사적 자질을 바탕으로 횡행하는 무리였기 때문에 적절한 대응이었지만, 이들은 응하지 않았다.

회유에 응하지 않자, 정부에서는 경상도 안찰부사로 하여금 진압하도록 했다. 기습적인 공격으로 토벌에 나섰지만 실패하고 많은 사상자만 냈다. 이들이 무사적 자질을 갖춘 군인들이었기 때문에 강한 탓도 있었지만, 도적들과 뿌리가 같은 지방군으로서는 전력을 다해 싸울 이유도 없었기 때문이다. 다시 정부에서는 현덕수를 안찰사로 임명하여 파견했지만 역시 진압하지 못했다.

같은 해 12월, 진압군 지도부를 다시 편성하여 내려보냈다. 하지만 이것은 한발 늦은 조치였다. 도적의 무리는 경주를 떠나 인근 산간 지역으로 흩어진 뒤였다. 해산이 아니라 좀 더 장기적인 싸움을 위한 준비였다. 이들은 산간 지역으로 흩어지면서 부근의 농민들을 규합해나갔다. 그리고 경주의 남서쪽에 있는 운문산으로 다시 모여들었다. 이제 민란의 판도는 경주 인근 지역으로 점차 확대되어 대규모 민란을 예고하고 있었던 것이다.

김사미와 효심의 난

1193년(명종 23) 7월, 마침내 김사미金沙彌와 효심孝心이 중심이 된 민란이 시작되었다. 김사미는 운문雲門(경북 청도)에, 효심은 초전草田(경남 밀양)에 본거지를 두고 서로 연락하면서 공동 전선을 폈다.

운문은 지금의 경북 청도군과 경남 밀양군의 경계에 있는 운문산이 분명하고, 초전은 밀양인지 울산인지 불확실하다. 여기서는 밀양으로 보는데, 구체적으로 밀양의 어디인지는 분명치 않다. 경주 부근의 민란 세력들은 대부분 이 두 곳으로 모여들었다고 보인다.

민란 세력의 지도자인 김사미와 효심이 어떤 인물인지는 별로 알려진 바가 없다. 김사미는 성이 김씨이고 사미는 이름이 아니라 사미승을 가리키는 말이다. 그는 운문사의 사미승 출신으로 보고 있다. 김사미는 본래 경주의 토착 세력가 출신이었는데, 경주에 밀어닥친 몇 차례 정치적 격변의 어느 과정에서 운문사로 도피해 있다가 난의 지도자로 등장한 인물로 추측하고 있다. 효심은 성씨가 없는 것으로 보아 일반 농민 출신의 지도자로 보고 있다.

민란 세력을 구성하고 있는 사람들은 농민층이 주류였다. 하지만 구성원으로서 군인층도 빼놓을 수 없다. 민란에 가담한 군인층은 지방의 군대에서 이탈한 사람들로서 앞서 경주의 도적 같은 경우가 대표적이다. 이들은 민란의 전투력을 고양시키는 데 중요한 몫을 했다. 이밖에 부곡민과 같은 천민도 포함되었다. 특히 초전의 경우 인근에 부곡이 산재해 있어 천민이 오히려 주류를 이루었다고 생각된다.

민란 세력에서 또 하나 빼놓을 수 없는 부류가 정변을 피해 산간으로 망명해 들어온 사람들이다. 이들 망명 인사들 속에는 지방의 세력가나, 때로는 낙향한 관료 출신도 포함되었다. 인근에 있는 경주가 어느 지방보다도 정치적 격변이 극심한 곳이었음을 감안하면, 경주에서 망명해 들어온 사람들이 많았을 것이다. 김사미는 그런 상징적인 인물이 아니었을까 싶다.

운문과 초전 두 민란 세력을 굳이 차별해보자면, 김사미가 이끄는 운문 세력은 농민층 이상의 사람들이 주류를 이루었고, 효심이 이끄는 초전의 세력은 농민층 이하의 천민들이 주축이었다고 할 수 있다.

이들 민란 세력들이 본거지 인근의 주현을 공격 약탈하면서 민란은 시작되었다. 개경에서는 예의 주시하고 있던 터라 신속히 진압군을 편성하여 파견했다. 민란 세력이 움직인 지 닷새 만에 이루어진 빠른 조치였다.

진압군 사령관은 대장군 전존걸全存傑이 맡고, 그 이하 부사령관에는 이지순李至純, 이공정李公靖, 김척후金陟候, 김경부金慶夫, 노식盧植 등이 임명되어 급파되었다. 이 진압군의 진용만 보아도 민란 세력의 규모가 어떠했는지 짐작할 수 있다. 사령관이 대장군이고 부사령관은 모두 장군 계급으로 다섯 명이나 되었다. 이는 조위총의 난과 같은 내전에서나 볼 수 있는 진용이다.

이 가운데 이지순은 바로 이의민의 아들이다. 그가 민란의 진압에 참여하는 것은 이의민의 입장에서 득이 될 게 없었을 텐데, 아무래도 심상치 않다. 뭔가 숨겨진 의도가 있지 않았을까 생각된다.

적과의 내통

김사미·효심의 난과 이의민의 관계에 대해《고려사》이의민 열전에는 다음과 같은 흥미로운 기사가 실려 있다.

> 이의민은 일찍이 붉은 무지개가 두 겨드랑이 사이에서 일어나는 꿈을 꾸고는 자못 이를 자랑스럽게 여기고 있었다. 또한 용손龍孫이 12대로 끝나고 다시 십팔자十八子가 나온다는 옛날의 참설을 믿었는데, 십팔자十八子는 곧 이李자이므로 자신이라고 생각하여 바랄 수

없는 뜻을 품었다. 탐욕을 줄이고 명사를 등용하여 헛된 명예를 낚았다. 자신이 경주 출신이므로 비밀리에 옛 신라를 부흥시킬 뜻을 가지고 김사미·효심 등과 통하니 적도 또한 많은 재물을 보냈다. 이지순은 한없이 탐욕스러워 적의 재물을 끌어들이고자 몰래 적과 통하면서 의복, 식량, 신발, 버선 등을 보내니 적도 또한 금·은 보화를 보냈다. 이로 말미암아 군대의 동정이 바로 누설되어 여러 번 패배했다. 전존걸은 일찍이 지략과 용맹으로 이름을 떨쳤는데, 이것을 보고 분노하여 말하기를 "만약 법으로 이지순을 다스린다면 그 아비가 반드시 나를 해칠 것이요, 그렇지 않으면 적이 더욱 성할 것이니 죄가 장차 누구에게 돌아가리오" 하더니 기양현에 이르러 약을 마시고 죽었다(《고려사》 열전 41, 이의민전).

이의민은 왕이 될 꿈을 가지고 있었고, 그의 아들 이지순은 김사미, 효심 등과 내통했다는 기록이다. 그가 세울 나라는 경주를 중심으로 한 옛 신라의 부흥이었다고 한다.

이 열전 기사에 대해 학계에서는 기사 내용과 같이 이의민이 왕이 될 꿈을 갖고 적과 내통했다는 견해와, 반이의민 세력에 의해 조작되어 기사 내용을 믿을 수 없다는 견해로 나뉘어 있다. 전자는 기사 내용을 근거로 그대로 따른 것이고, 후자의 설명은 이의민 세력을 타도하고 집권한 최충헌이 자신의 쿠데타를 정당화하기 위해 조작했다는 것이다.

양쪽 모두 충분한 근거나 합리적인 이유가 있다. 여기서는 전자의 견해에 무게를 두고 이야기를 전개해보겠다. 양쪽 모두 근거가 있는 것이라면 좀 더 흥미로운 쪽을 택하고 싶다. 무신란이 성공한 후 집권자 중에서 한 사람도 왕이 될 꿈을 꾼 인물이 없었다는 것도 좀 이상하지 않은가.

이의민은 경주에 피신해 있는 동안 자위 수단으로 경주의 지역 정서를 자극하여 민심을 통합하는 수단으로 이용했음은 분명하다. 그 과정에서 허황되지만 왕이 될 꿈을 품었을 법도 하지 않을까. 다만 경대승의 갑작스런 죽음으로 실천에 옮길 기회를 놓쳤을 뿐이다.

상경한 후 이의민은 그 꿈을 접고 경주의 세력 기반도 방치하다시피 했다. 그런데 이의민은 권력 정상의 재미를 만끽하지 못했다. 무엇보다도 더딘 승진은 불만이었지만 별 뾰쪽한 수가 없었다. 경대승 정권을 무력으로 타도하지 못했다는 힘의 한계와, 국왕 시해범이라는 부담 때문이었다.

두경승과의 주먹 대결은 그런 불만의 표출이었다. 게다가 1193년(명종 23) 2월에는 두경승이 공신으로까지 책봉되어 불안감을 더했다. 그 직후, 같은 해 7월에 일어난 것이 김사미와 효심의 난이다.

이의민이 신라 부흥의 뜻을 품고 주도면밀하게 김사미·효심의 난을 이끌어낸 것은 아니었다. 그러나 이 민란 세력이 상상 외로 강성함을 보고는 그것을 이용할 생각이 싹튼 것이다. 민란의 진압에 아들 이지순을 내려보낸 것은 그러한 부자간의 숨겨진 의도가 있었기 때문이다.

그러나 막상 민란 세력과 맞닥뜨려보니 그게 간단한 일이 아니라는 것을 알았다. 왕이 될 꿈은 고사하고 민란 세력을 자신의 의도대로 움직이는 것조차 쉬운 일이 아니었다. 민란 세력 내부에는 다양한 계층의 사람들이 있었기 때문이다. 10여 년 전 경주에서 자신이 구축한 세력과는 성격이 판이했던 것이다. 그러나 자신의 뜻에 내응해줄 만한 세력이 전혀 없는 것도 아니었다. 그래서 민란 세력과 일단 접촉은 가능했던 것이다.

김사미, 효심 등 난의 지도자들도 옛 신라의 부흥을 계획하여 난을 일으킨 것은 아니었다. 하지만 이지순이 호의를 보이며 접근하는 것이 크게 손해볼 것도 없다는 계산이 있었다. 싸움에 필요한 물자도 확보하고, 가능하다면 전투에 대한 정보도 빼내올 수 있다면 더욱 좋은 일이었다. 위 기사 내용대로 따르자면 실제로 그것이 성공하여 진압군이 여러 차례 패배했음을 알 수 있다.

그런데 적과 대치한 상황에서 주변에 드러나지 않게 계속 적과 내통한다는 것은 불가능한 일이다. 결국 내통한 사실이 알려지고 진압군 사령관인 전존걸은 전의를 상실해버렸다. 사령관이 그러했다면 일반 병사들도 싸울 의욕이 없기는 마찬가지였을 것이다. 연전연패하면서 계속 퇴각할 수밖에 없었다.

사령관 전존걸은 퇴각하면서 기양현(경북 예천)에서 패전의 책임이 두려워 결국 자살하고 말았다. 내통 사실을 알게 된 마당에 더 이상의 전투는 무의미해졌기 때문이다. 어쩔 수 없이 회군하는 과정에서 심적인 부담을 이기지 못해 막다른 길을 택한 것이다. 이제 민란 세력은 경상도 전역으로 확대되고 있었다.

이의민이 신라를 재건하고 왕이 될 꿈을 가졌다면, 그것을 실현하는 과정은 너무나 조잡하고 엉성했다. 그렇게 해서 가능하다면 세상에 왕조 창업을 못할 사람이 어디 있겠는가. 그가 진정 왕이 될 꿈을 실현하고자 했다면 경주에서 상경하지 말았어야 했다. 그곳에서도 가능성은 크지 않았지만. 이의민의 꿈은 경주에서 싹튼 것이었고, 그 아이디어는 무신란을 피해 경주로 낙향해 왔던 경주 출신의 관리들에게 빌려온 것에 불과했다.

■ 김사미·효심의 난 관련 지도: 1차

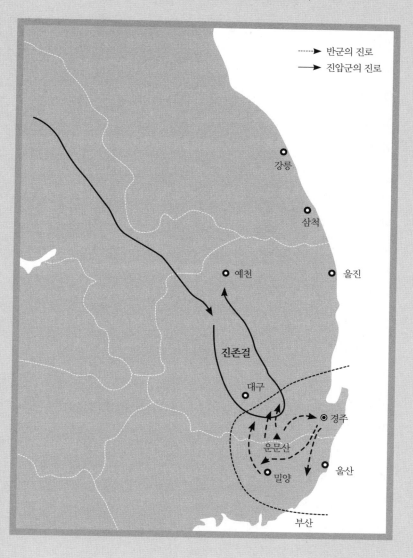

반군의 진로
진압군의 진로

강릉

삼척

예천   울진

진존걸

대구

경주

운문산

밀양   울산

부산

난의 진압과 의문점

민란 세력과 내통한 진압군의 진용을 그대로 두고 적을 칠 수는 없었다. 패배를 계속하자 개경에서는 진압군의 지휘부를 다시 짰다. 1193년(명종 23) 11월 상장군 최인崔仁을 남도착적병마사로, 대장군 고용지高湧之를 도지병마사로 삼고 장군급 인물 다섯 명을 그 부장으로 하여 경상도로 출동시켰다.

그런데 같은 해 12월, 민란의 소두목이었던 득보得甫라는 자가 개경에까지 와서 항복을 요청했다. 이듬해 2월에는 김사미가 진압군의 군영으로 자진 항복해오는 이변이 또 일어났다. 득보는 진압군의 군영으로 다시 보내져 병마사의 처분에 맡겨졌고, 김사미는 진압군의 군영에서 바로 참수당했다.

김사미의 항복은 민란 세력 내부에 뭔가 심상치 않은 조짐이 일어났음을 시사하고 있었다. 운문산의 민란 세력이 분열되고 있었다는 증거가 아닐까. 민란 세력 내에서도 이의민과의 내통 사실이 알려지면서 민란의 지도자로서 의심을 받게 되고 주도권을 상실한 탓이었다. 진압군의 지휘부가 교체되었듯이, 민란 세력의 지도부도 교체되는 과정에서 나타난 분열이었던 것이다.

이후 운문산의 세력은 결속력을 잃고 그 일부가 떨어져 나와 동해안을 타고 북상했다. 남아 있던 운문산의 세력은 다른 지역으로 흩어져 크게 약화된 듯하다.

동해안으로 북상하는 세력은 정부의 입장에서는 더욱 위험했다. 개경 가까이 접근하려는 의도가 있었기 때문이다. 상장군 최인을 좌도병마사로 고쳐 임명하여 이를 막게 했다. 최인은 운문산 근처에서 다시 회군하여 진압군을 이끌고 동해안으로 향했다. 김사미가 참수당한 지 20일 후, 최인은 북상하던 민란 세력을 강릉에서 일단 저지하는 데 성공했다.

1194년(명종 24) 4월에는 병마사 고용지의 공격을 받은 밀양의 효심 세력이 대참패를 당했다. 민란 세력의 사망자만도 7천여 명에 달했다. 이 전투를 계기로 효심의 세력도 완전히 기세가 꺾이고 말았다. 보름 뒤에는 우도병마사의 공격을 받고 3일 동안이나 싸웠으나 물리치지 못했다.

이후 효심 세력도 점차 흩어지고 분열의 조짐마저 나타났다. 효심은 싸울 의사가 없는 민란의 소지도자 이순李純 등 4명을 개경으로 보내 항복하도록 허용했다. 군영으로 항복하면 바로 참수당하기 때문에 개경으로 가도록 배려한 것이다. 개경에서는 이들에게 대정 계급을 주어 귀향시키고 지방군에 복귀하도록 조치했다. 1194년 8월의 일이다.

효심이 이끄는 밀양의 나머지 세력은 부근의 산간으로 뿔뿔이 흩어지고 본거지에는 대부분 그 가족들만이 남게 되었다. 1194년 10월에는 이 본거지마저 공격을 받고 민란 세력의 처자 350여 명이 생포되었다. 이들은 얼굴에 묵형(얼굴에 묵으로 새기는 형벌)을 당하여 서해도의 여러 성에 노비로 보내지고 말았다. 같은 해 12월에는 효심마저 생포되고 밀양의 본거지는 완전히 막을 내린다.

싸움이 진행되던 1194년 10월에는 좌도병마사였던 최인이 전투를 게을리한다고 하여 파면, 소환당하고 고용지로 하여금 최인의 직책을 대신하게 하는 지휘부의 교체가 있었다. 고용지는 진압 도중에 상장군으로 승진했고, 12월에는 효심을 사로잡아 난을 진압하는 데 일단 성공했던 것이다.

1년 반 정도 끌었던 김사미·효심의 난은 끝났다. 그러나 몇 가지 되짚어볼 문제가 남아 있다.

진압군과 민란 세력의 싸움은 일단 끝났지만 그 잔여 세력은 완전히 소탕되지 않았다는 사실이다. 운문의 민란 세력은 동해안으로, 밀양의 세력은 다시 부근의 산간 지역으로 숨어들어 피신해 있었을 뿐이다.

또한 민란 세력 중에서 항복한 자들이 많았다는 점도 주목된다. 그런데 개경으로 들어가 항복한 자들은 살아남고, 진압군의 군영에 항복한 자는 바로 참수당했다는 사실이 흥미롭다. 김사미는 후자에 속하고 이순 등 4명은 전자에 속한다. 그래서 가능하면 개경으로 들어가 항복하고자 했다. 왜 그랬을까?

개경으로 들어가 항복하는 자들은 이의민의 배려를 기대한 때문이 아니었을까. 특히 이순 등 4명은 대정 계급까지 받아 귀향하는데, 그들은 이의민과 가까운 인물이 아니었을까 하는 의구심을 떨치기 힘들다.

또 하나 더욱 재미있는 사실은, 진압 도중 파면당한 최인이라는 자는 1194년 12월 인사에서 형부상서로 발탁되었다는 사실이다. 진압에 공이 많았던 고용지가 최인이 받은 형부상서보다 서열이 낮은 공부상서에 임명된 것과 비교해보면, 이는 뭔가 앞뒤가 잘 맞지 않는 조치인 것이다. 혹시 최인이 전투를 게을리한 것이나, 파면당했다가 다시 형부상서에 발탁된 것은 이의민과의 관계 때문이 아니었을까.

그리고 정작 궁금한 점이 하나 남아 있는데, 이의민이 민란 세력과 내통한 사실이 전존걸의 자살로 인해 조정에까지 알려졌을 텐데, 이후 이의민은 어떻게 되었을까 하는 점이다. 상식적으로 보자면 이의민은 최소한 실각을 하거나, 축출당해야 마땅할 것이다. 과연 그랬을까.

■ 김사미·효심의 난 관련 지도: 2차

이의민의 세상

김사미·효심의 난이 일어난 그 해 9월 이의민은 문하시중에 오른다. 그리고 다음 해 1194년 1월에는 공신으로까지 책봉되었다. 이의민에 대한 이 배려는 순전히 두 가지를 고려한 정치적인 조치였다. 그 하나는, 두경승에 대한 이의민의 불만을 누그러뜨리기 위한 것. 다른 하나는, 김사미·효심의 난을 회유하기 위한 것.

문하시중 임명이나 공신 책봉은 이의민과 두경승이 모두 함께 동시에 받았다. 수상이 두 명이나 되었으니 극히 이례적인 조치로서 웃음거리가 아닐 수 없게 되었다. 국왕은 두경승을 감수국사로 삼아 실질적인 수상으로 인정하여 이 문제를 피해나갔다. 그리고 공신 책봉은 이미 두경승이 그 1년 전에 받은 것이지만, 이때 다시 두 사람을 동시에 공신에 책봉한 것이다. 이의민을 위한 이의민에 의한 것이었다.

민란 세력과 내통했음이 드러났음에도 불구하고 이의민을 이토록 우대한 까닭은 무엇일까. 우연의 일치인지는 몰라도 이런 조치 이후 득보와 김사미의 자진 투항이 이어졌다. 그리고 민란 세력은 급속히 쇠퇴하여 흩어지기 시작한 것이다.

이의민이 민란 세력과 내통했다는 사실이 알려지면서 국왕 이하 신료들은 이의민을 두려워하고 있었다. 이의민을 옭아넣을 수 있는 절호의 기회이기도 했지만 불행히도 국왕에게는 그럴 힘이 없었다. 문신들은 무기력했고, 무신들의 향배는 장담할 수 없었다. 상대는 국왕까지 시해한 이의민이었던 것이다.

이의민은 자연스럽게 권력의 정상에 올라 실질적인 1인자의 위상을 굳혔다. 그 정확한 시점을 말하자면 수상직을 받은 이후, 1193년(명종

23) 9월이다. 김사미·효심의 난이 일어난 직후이기도 하다. 이의민이 권력의 정상에 오르기 위해 처음부터 계획적으로 김사미, 효심의 세력과 내통했다면 그는 정말 주도면밀한 인물이다. 그것이 아니고 진짜 왕이 될 꿈을 가지고 내통했다면 그의 꿈은 어설펐지만 절반은 성공한 셈이다. 그의 권력 장악은 우연의 일치로서 운이 좋았다고 할 수 있다.

수상직이나 공신 책봉은 그 자체로서는 큰 의미가 없었지만 이의민 스스로 자신의 권력을 확인하고, 국왕과 신료들로부터는 정치적 위상을 확인받는 계기였다. 권력의 정상에 오른 이때 그의 나이는 50대 후반으로 접어들고 있었다. 이때부터 이의민의 권력 남용과 횡포가 시작된다. 번잡한 여러 설명은 생략하고 그의 열전 내용을 통해 직접 확인해보기 바란다.

> 명종 24년(1194) 왕이 이의민을 공신으로 책봉하니 양부(중서문하성과 중추원)의 재상과 문무백관이 모두 그의 집에 가서 축하했다. 이의민이 전주銓注(관리 인사권)를 마음대로 하고 정치를 재물로써 하니, 여러 무리들이 연이어 결집되매 조신들은 누구도 감히 어찌하지 못하였다. 많은 민가를 점령하여 자신의 사저를 크게 일으키고, 남의 토지를 빼앗아 탐학을 마음대로 하니 백성의 원망 소리가 진동하였다 《고려사》 열전 41, 이의민전).

이의민은 3남 1녀를 두었는데 이 자식들의 횡포 역시 마찬가지였다. 첫째 아들 이지순은 김사미·효심의 난 때 장군으로 진압군에 참여하여 민란 세력과 내통한 인물이다. 그는 두 동생과는 달리 신중한 성격으로 남의 원망을 두려워할 줄 알았다고 한다.

둘째와 셋째인 이지영李至榮과 이지광李至光은 그 횡포와 방자함이 아비를 능가했다. 이 두 아들은 별명이 쌍칼[雙刀子]로 악명을 날렸다. 특히 둘째 지영은 역시 장군으로 있었는데 병마사의 지휘나 왕명까지도 우습게 알고 마음에 거슬리는 자는 죽이는 것도 예사였다. 미모가 있다고 소문난 여성들은 그에게 폭행당하기 일쑤였고, 심지어는 국왕의 비첩까지 간음했다. 그래도 국왕은 그에게 죄를 묻지 못했으니 그의 방자함이 어떠했을지 짐작할 만하다.

이의민의 처는 최씨였는데, 이 부인은 질투가 심하여 자신의 가비를 죽일 정도로 포악했다. 이 부인이 자신의 사노와 간통한 일이 있었다. 이의민은 이를 기회로 그 사노를 죽이고 처를 내쫓아버렸다. 그리고 양가의 여자로 자색이 있다고 소문만 나면 유인하여 혼인하고 다시 버리기를 반복했다.

이의민의 딸은 승선 이현필李賢弼이라는 자의 처가 되었는데, 이 여식 또한 그 어미를 닮아 음탕하고 방자했다. 이의민이 집권자로서 사위야 출중한 인물로 골랐겠지만 딸 일은 마음대로 할 수 없었던 모양이다. 이현필은 그 처를 추하게 여겨 동거하지도 않았다니, 집권자의 여식이라 내칠 수도 없고 마음고생이 컸을 것이다.

그 사이에 난 아들로 별장 이진옥李晉玉이라는 자가 있는데, 이 자 역시 그 부모를 닮았는지 세간의 비난이 많았다. 이의민의 일족에 대한 이런 부정적인 평가는 그의 열전을 그대로 따른 것이다.

역사적 확신범, 이의민

역동적인 역사의 상징

이의민은 다른 무인집권자들과 마찬가지로 《고려사》 반역 열전에 올라 있다. 하지만 그는 무인집권시대의 여러 무인들 중에서 가장 독특한 인물로 각인되어 있다. 아마 무인집권시대뿐만 아니라 고려시대 전체나 우리 역사 전체를 통틀어서도 그만큼 독특하고 강렬한 인상을 주는 인물도 많지 않을 것이다.

이의민이 그렇게 다가오는 데는 두세 가지 분명한 이유가 있다. 하나, 최고집권자의 위치에 오른 그가 천민이었다는 점. 둘, 자신의 손으로 국왕을 시해했다는 점. 셋, 어설프지만 그가 한때 왕이 될 꿈을 꾸었다는 점.

이 세 가지 역사적 사건은 800여 년 전 이의민과 같은 시대를 살았던 사람들에게도 충격으로 다가왔음이 틀림없다. 전통 왕조시대의 철저한 신분제 사회에서 세 가지 중 하나의 사건만 저질러도 평범치 않았을 것이다. 그런데 이의민은 천민으로서 국왕을 시해하고 마침내 최고집권자의 위치에 올랐으며, 결국 왕이 될 꿈마저 꾸었던 것이다.

이의민이 천민이라는 사실은《고려사》그의 열전에 나타나 있다. 이의민은 경주인으로 그의 아버지 이선李善은 소금과 체를 파는 것을 업으로 하고, 어머니는 연일현 옥령사의 노비였다는 것이다. 아무런 근거 없이 이 기록을 부정할 수는 없지만, 몇 가지 사족을 달아보고 싶다.

그 사족 하나. 그의 출신지는 경주로 분명하게 드러나 있다. 고려시대의 출신지는 곧 본관을 의미하므로 이의민은 경주 이씨라는 것을 알수 있다. 천민이 본관을 갖는 것이 불가능한 것은 아니겠지만 심상치 않다. 신라 6두품의 성씨 중에 이씨가 있는데, 혹시 이의민의 부계 조상은 신라 6두품에 연결되지 않을까.

둘. 그의 아버지는 직업과 이름이 확실하다. 아버지는 상인으로, 이선이라는 자였다. 그의 아버지 이선은 직분이 상인이었으니 천민은 아니었다. 즉 이의민의 부계는 천민이 아니었던 것이다. 천민의 부계가 이 정도로 명확히 드러난 경우는 드물다. 이의민과 마찬가지로 최고집권자에 오른 이의방이나 정중부도 그 아버지의 직분이나 이름은 전혀 나타나 있지 않다. 이 두 사람은 천민이 아님에도 그랬다.

셋. 그의 어머니가 연일현에 있는 옥령사의 노비였다고 밝히고 있다. 어머니는 사원 노비였던 것이다. 이것은 이의민이 천민 신분이라는 가장 중요한 법적 근거이다. 고려시대에는 부, 모 어느 한 쪽만 천민이어도 그 자녀는 천민이었다. 이를 일천즉천一賤則賤의 법칙이라고 했다.

그런데 그의 어머니가 노비로서 소속된 사원이 너무나 분명히 명시

되어 있다. 어디에 있는 어느 사원의 노비라고 분명히 밝히고 있는데 이 점이 조금 어색한 것이다. 혹시 이의민이 천민 출신이라는 사실을 확실히 해두기 위한 것은 아닐지 모르겠다.

마지막으로, 어머니가 사원 노비이면 이의민 역시 사원 노비여야 마땅할 텐데, 그렇지 않은 것이 석연치 않다. 고려시대에는 일천즉천의 법칙과 함께 천자수모법賤者隨母法도 있었다. 즉, 천민은 어머니 쪽에 귀속된다는 소유권의 규정이다. 그렇다면 이의민 역시 어머니가 소속된 옥령사의 노비여야 마땅하지 않을까. 그런데도 이의민의 성장 과정에서 그런 기색은 드러나지 않으니 개운치 않은 것이다.

이의민의 신분에 대해 몇 가지 사족을 붙였지만, 사료상으로 그는 분명히 천민이다. 천민은 가장 안정적인 신분층이다. 더 이상 떨어질 곳이 없기 때문이다. 그래서 신분적인 도약의 가능성도 가장 크고, 또한 빛났다.

그런데 우리 역사상 이의민처럼 천민 출신으로 최고집권자의 위치에 오른 자가 하나 더 있다. 최씨 정권을 타도하고 정권을 잡은 김준金俊이라는 인물이다.

김준의 아버지는 김윤성金允成으로 본래 천민이었는데, 최충헌에게 몸을 맡기고 그의 가노가 되었던 사람이다. 김준은 그 후 최씨 가에서 태어나 최씨 정권에 대대로 봉사하다가 최의를 제거하고 최고집권자가 된 사람이다. 이 김준 역시 천민이었던 것이다.

과문한 탓이겠지만, 세계 다른 나라의 역사에서도 신분제도상 최하층의 천민이 최고집권자가 된 경우는 쉽게 떠오르지 않는다. 그런데 무인집권시대에는 천민 출신 최고집권자가 두 사람이나 등장했다.

이의민과 김준, 이 두 사람을 제외하고는 우리 역사상에서 천민 출신의 최고집권자는 없을 것이다. 그런데 이의민은 그 전례가 없었다는 점에서, 그리고 그런 사례를 최초로 남겼다는 점에서 보다 독특한 존재라고 할 수 있다. 게다가 이의민은 국왕을 시해하고 스스로 왕이 될 꿈마저 꾸었으니 그 강렬한 역사적 각인은 어떤 인물과도 비교할 수 없을 정도이다.

신분제도가 엄존하는 전통적인 왕정하에서 천민이 아니라도 국왕 위에 군림하는 또 다른 권력자가 나온다는 것은 범상한 사건이 아니다. 하물며 천민이 그러할진대. 그것도 같은 무인집권시대에 두 사람이나 등장했다는 것은, 그 시대가 얼마나 역동적인 시대였는가를 극적으로 보여준다. 이의민은 그러한 역사적인 역동성을 상징하는 인물인 것이다.

역사적 확신범

이의민이 의종을 시해했다는 사실은 《고려사》 그의 열전에 다음과 같이 기록되어 있다.

> 이의민은 경주의 객사에서 의종을 끌어내 곤원사의 북쪽 연못에 이르렀다. 술을 두어 잔 올린 후, 이의민은 국왕의 등뼈를 부러뜨렸다. 손을 움직여 힘을 쓸 때마다 등뼈 부러지는 소리가 나니 이의민은 갑자기 크게 웃었다. 박존위가 요로 싸고 두 가마솥에 넣고 합하여 연못 가운데로 던져버렸다.

1173년(명종 3) 10월 1일, 경주에서 이의민이 전왕 의종을 무참하게 시해하는 역사 기록 그대로이다.

우리 역사상 시해당한 국왕이나 암살당한 의혹이 있는 국왕은 더러 있다. 고려시대만 해도 7대 목종은 신하인 강조康兆의 군사에 의해, 31대 공민왕은 환관에 의해 시해당한 왕이다. 이밖에도 정치적 격변 속에서 폐위당한 후 죽게 되는 국왕은 흔히 있는 일로 전혀 낯선 사건이 아니다.

재위 중인 국왕의 시해나 폐위당한 국왕의 죽음에서 가해자나 그 배후는 익명이나 불특정 다수의 정치 세력으로 숨겨져 있는 경우가 많다. 그것이 평범한 일이다. 대부분 그러한 큰 일 자체가 은밀히 진행되는 것이 보통이기도 하지만, 사건 후에도 우세한 정치 세력들에 의해 은닉되는 경향이 많기 때문이다. 그래서 역사상 국왕 시해 사건의 직접적인 가해자나 사건의 전말을 명확히 밝히는 것은 쉬운 일이 아니다. 독살의 의혹이 있는 조선 후기 정조대왕의 죽음이 좋은 예이다.

그런데 이의민에 의한 의종 시해는 남아 있는 기록이 너무나 상세하다. 가해자의 이름은 말할 필요도 없고, 시간과 장소, 나아가서는 구체적인 살해 동작까지 너무나 사실적으로 기록되어 있다. 폐위된 국왕의 죽음이어서 그런지는 모르겠지만 다른 국왕 시해 사건의 기록과는 좀 색다른 느낌을 받는다.

명종 대에《의종실록》을 편찬할 때, 이 의종 시해 사건의 직필 여부는 중요한 문제였다. 당시 무신란의 주체 세력들이 최세보라는 무인을 사관에 임명하여 직필을 견제했다는 것은 이미 언급한 대로다.

그런데 조선 초기에 편찬된《고려사》이의민 열전에는 위와 같이 구체적으로 묘사되어 있는 것이다. 이는 아마 의종 실록 외의 당시 다른 문서 중에서 상세한 내용의 기록이 남아 있었기 때문에 가능했을 것이다. 아니면, 이의민의 신분에 대한 기록과 함께, 국왕 시해에 대해서도 반드시 그렇게 상세한 기록을 남겨야 할 필요가 있었을지도 모른다.

이의민이 의종을 시해하는 대목을 읽다보면 섬뜩한 느낌이 든다. 어떤 원한에 사무쳐 복수 살인을 하는 장면 같기도 하고, 어느 정신병자가 우매하게 저지르는 무자비한 살인같이 보이기도 한다. 이를 다시 반복해서 읽다보면 역사적인 확신범으로서 이의민이 느껴진다. 마치 의종은 반드시 죽어야 될 국왕이고, 이의민은 그 일을 치르기 위해 역사적 사명을 띤 순교자처럼 보이기도 한다.

어느 쪽으로 읽든지 국왕을 시해한 범인으로서 이의민이 죄의식으로 위축되는 모습은 전혀 감지되지 않는다. 의종을 반드시 죽여야 된다는 확신을 가지고 이의민은 행동에 옮겼음이 분명하다. 어쩌면 이의민은 후대 역사의 기록이나 당시 사람들의 비난 같은 것은 아랑곳하지 않은 듯하다. 무엇이 이의민에게 그토록 강한 확신을 주었을까.

이의민의 정치적 성향이나 퍼스낼러티를 설명하는 데, 나아가서는 그의 내면의 무의식을 이해하는 것까지, 이 의종 시해 사건보다 더 극명하고 좋은 사료는 없다. 이 사건의 기록 하나만 가지고도 이의민의 과거·현재·미래를 읽을 수 있을 정도이다.

천민으로 태어나 두 형을 감옥에서 잃게 되는 불우한 과거의 성장기, 무신란에서 사람을 많이 죽여 큰 공을 세우고 거칠 것 없이 내닫고 있는 지금의 삶, 이어서 최고집권자에 오르고 마침내 왕이 될 꿈마저 꾸게 되는 그의 미래, 모두 이 의종 시해 사건 하나에 함축되어 있다고 할 수 있다.

이의민의 꿈

이의민이 왕이 될 꿈을 가졌다는 것도 그의 열전에는 분명히 기록되어 있다. 다만, 앞서 언급한 대로, 이 문제는 반이의민 세력에 의해 조작되었다고 하여 부정하는 학계의 견해도 만만치 않다.

이의민이 의종을 시해하는데 그렇게 강한 확신을 가지고 해치울 수 있었던 것은 그의 그런 꿈과도 무관치 않다고 본다. 국왕 시해라는 극단적인 그의 행동 속에는 그 자리에 자기 자신을 대입하고 싶다는 무의식적인 욕망이 투영되어 있다고 보기 때문이다.

이의민의 열전에는 세 가지 꿈 이야기가 등장한다. 이의민이 왕이 될 뜻을 품었다는 것과 관련된 꿈이다.

첫째, 푸른 옷을 입고 황룡사 9층 탑에 오르는 꿈.
둘째, 성문에서 궁궐로 이어지는 긴 사다리를 타고 올라가는 꿈.
셋째, 붉은 무지개가 두 겨드랑이 사이에서 일어나는 꿈.

첫 번째 꿈은 이의민이 경주에 살던 어린 시절 그의 아버지가 꾸었다는 꿈이다. 두 번째 꿈은 이의민이 경군에 선발되어 난생처음 서울에 와서 꾼 꿈이다. 세 번째는 의종을 시해하고 중앙정치 무대에 등장하면서 꾼 것이다.

이 세 가지 꿈은 자세한 분석이나 해몽을 할 필요도 없이 모두 수직적인 신분 상승의 구조를 갖추고 있다는 것을 바로 알 수 있다. 여기에 보조장치로 등장하는 것이 황룡사 9층탑, 궁궐, 붉은 무지개 등이다.

황룡사 9층탑은 천년 신라왕조의 기념비적인 건축물이다. 궁궐은 국왕의 외형이고, 붉은 무지개는 화려함과 신비로움의 상징물이다. 이런 장치들과 세 가지 꿈의 구조가 만들어내는 이의민의 무의식적 욕망은 결국 옛 신라왕조의 재건을 통해 왕위에 오르는 것이다.

이의민이 왕이 될 뜻을 품고 김사미, 효심의 세력과 내통했다는 것이 반대 세력에 의해 조작되었다 해도 이런 꿈만큼은 조작하기 어렵지 않았을까 싶다. 이것도 조작된 것이라면 그의 열전은 전후좌우가 잘 짜인 정교한 문학작품이다.

이의민의 꿈은 그야말로 꿈에 불과했다. 하지만 그 꿈은 자신의 사후에 힘을 발휘하는데, 그것이 최충헌 집권기의 신라부흥운동이었다. 비록 실패하기는 했지만 결국 꿈이 현실로 나타난 것이다. 이의민의 꿈은 황룡사 9층탑을 보고 자란 경주 지역 사람들, 특히 무신란을 피해 경주 지역에 내려왔던 사람들의 대리만족이었다고 보면 어떨까.

꿈은 날개를 접고

이의민은 1196년(명종 26) 4월, 미타산彌陁山에서 최충헌 형제에게 주살당했다. 국왕이 보제사로 행차하는데 이의민은 병을 핑계로 어가를 호종하지 않았다. 몰래 개경을 빠져나와 미타산에 내려갔다가 그곳에서 주살된 것이다. 이 이야기는 다음 책으로 넘기겠다.

미타산은 《신증동국여지승람》 경상도 초계군 산천조에 보인다. 그리고 같은 책 황해도 문화현에도 미타사彌陁寺가 있다. 이의민이 주살당한 미타산이 어느 쪽일지 망설여지는데, 경상도의 미타산이 옳을 듯하다. 현재 경남 합천군 초계면에도 같은 이름의 미타산이 있으니 정확할 듯하다.

그런데 이의민은 왜 그곳에서 죽었을까. 미타산에는 이의민의 별장 겸 농장이 있었다. 미타산은 김사미·효심의 난의 근거지였던 운문산과 그리 멀지 않은 곳인데, 혹시 그곳에 이의민의 또 다른 세력 근거지가 있었던 것일까. 그가 마지막까지 황룡사의 꿈을 버리지 못한 것은 아닐지 모르겠다.

일반인들에게는 정중부 외에는 별로 알려진 인물이 아닐 것이다. 4인의 집권 무인을 친근한 인물로 묘사해보려고 나름대로 애를 썼다. 생소한 인물들을 알리는 방법은 그것이 최선이라고 생각했다. 다시 사료의 부족을 푸념할 수밖에 없지만, 그나마 이의민이 있어서 다행이었다.

이의방·정중부·경대승·이의민. 이들은 한때 권력의 정상에 오르는 데는 성공했을지 모르지만, 사람들의 생각을 바꾸지도 못했고 고려 귀족사회의 틀을 바꾸는 데도 실패했다. 제 1급의 통치자에는 누구도 접근하지 못했고, 하급의 통치자에 머물렀다. 이들 집권 무인들이 한 가지 분명하게 성공시킨 것이 있다면 자신들의 신분 상승뿐이었다. 그것도 당대에만.

이렇게 보면 정권이라고 부르기에는 그것을 뒷받침하는 사상도 전무했고, 권력장치도 특별한 것이 없었으며, 통치력도 왕권에 의탁한 것이었다. 통치자보다는 집권자 혹은 실력자 정도의 의미밖에 없었다.

다음에 등장하는 최충헌은 어떤 모습일까.

에필로그
역사 이탈, 최충헌의 역성혁명

1211년(희종 7) 12월, 최충헌은 국왕 희종을 폐위시켰다. 명종에 이어
두 번째 폐위된 국왕이었다. 모두 최충헌의 독단에 의해 전격적으로
이루어진 조치였다. 허수아비와 다름없는 국왕이어서 그랬는지 국왕
을 폐위하는데도 문무백관들은 묵묵히 따랐다.

918년 왕건王建이 궁예를 몰아내고 창업한 고려 왕조는 이 무렵 생
명력이 다해가고 있었다. 사회조직이나 국가도 유기체와 마찬가지로
생로병사의 순환을 거치기 마련인데, 창업 2백 년이 경과한 고려 왕조
는 심하게 병들어 있었다. 왕조의 기틀이 되는 여러 제도들은 기능이
마비되어 복구가 불가능해 보였다. 왕조 초기의 창업이념도 이미 빛이
바래 있었다. 고구려의 역사적 정통성을 계승한다는 건국이념마저 희
석되어 온데간데없었다. 1170년 무신정변이 일어난 후에는 전국 각지

에서 새로운 사회를 갈망하는 농민·천민의 반란이 끊이지 않았고, 모든 신료들은 고려 왕조의 종말을 예견하고 있었다.

최충헌은 숙고를 거듭했다. 최고의 권좌에 올라 국정을 독단한 지 10년이 넘었지만 자신이 왕위에 오를 기회가 이렇게 다가올 줄은 미처 몰랐다. 왕이 된다는 것은 천명天命을 받은 자만이 할 수 있는 일이라는 생각에 두렵기까지 했다. 하지만 모든 신료들은 최충헌을 새로운 왕으로 추대하기 위해 드러내놓고 움직이고 있었다. 반대하는 신료들이 없는 것은 아니었지만 큰 세력을 이루지는 못했고 대세를 거스를 수도 없었다.

1212년 정월, 최충헌은 마침내 문무백관의 추대를 받아 왕위에 올랐다. 이로써 고려 왕조는 건국된 지 3백년이 채 못 되어 역사에서 사라지고 새로운 '최씨 왕조'가 탄생한 것이다. 최충헌은 부처님의 자비를 본받아 억조창생의 생명을 보존하고, 고구려의 역사적 정통성을 계승하겠다는 즉위 교서를 반포했다. 온 백성들이 새로운 왕조의 탄생을 진심으로 기뻐했다.

최충헌이 새로운 왕으로 즉위하여 역성혁명을 일으켰다면, 아마 역사 기록에는 이처럼 미화되었을 법하다. 그러나 실제 역사는 전혀 그렇지 않았다. 최충헌이 마음속으로 은밀하게 그런 생각을 품었을지는 모르겠으나 모든 신료들은 상상도 할 수 없는 일이었다. 최충헌의 최측근 인물들마저 추호도 그런 생각을 드러낸 사람은 없었다.

그렇다면 고려 왕조의 생명력은 겉모습과 달리 아직도 왕성했는지도 모른다. 최충헌은 국왕을 폐위시킬 정도의 막강한 권력을 갖고 있었음에도 왕위에 오르지 못했다. 왜 그랬을까?

참고문헌

A. 사료

《고려명현집》: 성균관대학교 대동문화연구원에서 1973·1980년 고려 문인들의 문집을 한데 묶어 펴낸 것이다.

《고려묘지명집성》, 김용선 편, 한림대 아시아문화 연구소, 1992.

《고려사》: 동아대학교 고전연구실에서 1965년~1971년에 펴낸 번역본 《역주 고려사》가 있다.

《고려사절요》: 민족문화추진회에서 1968년에 펴낸 번역본이 있다.

《동문선》: 민족문화추진회에서 1968년~1970년에 펴낸 번역본이 있다.

《선화봉사고려도경》: 민족문화추진회에서 1977년에 펴낸 번역본이 있다.

《신증동국여지승람》: 민족문화추진회에서 1970년에 펴낸 번역본이 있다.

B. 연구서

강진철, 《고려토지제도사연구》, 고려대출판부, 1980.

국사편찬위원회, 《한국사》 7, 1973.

─────────, 《한국사》 18·20, 1993·1994.

김당택, 《고려무인집권연구》, 새문사, 1987.
――, 《고려의 무인정권》, 국학자료원, 1999.
김상기, 《동방문화교류사논고》, 을유문화사, 1948.
――, 《고려시대사》, 동국문화사, 1961.
박용운, 《고려시대 대간제도 연구》, 일지사, 1980.
――, 《고려시대사》 상·하, 일지사, 1987.
――, 《고려시대 개경연구》, 일지사, 1996.
박종기, 《고려시대 부곡제연구》, 서울대출판부, 1990.
――, 《5백년 고려사》, 푸른역사, 1999.
변태섭, 《고려정치제도사연구》, 일조각, 1971.
――, 《고려사의 연구》, 삼영사, 1982.
변태섭 엮음, 《고려사의 제문제》, 삼영사, 1986.
육군본부, 《고려군제사》, 1983.
이기백, 《고려병제사연구》, 일조각, 1968.
이병도, 《고려시대의 연구》, 아세아문화사, 1980.
이수건, 《한국중세사회사연구》, 일조각, 1984.
이우성, 《한국의 역사상》, 창작과 비평사, 1982.
하현강, 《한국중세사연구》, 일조각, 1988.
허흥식, 《고려불교사연구》, 일조각, 1986.
홍승기, 《고려 귀족사회와 노비》, 일조각, 1983.
홍승기 엮음, 《고려무인집권연구》, 서강대출판부, 1995.
황병성, 《고려 무인정권기 연구》, 신서원, 1998.

마르크 블로크, 이동윤 옮김, 《역사를 위한 변명》, 법문사, 1982.
E. H. 카, 곽복희 옮김, 《역사란 무엇인가》, 청년사, 1985.

C. 연구논문

고려 무인과의 해후를 위하여
곽차섭, 〈미시사란 무엇인가〉, 《미시사란 무엇인가》, 푸른역사, 2000.

김영민, 〈논문 중심주의와 우리 인문학의 글쓰기〉, 《탈식민성과 우리인문학의 글쓰기》, 민음사, 1996.

시오노 나나미, 이현진 옮김, 〈역사 그대로와 역사 이탈〉, 《사일런트 마이노리티》, 한길사, 1998.

신광현, 〈대학의 담론으로서의 논문〉, 《열린지성》, 1997년 겨울호(3호).

안병직, 〈일상의 역사란 무엇인가〉, 《오늘의 역사학》, 한겨레신문사, 1998.

임상우, 〈역사서술과 문학적 상상력〉, 《문학과 사회》, 1992년 가을호(19호).

장원철, 〈문학과 역사의 거리〉, 《새로운 인문학을 위하여》(경상대 인문학연구소), 백의, 1993.

조지형, 〈언어로의 전환과 새로운 지성사〉, 《오늘의 역사학》, 한겨레신문사, 1998.

테오 엘름, 이영석 옮김, 〈시대사 기술과 현대문학에 나타난 이야기의 기능〉, 《현대의 새로운 패러다임과 인문학》(경상대 인문학연구소), 백의, 1994.

제1장 광풍, 그리고 그 전야

김낙진, 〈견룡군과 무신란〉, 《고려무인정권연구》(홍승기 편).

───, 〈고려시대 견룡군의 설치와 임무〉, 《역사학보》 165, 2000.

김당택, 〈이의민 정권의 성격〉, 《고려의 무인정권》.

───, 〈고려 의종대의 정치적 상황과 무신란〉, 《진단학보》 75, 1993.

───, 〈《상정고금예문》 편찬시기와 의도〉, 《호남문화연구》 21, 1992.

김의규, 〈무신정권과 문신〉, 《한국사》 18.

박용운, 〈고려시대 해주최씨와 파평윤씨의 가문분석〉, 《백산학보》 23, 1977.

───, 〈고려시대의 정안임씨·철원최씨·공엄허씨 가문분석〉, 《한국사논총》 3, 1978.

───, 〈고려조의 대간제도〉, 《고려시대 대간제도 연구》.

박창희, 〈무인정권하의 문인들〉, 《한국사 시민강좌》 8, 1991.

변태섭, 〈고려조의 문반과 무반〉, 《고려정치제도사연구》.

───, 〈고려무반연구〉, 《고려정치제도사연구》.

───, 〈고려 재상고〉, 《고려정치제도사연구》.

이기백, 〈고려군반제하의 군인〉, 《고려병제사연구》.

───, 〈고려 군역고〉, 《고려병제사연구》.

이우성, 〈고려 무신정권하의 문인 지식층의 동향〉, 《한국의 역사상》.

하현강, 〈고려 의종대의 성격〉, 《한국중세사연구》.

──, 〈무신정변은 왜 일어났는가〉, 《한국사 시민강좌》 8, 1991.

황병성, 〈고려 의종대의 정치실태와 무인란〉, 《고려무인집권기연구》.

E. J. Shults, 〈한안인파의 등장과 그 역할〉, 《역사학보》 99·100합집, 1983.

제2장 권력투쟁에 승리한 독불장군(이의방)

강진철, 〈군인전〉, 《고려토지제도사연구》.

김당택, 〈무신정권 시대의 군제〉, 《고려군제사》.

──, 〈무인정권 초기 민란의 성격〉, 《고려의 무인정권》.

김동수, 〈고려중·후기의 감무파견〉, 《전남사학》 3, 1989.

김용선, 〈광종의 개혁과 귀법사〉, 《고려 광종연구》, 일조각, 1981.

변태섭, 〈고려 양계의 지배조직〉, 《고려정치제도사연구》.

──, 〈무신정권기 반무신란의 성격〉, 《한국사연구》 19, 1978.

원창애, 〈고려중·후기 감무설치와 지방제도의 변천〉, 《청계사학》 1, 1984.

이기백, 〈고려 주현군고〉, 《고려병제사연구》.

──, 〈고려 양계의 주진군〉, 《고려병제사연구》.

이병도, 〈인종조의 묘청의 서경천도운동과 그 반란〉, 《고려시대의 연구》.

이정신, 〈농민·천민의 봉기〉, 《한국사》 20.

조인성, 〈고려 양계의 국방체제〉, 《고려군제사》.

하현강, 〈고려시대의 서경〉, 《한국중세사연구》.

──, 〈고려시대의 역사계승의식〉, 《한국중세사연구》.

허흥식, 〈고려 말 이성계의 세력기반〉, 《인간과 역사의 대응》(고병익 회갑논총), 한울,
1985.

──, 〈개경사원의 기능과 소속 종파〉, 《고려불교사연구》.

──, 〈화엄종의 계승과 소속 종파〉, 《고려불교사연구》.

홍승기, 〈고려초기 경군의 이원적 구성론에 대하여〉, 《한국사학논총》(이기백 고희 논
총), 일조각, 1993.

황병성, 〈김보당난의 일 성격〉, 《고려 무인집권기 연구》.

──, 〈고려 무인집권기 민란 연구의 동향〉, 《고려 무인집권기 연구》.

제3장 은인자중의 보수적인 노장(정중부)

강진철, 〈전시과체제의 붕괴〉, 《고려토지제도사연구》.

김광수, 〈고려시대의 동정직〉, 《역사교육》 11·12합집, 1969.

──, 〈고려시대의 권무직〉, 《한국사연구》 30, 1980.

김당택, 〈무인정권 초기 민란의 성격〉, 《고려의 무인정권》.

──, 〈정중부·이의민·최충헌〉, 《한국사시민강좌》 8.

김재진, 〈전결제 연구〉, 《경북대 논문집》 2, 1958.

박종기, 〈고려의 군현체제와 부곡제〉, 《고려시대부곡제연구》.

──, 〈전결제의 문제〉, 《고려토지제도사연구》.

변태섭, 〈고려의 중서문하성에 대하여〉, 《고려정치제도사연구》.

──, 〈고려 재상고〉, 《고려정치제도사연구》.

──, 〈고려 후기의 무반에 대하여〉, 《고려정치제도사연구》.

──, 〈농민 천민의 난〉, 《한국사》 7.

여은영, 〈고려시대의 양전제〉, 《교남사학》 2, 1986.

이기백, 〈고려 군역고〉, 《고려병제사연구》.

──, 〈고려 군인고〉, 《고려병제사연구》.

이정신, 〈농민·천민의 봉기〉, 《한국사》 20.

──, 〈고려시대 공주 명학소민의 봉기에 대한 일연구〉, 《한국사연구》 61·62합집, 1988.

장동익, 〈고려전기의 선군〉, 《고려사의 제문제》.

홍승기, 〈고려무인집권시대의 노비반란〉, 《고려귀족제 사회와 노비》.

황병성, 〈고려무인집권기 사원세력의 동향〉, 《고려 무인 집권기 연구》.

제4장 무신정변을 부정한 청년장군(경대승)

기전외, 〈고려의 무인과 지방세력〉, 《조선역사논집》 상, 1979.

김당택, 〈경대승의 집권을 통해 본 무신란〉, 《고려의 무인정권》.

──, 〈무신정권시대의 군제〉, 《고려군제사》.

김상기, 〈고려무인정치 기구고〉, 《동방문화교류사논고》.

김종국, 〈고려무신정권의 특질에 관한 일 고찰〉, 《조선학보》 17, 1960.

변태섭, 〈농민 천민의 난〉, 《한국사》 7.

이기백, 〈고려 군반제하의 군인〉, 《고려병제사연구》.

이정신, 〈농민·천민의 봉기〉, 《한국사》 20.

이수건, 〈고려후기 지배세력과 토성〉, 《한국중세사회사연구》.

이순근, 〈고려시대 사심관의 기능과 성격〉, 《고려사의 제문제》.

정두희, 〈고려 무신집권기의 무사집단〉, 《한국학보》 8, 1977.

제5장 황룡사의 꿈을 품고 산 천민장군(이의민)

기전외, 〈고려의 무인과 지방세력〉, 《조선역사논집》 상, 1979.

김광식, 〈운문사와 김사미의 난〉, 《한국학보》 54, 1989.

김당택, 〈이의민 정권의 성격〉, 《고려의 무인정권》.

──, 〈이의민의 경주세력과 신라부흥운동〉, 《고려의 무인정권》.

──, 〈무인정권 초기 민란의 성격〉, 《고려의 무인정권》.

──, 〈최씨정권과 국왕〉, 《고려의 무인정권》.

──, 〈정중부·이의민·최충헌〉, 《한국사 시민강좌》 8.

──, 〈무신정권시대의 군제〉, 《고려군제사》.

──, 〈고려시대의 참직〉, 《성곡논총》 20, 1989.

김호동, 〈고려 무신정권하에서의 경주민의 동태와 신라부흥운동〉, 《민족문화논총》 2·3, 1982.

박경자, 〈무신정권기 경주민의 동향〉, 《한국사학논총》(이기백 고희논총).

박용운, 〈고려조의 대간제도〉, 《고려시대 대간제도 연구》.

박창희, 〈이규보의 동명왕편 시〉, 《역사교육》 11·12합집, 1969.

변태섭, 〈농민·천민의 난〉, 《한국사》 7.

──, 〈고려국사의 편찬내용과 사론〉, 《고려사의 연구》.

──, 〈고려 재상고〉, 《고려정치제도사연구》.

이정신, 〈농민·천민의 봉기〉, 《한국사》 20.

하현강, 〈고려시대의 역사계승의식〉, 《한국중세사연구》.

홍승기, 〈고려시대의 잡류〉, 《역사학보》 57, 1973.

찾아보기

고려 무인 이야기 1

- ⊙ 2019년 10월 29일 초판 1쇄 발행
- ⊙ 2020년 12월 14일 초판 2쇄 발행
- ⊙ 지은이   이승한
- ⊙ 펴낸이   박혜숙
- ⊙ 펴낸곳   도서출판 푸른역사
  - 우) 03044 서울시 종로구 자하문로8길 13
  - 전화: 02)720-8921(편집부) 02)720-8920(영업부)
  - 팩스: 02)720-9887
  - 전자우편: 2013history@naver.com
  - 등록: 1997년 2월 14일 제13-483호

ⓒ 이승한, 2020

ISBN   979-11-5612-153-4 04900
ISBN   979-11-5612-152-7 04900(SET)